The CALIPHATE

先知的繼承者

伊斯蘭最高領袖哈里發統治的國度

愛丁堡皇家學會院士
休．甘迺迪 Hugh Kennedy◎著
黃煜文◎譯

好評推薦

本書闡述自西元七世紀至一九二四年之間眾多哈里發的歷史，呼應這幾年來國際間關注伊斯蘭國領導人自稱哈里發這件事。哈里發主要是作為伊斯蘭先知穆罕默德去世後的權位繼承人，但在伊斯蘭勢力拓展到阿拉伯半島的周邊區域之後，逐漸出現多位哈里發在各地分立的狀態。到了二十世紀，哈里發卻遭到凱末爾廢除，甚至造成往後難有人能夠再以哈里發自居。不過，無論主流輿論如何定義哈里發，作者甘迺迪希望讀者能探索其中的歷史意涵，才是了解哈里發最基本的方式。本書為台灣讀者第一次了解哈里發歷史的機會，不容錯過。

——陳立樵／天主教輔仁大學歷史學系副教授

■導讀

何謂哈里發體制？

林長寬／成功大學歷史學系副教授、多元文化研究中心主任

一般而言，古典伊斯蘭歷史中的正統政治體制即所謂的 Khilāfah（英文 caliphate）。此字乃由阿拉伯文的動詞 KhaLaFa（to succeed so, to follow so）衍生而來，意為以「Khalīfah」（successor, vicar, deputy）為國家領導統治者的政治權力體制，其中文約可翻譯為「哈里發體制」或「哈里發政權」，而伊斯蘭帝國歷史可謂 Khilāfah 的歷史。Khalīfah 一詞出自於《古蘭經》經文，獨一神 Allāh 將其所創造的 Ādam（人類）置於這個世界作為 Khalīfah，其意涵可能是「追隨 Allāh 者」，或是延伸解讀為「Allāh 在今世的代理」。此外，先知穆罕默德歸真後，其社群領導的繼承者採取了 Khalīfat Rasūlillāh 的稱謂，即「『Allāh 使者』的繼承者（追隨者）」。而在「al-Khulafā’ al-Rāshidūn」（正統哈里發）時期（632-661 AD）之後，伊斯蘭帝國一些朝代如：伍麥亞朝（the Umayyads, 661-750 AD）、阿巴斯朝（the ‘Abbasids, 751-1258 AD）*、哥多華伍麥亞朝

＊本書正文翻譯為阿拔斯朝。下頁「法提瑪朝」在正文中翻成「法蒂瑪朝」。均採目前常見翻譯。

（the Umayyads of Cordoba, 756-1031 AD）、法提瑪朝（the Fatimids, 909-1171 AD）的統治者皆採用「Khalīfah」的稱謂；但有時也以 Amīr al-Mu'minīn（眾穆斯林統領）稱呼統治者。此名號源自於第二位正統哈里發 'Umar b. al-Khattāb 的謙卑「自稱」，因為他無法繼承先知穆罕默德的「宗教權威」。無論 Khalīfah 或 Khilāfah 皆是後來穆斯林學者、史家的用詞；而 Caliph 與 Caliphate 則是英語化的用詞。雖然有西方學者主張在北非建立的 Murābid 朝（1040-1147 AD）與 Muwahhid 朝（1121-1269 AD），以及歐斯曼帝國*（the Osmanlıs, 1283-1924 AD）皆可視之為 Khilāfah，但正統伊斯蘭史學家未必認同，因為那些朝代的建立者並未正式宣稱為 Khalīfah，而且也非來自阿拉伯的古萊氏部族（Quraysh）。無可諱言的是，聖訓（al-Hadīth）中提及「Khalīfah 必須來自 Quraysh 部族」實有阿拉伯本位意識之偏見。本世紀初崛起的ＩＳＩＬ（The Islamic State of Iraq and the Levant），其阿拉伯裔領導者 al-Baghdādī 自己宣稱為 Khalīfah，但其所建立 的quasi-state 或 proto-state 是否可稱之為「Khilāfah」呢？這必須從 Khilāfah 歷史所發展出來的理論檢視之。

英格蘭資深伊斯蘭歷史研究專家休・甘迺迪（1947-），其超過五十年的學術生涯，著作等身。他在二〇一六出版的這一本 Caliphate: the History of an Idea 可謂其一生研究成果的精華濃縮版著作，深入淺出地敘述伊斯蘭帝國一千四百多年的歷史；而從此書的副標題可推測休・甘迺迪的寫作動機是為了詮釋一個長久以來被誤解、扭曲、濫用的概念，即「何謂 Khilāfah？」。這本書雖然提及最後一個 Khilāfah 的歐斯曼帝國，但其內容則著重於中世紀前主要的伊斯蘭朝代。依據休・甘迺迪的認知，Khilāfah 的內涵相當多元、複雜。作為伊斯蘭歷史學家的他，在書中提出了 Khilāfah 體制、理論發展的歷史過程。因為時空的差異，不同時代的伊斯蘭 'Ulamā'（宗教學者）也提出的不同的界定、理論，但無論在神學、法學、政治，皆有一套完整的論述。作為客觀的歷史研究者，作者在其書中並不強調 Khilāfah 歷史發展過程諸多問題的刻板解答。這不同於已故的美國伊斯蘭文明史學家 Marshall Hodgson（1922-1968）在其經典著作 *The Venture of Islam*，解析了他在研究中所發現的問題，試圖提出一套伊斯蘭文明發展史完整嚴謹的理論。

數個世紀以來，Khilāfah 的理念與應用一直被伊斯蘭 'Ulamā' 與穆斯林統治者論證與修正。'Ulamā' 對於 Khilāfah 一詞究竟應詮釋為「先知繼承者」或「神的代理」，實因政治立場而有所不同，不論 al-Khulafā' al-Rāshidūn 或伍麥亞朝、阿巴斯朝† Khalīfah 的自我界定如何，先知穆罕默德集政治權力與宗教權威於一身的政教合一實質身分，在他歸真之後已不復存在。即使傳統上伊斯蘭法（al-Sharī'ah）強調政教合一體制，Khalīfah 與 'Ulamā' 事實上各自發展出不同的實質角色。al-Khulafā' al-Rāshidūn 之後，伊斯蘭帝國的 Khalīfah 已不再具有宗教權威的意涵。也因為如此，Khalīfah 權位的承繼歷史充滿了世俗的血腥鬥爭。然而，無可否認的是，Khalīfah 統治的帝國也締造了「政教並行」的伊斯蘭輝煌文明。雖然是一部伊斯蘭帝國史，作者事實上透過歷史的敘述來討

---

* 本書正文翻譯為鄂圖曼帝國。

† 本書正文翻譯為阿拔斯朝。

論 Khilāfah 的概念，他提出了在歷史過程中，Khilāfah 有不同的詮釋與實踐。而原則上，Khilāfah 的功能實乃致力於神諭（古蘭經教義）與先知行誼（Sunnah）的實踐，這可謂傳統伊斯蘭 ‘Ulamā’ 們的共識。而無疑的是，伊斯蘭歷朝歷代的 Khalīfah 無不以伊斯蘭之名進行國家的建設與對外擴張，也積極鞏固伊斯蘭 Ummah（社群、國家），以捍衛伊斯蘭的價值觀。

這本書總共有十一章，在導言中作者開宗明義詮釋了早期哈里發的產生背景與問題，那些問題也不斷地在伊斯蘭帝國歷史發展中重複出現。而源自於《古蘭經》經文的 Khalīfah 也隨著伊斯蘭帝國的發展延伸出不同的解釋，這些不同的理論實因為穆斯林與拜占庭、波斯帝國文明接觸後受到影響而被確立。

作者用了三章的篇幅來陳述阿巴斯朝五個世紀之久的歷史，使得讀者很清楚地認識到伊斯蘭帝國的輝煌文明與文化多元性，更理解到帝國為何從顛峰步向衰微。而在第六章中作者也介紹了三位重要的伊斯蘭思想家 al-Mawardī（d. 1058）、al-Juwaynī（d. 1085）與 al-Ghazālī（d. 1111）對 Khilāfah 與 Khalīfah 的觀點與評析。這三位皆是伊斯蘭思想史上重要的 ‘Ulamā’（神學家兼法學家），他們有關 Khilāfah 的理論也是伊斯蘭政治思想史發展的里程碑；而他們也一致同意伊斯蘭帝國的政體並無單一模式可遵循，因為神並沒有在《古蘭經》中立下任何規範；甚至先知生平亦未曾預言或指示伊斯蘭 Ummah 的治理模式，因此 Khilāfah 可謂先知繼承者的全然創造！

本書的第七至第十章提供了「semi-Khilāfah」政權的朝代歷史，如一些什葉穆斯林政權、安達魯西亞（al-Andalus）的後伍麥亞朝、北非兩個源自伊斯蘭改革運動所建立的政權，以及埃及的傭兵政權（the Mamlūks, 1250-1517 AD）與歐斯曼帝國。這些政權雖無 Khalīfah 之名，確有 Khilāfah 之實；而這些朝代之所以不能稱為 Khilāfah，實因為一般 'Ulamā' 信守聖訓中的明示：「Khalīfah 必須來自古萊氏部族」，亦即麥加地區的阿拉伯大部族方具資格治理伊斯蘭 Ummah。伊斯蘭的建立與古萊氏部族有密切關係，古萊氏阿拉伯部族所建立的伊斯蘭往往被視為正統，這當然是阿拉伯本位主義的史觀；而事實上在九世紀時伊斯蘭帝國的主導權早已落入波斯人與突厥人手中，他們也是對抗歐洲十字軍東征的主力，更是伊斯蘭帝國的經營者。一二五八年，蒙古人西征攻陷巴格達，阿巴斯朝 Khalīfah 被殺，Khalīfah 淪為空洞稱謂，但 Khilāfah 卻由非阿拉伯裔的突厥人維繫下去，一直到土耳其共和國建立後，凱莫爾（Mustafa Kemal Atatürk, 1881-1938）罷黜歐斯曼素壇*，Khilāfah 方正式被廢除。

在探索與詮釋不同時代的各類 Khilāfah 中，Kennedy 主張 Khalīfah 的理論被創造、落實，但也被濫用、誤用。他的詮釋觀點挑戰了當今「伊斯蘭國」（ＩＳＩＬ）所提出的 Khilāfah 理念。Khilāfah 的歷史需要被正確地詮釋與理解，就先知穆罕默德歸真之後的伊斯蘭歷史觀之，Khalīfah 只不過是穆斯林國家社群的領導者，他並不具神聖性，可以被推舉，指定權位繼承者，也可以被推

* 本書正文翻譯為素壇。

翻罷黜。在順尼伊斯蘭（Sunni Islam）教義中，Khalīfah 可被視為穆斯林社群世俗事務的負責人，他有 'Ulamā' 階層為他處理宗教方面的事務（如伊斯蘭法）。'Ulamā' 與 Khalīfah 可謂共生體，在國家治理上相輔相成。這不同於什葉伊斯蘭（Shi'i Islam）中的 Imamate（伊瑪目體制），集宗教權威與政治權力於一人身上。伊斯蘭政教合一之本質在什葉 Imamate 中被彰顯。

整體而言，作者的 Caliphate 一書提出三個論述議題：一、Khalīfah 如何產生，這是穆斯林社群內部事務，非穆斯林無權或義務參與。這其中又涉及推舉產生的方式是代議式的推舉或家族式的繼承（家天下）。二、Khalīfah 的身分地位，究竟是神的代理人，亦或所有穆斯林的統領，推翻或罷黜的條件與方式又為何？三、有關前兩個問題論證的歷史資料來源乃現代「政治伊斯蘭」（political Islam）理論闡述的依據。透過這些歷史資料的研究，伊斯蘭不同傳統之間的緊張與衝突性也被彰顯出來，而這也是駁斥ＩＳＩＬ激進理論與暴力途徑的依據。

作者的 Caliphate 不啻為伊斯蘭政治史入門者最佳的參考資料，也因為他是一位相當資深的伊斯蘭史專家，這無疑是一本伊斯蘭帝國史的定論佳作。作者的文體作深入淺出、文筆流暢、陳述清晰、論斷客觀且帶些許幽默，他做到了讓穆斯林的史料來陳述他們的歷史。在讀這本書時，讀者若能配合他所編輯的 *An Historical Atlas of Islam* (Leiden: Brill, 2002)（伊斯蘭歷史地圖集），則更能深入理解整個伊斯蘭帝國發展的空間領域。若要嚴格指出這本專書的小缺失，則是歐斯曼帝國的論述過於簡略。這或許是因為歐斯曼帝國史並非他所專精的領域，畢竟作者是阿拉伯伊斯蘭帝國史的專家。

先知的繼承者

目次

獻給我年幼的孫子費爾迪、榮亞與奧羅拉，
希望他們能與不同宗教與文化的人，在和平且互信的世界裡長大。

導論

哈里發政權是什麼？這個詞有什麼含義？這個觀念有著什麼樣的歷史？我們能不能說，它是一個與我們毫不相關的古代事物，我們之所以對它感興趣，只是因為它是來自過去的聲音，靜靜地塵封在歷史之中？還是說，今日的我們可以詮釋這個概念並且加以運用？在本書中，我將試著回答這些問題。我們將看到，數世紀以來，哈里發政權的概念歷經各種詮釋與理解，但無論這些詮釋與理解有多麼不同，它們的基礎都是一樣的，那就是哈里發政權蘊含了領導的觀念，要依循真主的意旨為穆斯林社會帶來公正的秩序。有人認為哈里發是真主在塵世的影子，哈里發的權力帶有半神的性質，他的行為不可責難；更多人主張哈里發好比是溫瑪（穆斯林社群）的執行長，一個擁有世俗權力的凡人。在這兩種觀點之間還存在著各種不同的說法，但無論哪一種說法全是希望看到真主的意旨行在所有穆斯林身上。

這不是一本以當代政治為主題的書籍。應該說，這是一部歷史著作，書中處理的史料大部分可以追溯到盎格魯－撒克遜傳統的史家所說的中世紀初期或甚至黑暗時代，也就是西元六三二年先知穆罕默德去世到西元一〇九七年十字軍前往中東這四百年的時間，不過有些敘事性的討論會延伸到二十一世紀。我們很容易認為這段時期跟我們（無論是穆斯林或非穆斯林）今日的處境少有關聯或毫無影響，的確，許多關於所謂的伊斯蘭國（Islamic State）的描述都是從近期歷史開始談起，認為這場運動源自於對西方勢力與二十一世紀壓力的回應。然而我的想法恰恰相反，我主張，要了解伊斯蘭國的哈里發政權觀念，以及這個觀念為什麼與許多人切身相關，我們必須了解哈里發政權的根源深植於穆斯林傳統之中。伊斯蘭國把恢復哈里發政權視為首要之務，認為這是伊斯蘭復興的基礎，這種做法引起的反應顯示，哈里發政權，這個在將近一千四百年前首次出現的觀念，確實舉足輕重。現代伊斯蘭主義者試圖尋求基礎，為溫瑪的復興建立可行的政治願景，對他們而言，這幾個世紀的事件不僅是靈感的來源，也提供合理化的依據。

這些事件之所以持續給予人靈感，部分是因為它們讓人想起哈里發政權曾經是整個歐亞大陸西部最強大與最先進的政治實體，當時巴格達擁有約五十萬人口，倫敦與巴黎卻只有數千名居民。哈里發政權統治廣大領域，擁有常備軍與識字且懂得計算的官僚，巴格達與開羅也是當時的貿易與文化重鎮。對任何人來說，不管是不是深受穆斯林傳統影響，了解這個時期的歷史都能激勵出文化自信。任何文明如果想維持自身的和平以及與周遭文明和睦相處，這樣的文化自信必不可少。從這點來看，本書針對的是那些想了解（也許每個人都應當如此）一個深具活力的文明的真實榮耀與成就的讀者，包括穆斯林與非穆斯林。

但本書的目標不僅於此。對一些穆斯林來說，哈里發政權的歷史標誌了一個時代，在那個時代，穆斯林畏神而虔誠，禁欲而自律，隨時願意在阿拉的道路上犧牲生命。這種憧憬不僅是在懷舊，而某種程度上，古老的過去也為某些伊斯蘭主義團體提供其他當代政治論述未能給予的合理依據，來正當化當前的處境。閱讀這類當代宣傳，例如伊斯蘭國的雜誌《達比克》，可以發現裡面不斷提到先知穆罕默德、穆罕默德的門徒與早期哈里發的行動。這些宣傳認為，前人做什麼，我們就應該跟著做什麼。只要表現出他們是遵循這些偉大英雄立下的典範，那麼即使是最殘忍最野蠻的行動也不需要理由，更不需要正當性。我們無法理解這些喧譁而偏執的聲音想表達什麼，更甭說與他們辯論，除非我們也援引過去來加以反駁。

在穆斯林傳統中，歷史具有強大的力量，這是其他傳統所沒有的。《盎格魯－撒克遜編年史》的成書年代與早期阿拉伯史料相當，但英國人不會以這部作品作為今日政治行為的立論基礎。這部歷史作品也許讓我們感興趣，或許能給予一些洞見使我們了解前人的行為，而一般來看，阿佛烈國王*的事蹟也許能給我們啟示，但他們的行為不具規範性，也無法為我們今日或明日的行為提供指示或背書。這就是為什麼任何有關哈里發政權概念的討論都必須從歷史切入，以及為什麼我們需

* 阿佛烈國王（King Alfred）是盎格魯－撒克遜英格蘭的七國時期威塞克斯王國的國王，他曾在西元八七八年成功抵擋維京人的入侵，保住盎格魯－撒克遜人的土地。

要適切地了解這些複雜的記憶與傳統。

我嘗試使用從阿拉伯文與波斯文翻譯過來的原始史料來豐富這本書，這些原始史料可以讓我們看到哈里發政權的實際經驗以及當時人的親身見聞，如此可以免受後人的態度與偏見左右。這些史料說明了一點，那就是許多穆斯林仰望哈里發，期盼哈里發能展示出傲人財富並作為文明的核心，這樣不僅能樹立統治王朝的權威，也能榮耀整個穆斯林社群。閱讀這些史料，我們或許可以重新感受哈里發政權的成就所帶來的某種愉悅與生活樂趣，而這些通常在枯燥無味的歷史敘事中難以尋得。

我也參考了一些現代歷史作品。第一本是聲譽卓著的前輩，倫敦大學亞非學院阿拉伯研究教授湯姆斯·阿諾德爵士的作品《哈里發政權》（一九二三），這是英語世界首次研究這個主題的作品。我也參考許多學術界同仁的研究，主要作品我已列在注釋與延伸書目中，如有不慎遺漏之處，在此致上歉意。儘管如此，我寫作的內容主要還是來自穆斯林傳統。我使用的材料不是穆斯林傳統外的東方學者，而是充滿智慧與洞見的穆斯林歷史著作，這些作品絕大多數以阿拉伯文寫成，有些則是以波斯文與歐斯曼文撰寫，波斯文與歐斯曼文作品也是伊斯蘭文化傳統偉大榮耀的一部分。我不能佯稱這本書涵蓋伊斯蘭世界所有的哈里發政權，特別是有些讀者可能覺得我忽略十九、二十世紀南亞與東南亞的發展，但我認為這麼做會讓整部作品過於冗長蕪雜，這些主題應留待另一本書再討論。

穆斯林的傳統史料，令我們對穆斯林政治與宗教的行動者與撰述者產生敬意。早期的穆斯林致力建立能表現伊斯蘭價值的體制，讓這個體制能提出一套安全而有秩序的框架供穆斯林實踐信仰，這些早期穆斯林絕大多數的行為並不狂熱且合乎理性，他們對自身的行為、論辯與爭議所做的紀錄也無不實之處。他們面對許多人類社會普遍存在的政治與宗教困局：如何過良善的生活；如何建立社群，讓意見不同的人一起生活；何種犯行屬於情節重大，凡是犯下這種罪行的人都必須逐出社群或予以處死；最後，或許是最根本的，如何理解真主的意旨與真主對人類的期望。如果我們懷抱敬意看待他們的論點、恐懼、希望與願景，而非輕視他們的關切或感受，認為他們的著作不過是黨同伐異充滿偏見，不值得認真看待，我們將能更深入地理解他們的行為與態度。

本書提出稍具爭議性的論點，貫串全書的訊息在於哈里發政權的觀念是一個豐富而多元的傳統。許多穆斯林主張這樣的制度是安排人類社會的最佳方式，但哈里發政權其實相當絢爛多彩。沒有任何一種單一的方式、單一的模板或法律框架可以界定哈里發政權。歷史告訴我們，有許多不同的哈里發：戰士的哈里發、虔誠的哈里發、知性的哈里發、追求逸樂的哈里發、無能的哈里發、殘酷而暴虐的哈里發。他們全是一種哈里發傳統。哈里發應該擁有什麼權力，需要什麼資格才能擔任哈里發，以及哈里發如何選拔，這些都沒有一致公認的看法。或許正是這種彈性，甚至不確定性，使哈里發國的觀念可以存續如此長久，而且在許多不同的穆斯林社會裡具有吸引力。

在本書中，我的目標是表述出各種哈里發政權的經驗。你可以任意從這個傳統選取哈里發政權，這個選擇完全是你自己的選擇。如果你想要具威脅性且嚴厲控制穆斯林人民的哈里發政權，你可以在浩瀚的歷史紀錄中找到先例。如果你想要兼容並蓄，對各種觀念與風俗抱持開放態度，而且又能堅持真主意旨的哈里發政權，你也可以在歷史傳統中發現例證。哈里發政權的過去蘊藏著多種訊息。

有些人把哈里發政權當成工具，將自己極其狹窄的伊斯蘭觀念加諸在溫瑪之上；有些人把哈里發政權視為征服世界的合理依據；還有一些人認為哈里發政權是一種框架，能讓穆斯林致力過著符合真主意旨的生活，使穆斯林堅定意志尋求這種生活的最佳實踐方式。有些人認為哈里發是真主在人間的代表，擁有半神的力量；有些人認為哈里發的角色是徵稅與籌組軍隊，來保護穆斯林社群不受敵人侵擾。此外，我們不該忘記，還有一些人自豪地回憶偉大的阿拔斯與法蒂瑪朝哈里發治理下開放、開明與兼容並蓄的社會，以及這些哈里發獎掖的傑出思想與藝術成就。哈里發政權的歷史與更廣泛的伊斯蘭歷史，並非某個詮釋或某個狹隘的觀點所能獨占，無論是穆斯林或非穆斯林，都可能對各個時代哈里發政權的豐富與多樣感興趣。

哈里發政權這個觀念的歷史從六三二年先知穆罕默德死後一直持續至今，將近一千四百年，在這段期間這個觀念不斷被運用與調整。哈里發政權的觀念在許多國家受到討論、採納與拒絕，這些國家分布的範圍遠及東南亞、葡萄牙與摩洛哥。因此，不意外地，哈里發政權的概念以許多不同的方式實踐，也以許多不同的語言表達，這些各自不同的哈里發經驗便成為本書接下來幾章要討論的主題。此外，哈里發政權觀念衍生的各種不同的實踐與表述有著共同的歷史基礎，或者應該說，是源自於對歷史情境的記憶，這些歷史情境雖然擁有共同的重要元素，但這些重要元素產生的詮釋卻是南轅北轍。哈里發政權的傳統在各個時代與各種不同的政治和社會環境裡以多種方式獲得闡述、發展與創造，這些將成為本書的重要主題。

三個問題

有三個問題將成為本書討論的主軸，它們將貫串本書的所有篇章。第一個問題是：哈里發如何選拔？有三個可能的答案。第一個答案是哈里發由穆斯林自己選出。這個想法看似簡單，實際執行卻有許多不同的方式。誰是選舉人？應該有許多被選舉人，還是只要一名被選舉人就足夠？是否如哈瓦利吉派主張的，任何神智清楚、身體健康的成年男性（在這些歷史論戰中，女性哈里發從來不是選項）都有資格擔任哈里發，還是哈里發必須由特定家族或家系出任；最重要的，是否如順尼派認為的，哈里發必須來自先知部族古萊什，或者如什葉派認為的，甚至必須是先知的女兒法蒂瑪及其女婿阿里的子嗣哈珊與胡笙的直系後裔才能擔任哈里發。

第二個答案是哈里發政權必須由神聖家族世襲，也就是阿里與先知穆罕默德的女兒法蒂瑪的子孫繼承。但這種做法只會產生更多的問題與可能。是否整個家族都有資格擔任哈里發，還是僅限家族中的某個支脈？如果僅限家族中的某個支脈，那麼哈里發的人選是否由長子繼承制決定，即使繼承者明顯無法勝任或無法遵守既有的穆斯林律法與習慣？若是如此，繼承者是否依然能夠繼承，或者是改由另一名較適任的人選繼承？當然，隨著歲月的流逝和世紀的更迭，愈來愈多人主張自己來自神聖家系，他們的數量可能像海裡的沙子一樣難以計算。在這種狀況下，個人有可能（甚至是極有可能）捏造自己的家譜，這些人也許是騙子，想佯裝自己擁有尊貴的血統以從中牟利，或者這些人也許是遭到矇騙，真的以為自己是先知的血脈。

第三個答案是指定繼承制。指定繼承制本質上是指由前任統治者選擇或指定繼承者。實際運作上，指定繼承制通常由統治者指定自己的一個或多個兒子擔任繼承者（一個儲君與一個備位儲君），但有時不一定如此，阿拔斯朝哈里發馬蒙就未選擇自己的兒子或親族為繼承者，而是指定阿里家族的成員擔任哈里發。與選舉制及世襲制相比，指定繼承制幾乎沒有任何理論或意識形態依據，但在實務上，它卻是哈里發世代相傳最常用的制度。我們可以說，正是指定繼承制開啟了王朝繼承的局面。

第一個問題：哈里發如何選拔？與第二個問題：哈里發的職責是什麼？他的權力有多大？這兩個問題密切相關。第二個問題的答案分布在一條光譜上，在光譜的一端，有人主張哈里發本質上是真主與君主的混合體，他的地位等同於或甚至高於先知穆罕默德；在光譜的另一端，有人認為哈里發應該更像是穆斯林社群裡的首席或執行長，他與真主的關係不會比其他穆斯林更直接。兩個答案的差異與哈里發的選拔方法有關。如果哈里發是由神聖家族成員世襲，那麼哈里發的選拔本質上便是由真主決定，他獲得真主的認可，是真主揀選來管理人間事務，有權力詮釋或甚至調整《古蘭經》與先知行誼（sunna，穆罕默德的言行）。這種看法本質上屬於什葉派的觀點。另一方面，如果哈里發是人選出來的，那麼無論他如何虔誠、有學識也免不了犯錯，因為只要是人都會出錯。這樣的哈里發當然未直接獲得真主認可，也沒有資格詮釋《古蘭經》或制定法律。詮釋《古蘭經》或制定法律的工作必須交給宗教學者（ulama），由他們投入畢生精力研究理解《古蘭經》與聖訓（hadith，先知的語錄）。這種看法本質上屬於順尼伊斯蘭的觀點。

第三個根本問題是：這些爭議要根據什麼證據來解決，這些證據要如何詮釋？六三二年穆罕默德死後，穆斯林社群面臨沒有前例可循的狀況，他們無法從過去找到穆罕默德傳教的指導方針。穆罕默德獲得穆斯林的追隨是史無前例的事件，這件大事使伊斯蘭前時代變得毫無參考價值，伊斯蘭前時代唯一可供借鑑的只有行為規範與社會秩序。同樣地，偉大的羅馬與波斯帝國制度也不足效法，因為這兩個帝國拒絕接受先知的教誨，它們不僅被真主支持的穆斯林擊敗，波斯帝國甚至被穆斯林消滅。事實上，隨著時間流逝，有些穆斯林確實吸收了古代帝國建立的各種規範觀念，但這些觀念從未成為穆斯林的論理依據，他們若這麼做，將破壞先知訊息獨一無二的效力，甚至將破壞伊斯蘭教本身。唯有真主派來的古代先知（總計十四萬四千人＊）才能作為典範，然而除了摩西與耶穌這兩個重要例外，其他隱晦或甚至名不見經傳的人物生平與行事方針鮮能提供指引。

在缺乏古代或外國範例下，穆斯林社群很快開始根據參與者與目擊者記憶中的穆斯林早期歷史——其中有記憶錯誤的部分，也有虛構的部分——發展出大量慣例，並且以傳述（akhbār，單數形khabar）的形式記錄下來，這些紀錄其實就像短篇小說與稗官野史。到了八世紀初或稍早一點的時期，這些紀錄被下個世代蒐集起來，經過一段時間成為更完善的書面敘述。我們今日看到的紀錄形式完成於九世紀中葉到十世紀前半，比紀錄描述的事件晚了一百五十年或甚至二百年。明顯的時間差距使現代史家感到無助而苦惱。一般認為紀錄的矛盾與不一致使這份史料極不可靠，無法重構「實際上發生的事」，而且內容也黨同伐異，甚至有故意誤導讀者之嫌。但所有的歷史資料都是如此。中世紀初期基督教世界的偉大史家普羅科匹厄斯、都爾的額我略、比德與所有同時代人物及追隨者，都使用歷史敘事來提出看法與論點，而且選擇特定的史事與歷史人物來佐證自己的觀念。初期的穆斯林歷史記錄者與編纂者也不例外。

關於早期歷史的編纂與運用，我們必須留意兩件重要的事。首先，這些早期歷史都有大致類似的框架，並且在這個框架內呈現各種細節與詮釋。這些早期歷史幾乎毫無例外地告訴我們，先知死後有四個哈里發，阿布·巴克爾（在位時間六三二至三四年）、歐瑪爾（在位時間六三四至四四年）、歐斯曼（在位時間六四四至五六年）與阿里（在位時間六五六至六一年）。但早期歷史對這四個人的看法不盡相同。對有些人來說，或許應該說絕大多數人，他們是可敬的人物，他們的言行應該獲得所有穆斯林的學習與讚揚。但有些人認為，前兩任哈里發阿布·巴克爾與歐瑪爾確實偉大，但第三任哈里發歐斯曼在位時，因個人的缺失導致國家衰弱，直到阿里即位才重新恢復秩序。還有一些人認為阿布・巴克爾篡奪阿里的權利，阿里才是先知真正的繼承人，另外，歐瑪爾與歐斯曼則是為惡之人，他們的統治不具正當性，行為也有瑕疵。真正的哈里發政權由阿里奠定，唯有當他在位期間（儘管十分短暫），哈里發政權才得以恢復。意見的歧異一直持續到伍麥亞朝（六六一至七五〇年）、阿拔斯朝（七五〇至一二五八年）以及其他僭稱哈里發的王朝。這些充滿歧異的描述並非不可靠，也非更糟糕的刻意造假，相反地，它們呈現出當時的心態與論辯。現代讀者必須認識到，這些史料中有許多元素在日後的論戰裡被廣泛引用與發展。

而這也是早期歷史敘事的第二個重點。早期歷史敘事是討論哈里發政權性質的基礎，也是政治辯論的根本。為了決定哈里發真正的本質與功能，絕大多數穆斯林思想家並不訴諸政治制度的抽象理論或原則，例如採取霍布斯與盧梭的方式，而是援引古代哈里發的紀錄，特別是最初四個哈里發。這些紀錄不僅如華茲渥斯所言，是「古老、悲慘的遙遠事物，是很久以前的戰爭」，它們也記載各種事件，這些事件決定當時的人應如何行為與行動，以及在與其他人共同生活時如何絕對遵從

* 譯注：《聖經》有三處提到十四萬四千這個數字。《啟示錄》7:4：「我聽見以色列人，各支派中受印的數目，有十四萬四千。」《啟示錄》14:1：「我又觀看，見羔羊站在錫安山，同他又有十四萬四千人，都有他的名，和他父的名，寫在額上。」《啟示錄》14:3：「他們在寶座前，並在四活物和眾長老前唱歌，彷彿是新歌。除了從地上買來的那十四萬四千人以外，沒有人能學這歌。」

全能真主的意旨。如果本書看起來充斥著歷史敘事與討論，那是因為關於哈里發政權的辯論向來以這種方式進行，至今也依然是如此。如果我們——無論是穆斯林還是非穆斯林——要了解這場辯論，我們必須了解這場辯論使用的歷史語言。

因此，接下來的章節將根據不同歷史時期的哈里發政權來檢視這三個基礎問題：哈里發應如何選拔，哈里發權力的本質與範圍，以及這些權力被記錄與運用的方式；此外還要顯示不同時代與地區的人如何運用或濫用影響各時代哈里發政權觀的基本概念。

轉寫與年代

在本書中，我盡可能不使用大量的阿拉伯文姓名與詞彙，以免讀者望之卻步或感到乏味。有些阿拉伯文詞彙，其中當然包括哈里發這個詞，是必須保留的，因為討論時牽涉的許多概念缺少可以直接對應的英文詞彙。這類詞彙將在本文首次出現時簡短予以說明，並且在詞彙表中做進一步解釋。我們透過阿拉伯撰述者了解許多議題，這些撰述者使用的紀年是伊斯蘭曆（又名希吉拉曆），這是陰曆（比陽曆少十一天），從六二二年先知從麥加遷徙（Hijra，希吉拉）到麥地那那年開始紀年，為避免混淆，我們將以公元紀年（西元）表示所有年代。

歷史，尤其是年代久遠的歷史，有時相當沉悶無趣，如威靈頓公爵所言，歷史不過是「一件接一件的爛事」。如果穆斯林與非穆斯林對於戰爭與征服的紀錄感到索然無味，那麼不令人意外地，對於這麼多伊斯蘭歷史書籍上唸不出與記不住的名字，他們更不可能願意閱讀。所以，我冒著過度簡化的風險，決定把人名的數量降到最低，並且省略起首的定冠詞（al）以便於理解。

阿拉伯文「ibn」的意思是指「兒子」，許多阿拉伯姓名裡都有這個字，我在表示人的全名時會將「ibn」簡寫成「b.」（如 Abbās b. Firnās）。*

* 本書譯文中，當 ibn 出現在名字開頭時，將翻譯成伊本，出現在名字中間時，對應原書縮寫 b.，將翻譯為賓。

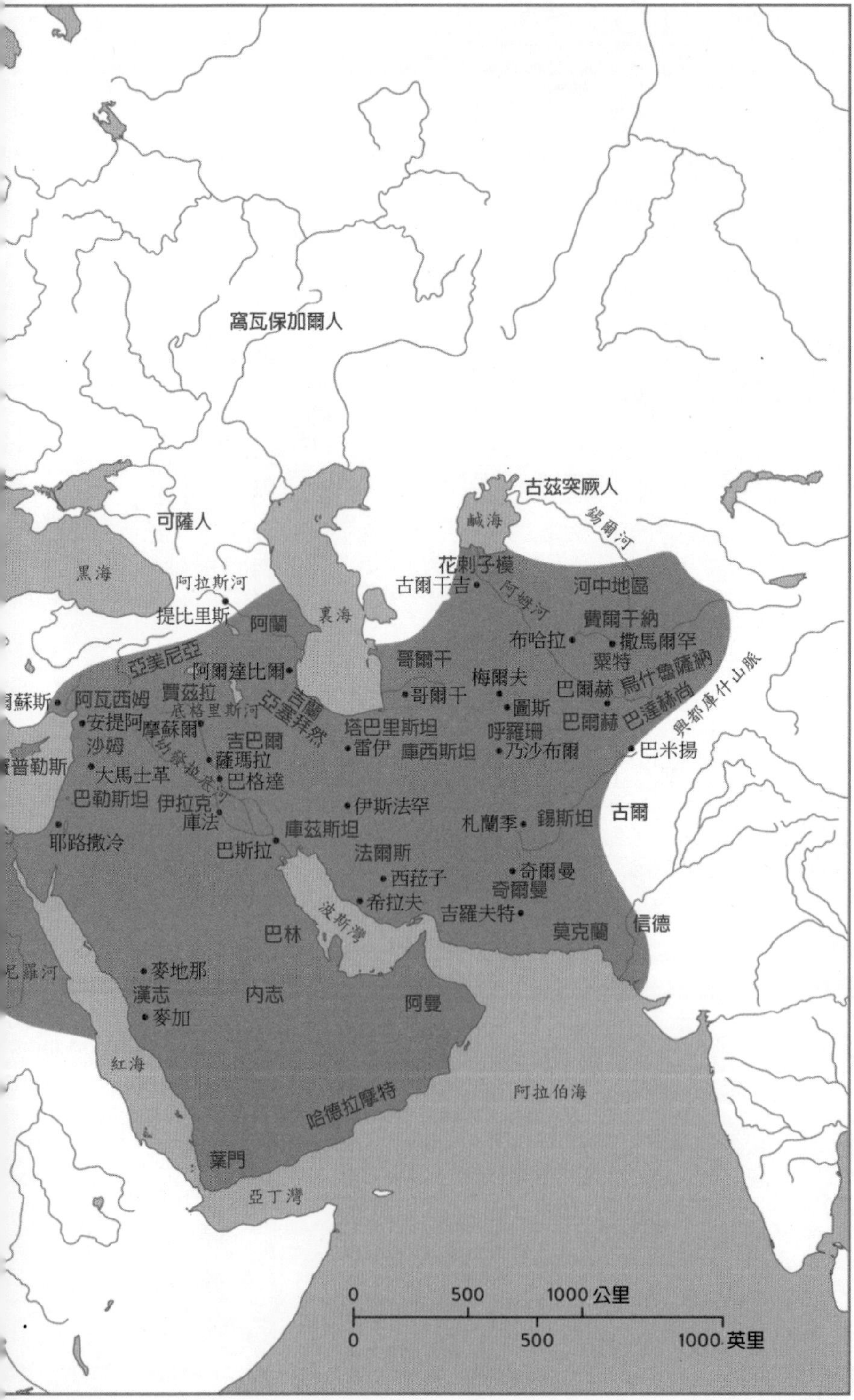

窩瓦保加爾人
古茲突厥人
鹹海
錫爾河
可薩人
黑海
阿拉斯河
提比里斯
阿蘭
裏海
花剌子模
古爾干吉
阿姆河
河中地區
費爾干納
布哈拉
撒馬爾罕
粟特
亞美尼亞
阿爾達比爾
哥爾干
梅爾夫
巴爾赫
烏什魯薩納
興都庫什山脈
蘇斯
阿瓦西姆
賈茲拉
吉蘭
亞塞拜然
哥爾干
圖斯
巴爾赫
巴達赫尚
安提阿
底格里斯河
摩蘇爾
吉巴爾
塔巴里斯坦
呼羅珊
沙姆
幼發拉底河
薩瑪拉
雷伊
庫西斯坦
乃沙布爾
巴米揚
普勒斯
大馬士革
巴格達
巴勒斯坦
伊拉克
伊斯法罕
古爾
庫法
札蘭季
錫斯坦
耶路撒冷
庫茲斯坦
巴斯拉
法爾斯
西拉子
奇爾曼
奇爾曼
希拉夫
吉羅夫特
波斯灣
巴林
莫克蘭
信德
尼羅河
麥地那
漢志
內志
阿曼
麥加
紅海
阿拉伯海
哈德拉摩特
葉門
亞丁灣
0
500
1000 公里
0
500
1000 英里

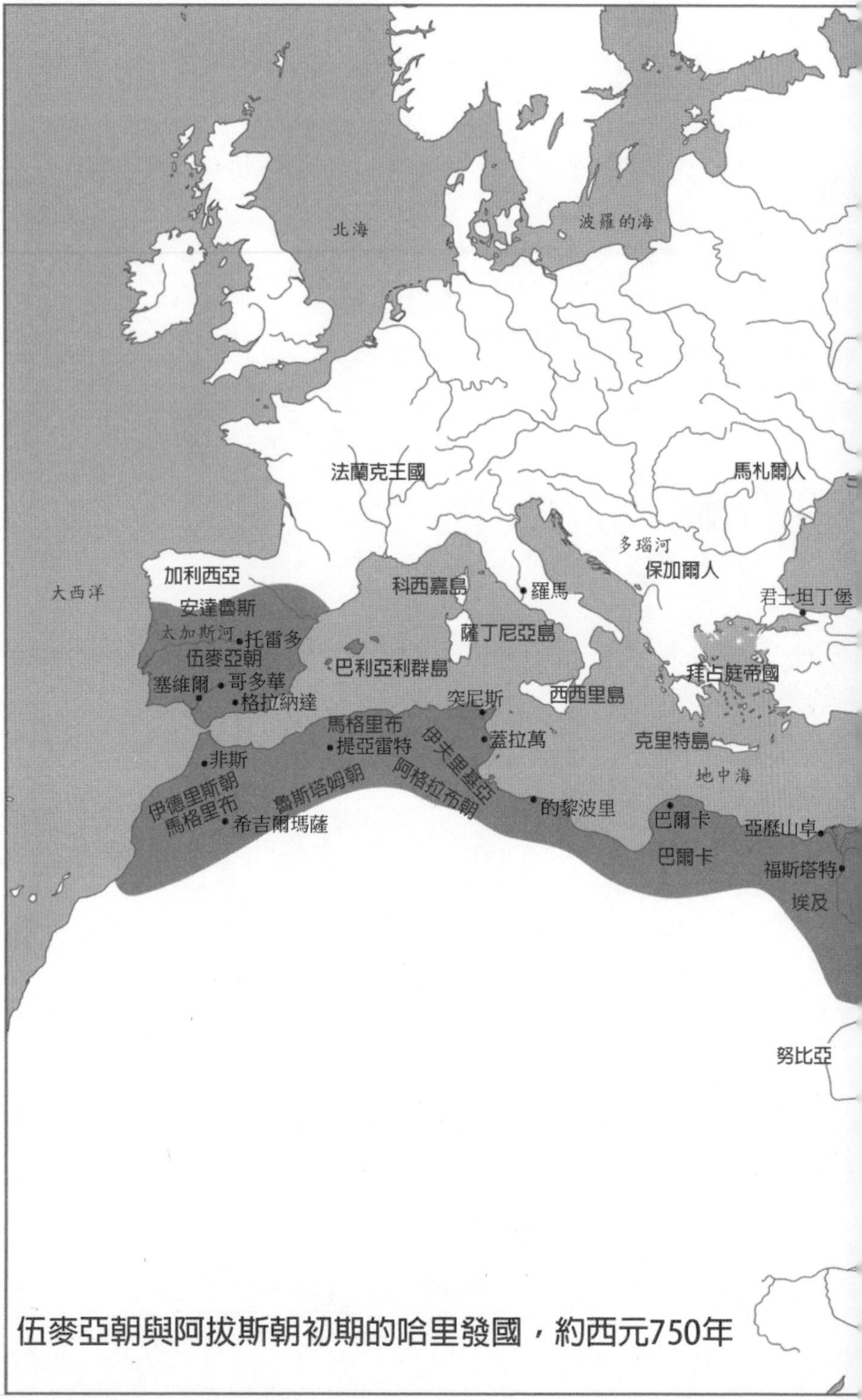

伍麥亞朝與阿拔斯朝初期的哈里發國，約西元750年

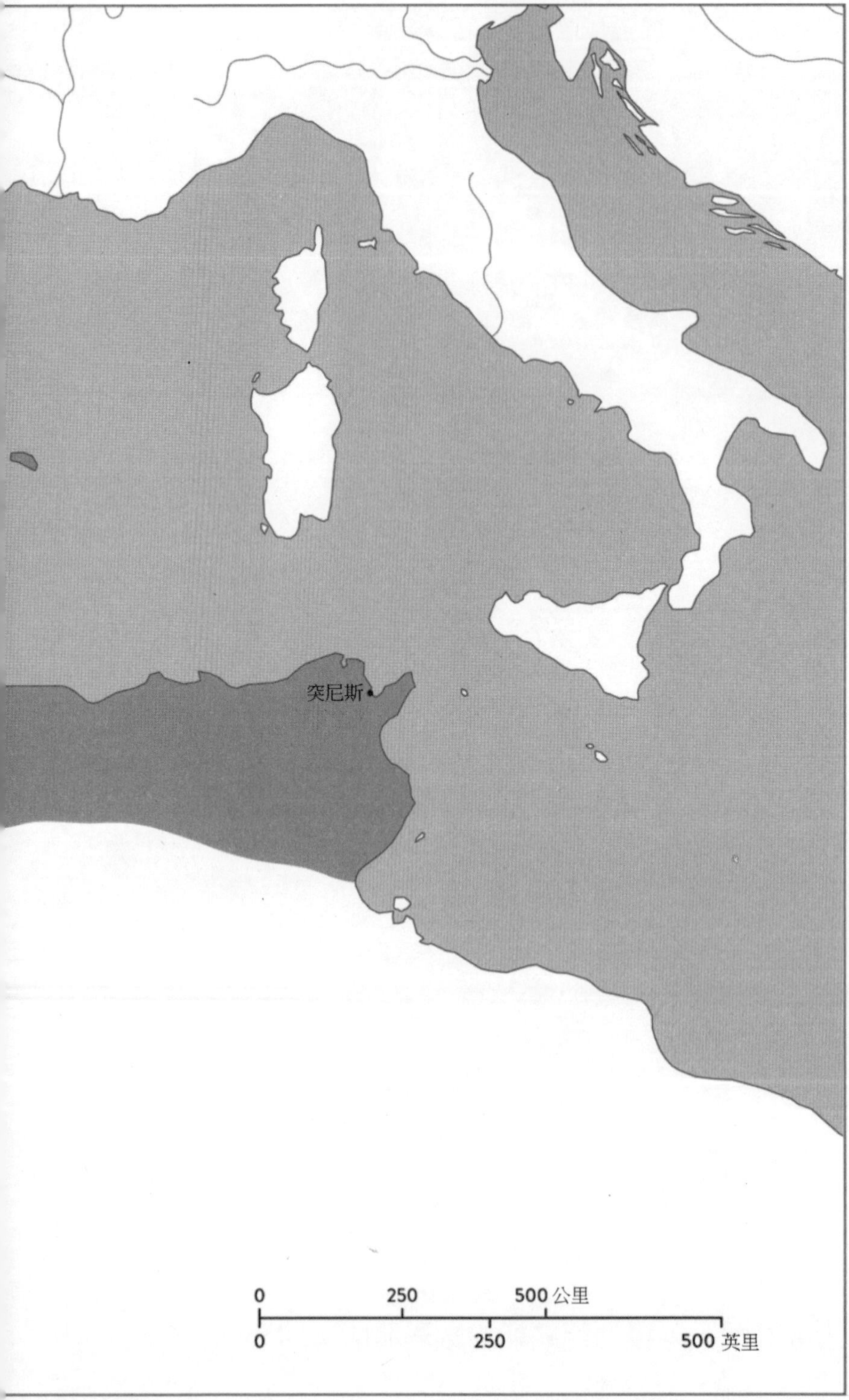
突尼斯
0
250
500 公里
0
250
500 英里

西元10世紀到12世紀西方哈里發國疆域

第一章　初期哈里發

亞當是最初的哈里發。我們知道這件事是因為《古蘭經》（2:30）告訴我們，真主在談到亞當時提到：「我必定在大地上設置一個代理人。」而《古蘭經》（38:26）也提到另一位哈里發的名字，真主告訴我們，《聖經》裡的大衛王，「我確已任命你為大地的代治者」。

哈里發這個職位——說是角色或許會更為精確——有《古蘭經》的權威加持，統治者在繼任哈里發的同時，也樂於繼承這項權威。但哈里發一詞的含義究竟是什麼？阿拉伯字根 khalafa 大家已耳熟能詳，阿拉伯文 khalīfa（英文 caliph 的字源）就是從這個字衍生出來，但與許多阿拉伯文一樣，khalafa 對應的英文字不止一個。khalafa 的原意是繼承或代理某人，在《古蘭經》裡則是有繼承或代理阿拉的意思。khalafa 的意義通行於行政與世俗領域。但與《古蘭經》許多段落一樣，khalafa 在經文裡的精確意義難以判定。khalafa 在《古蘭經》裡的意義顯然不是繼承者，因為真主是永恆的，因此從定義來說真主不可能有繼承者，所以 khalafa 肯定是指真主在人世的代理人或代表。但為什麼只有亞當與大衛王被選為哈里發，而其他廣受尊崇的人物如摩西、約瑟與耶穌卻未被選為哈里發？至於哈里發的職責是什麼？《古蘭經》對此隻字未提。我們唯一從《古蘭經》得知的是，真主至少在兩個狀況下任命了哈里發。我們因此可以合理推論，只要遇到恰當的時機，真主就有可能任命其他人擔任哈里發。

哈里發一詞似乎是在先知穆罕默德時代開始使用。當穆罕默德為了遠征或基於其他原因離開麥地那時，他會指定一名代理人（khalīfa）。我們至少知道一些代理人的名字，但奇怪的是，這些人絕大多數並不知名，他們之後不僅未在政府擔任任何角色，權力也十分有限。只有第三任哈里發歐斯曼曾躋身代理人之列，第一任哈里發阿布・巴克爾與第二任哈里發歐瑪爾都未曾擔任過代理人。儘管如此，也許是因為哈里發的代理性質，所以當先知（永遠）不在時，穆斯林自然而然採納了這個稱號。[1]

六三二年先知去世後，局勢瞬息萬變，哈里發這個位子便在這個情況下產生。根據多數派（順尼派）的說法，穆罕默德並未指定任何被明確承認的繼承者，不過他在人生最後的日子裡，因為病重無法視事，當時他曾要求老友與夥伴阿布・巴克爾領導信眾。穆罕默德宣稱，他是最後一位先知。這支偉大的改革者兼傳道者世系可以上溯到亞當，自古以來的先知們都致力讓人類信仰唯一真神，而他們也取得程度不一的成果。穆罕默德之後，如果有人想取得真主的先知這稱號，就必須對穆罕默德及其社群的存在意義提出挑戰。

此外還有另一個繼承可能，但這項選擇在家族考量下遭到排除。穆罕默德雖然擁有眾多妻妾子女，但只有一個孩子順利長大成人：他的女兒法蒂瑪。因此，就算穆罕默德與他的社群希望有男性子孫繼承（沒有證據顯示他們有此想法），現實上他們也沒有男系子孫可以世襲。

穆罕默德去世後發生的事記載得不是很詳細，但有些基本梗概是大家認可的，而這些事件對日後整個哈里發政權的歷史造成深遠的影響。要了解這段歷史以及這段歷史如何被記憶，我們必須檢視當時麥地那的穆斯林社群結構。穆罕默德不是麥地那人，他在麥地那南方三百二十一公里的麥加出生長大。雖然傳統認為穆罕默德的家族並不富有，但身為古萊什部族成員，他們的社會地位十分重要。古萊什部族是支配麥加的強大商人部族，在資助朝聖者方面舉足輕重。早在伊斯蘭出現之前，朝聖者已絡繹不絕來到麥加向卡巴朝聖，這座立方體建築物位於麥加市中心，角落鑲著一塊黑石，這是伊斯蘭前時期的崇拜物，至今依然是朝聖（hajj）的焦點。身為古萊什部族成員等於成為領導階級的一部分，他們除了主持麥加的政治事務，還要安排貿易商隊為土地貧瘠荒涼的麥加賺取大量財富。穆罕默德是古萊什部族當中的巴努．哈希姆氏族成員。氏族成員包括他的伯父阿布．塔里布，塔里布的兒子阿里後來娶穆罕默德的女兒法蒂瑪為妻，成為穆罕默德的女婿。哈希姆氏族不包括富有而強大的伍麥亞家族，伍麥亞家族也是古萊什部族的一支，他們支配了屯墾地絕大部分的貿易與政治活動。

穆罕默德在麥加傳道時遭到敵視，其中尤以古萊什部族其他氏族為甚，例如伍麥亞家族，穆罕默德在麥加的地位因此岌岌可危。此時麥地那（當時稱為雅特里布）的居民邀請他到當地協助解決麥地那社群長年未解的仇恨，他因此有了脫身的機會。在這個狀況下，穆罕默德展開他著名的旅程，他的遷徙，前往即將成為他的家鄉的城市，這座城市也將成為他往後人生的權力基礎。穆罕默德不是獨自一人上路，一群忠心耿耿的古萊什部族成員也加入他的流亡行列。這些人包括阿布·巴克爾、歐瑪爾、歐斯曼與阿里。這群與先知一起進行遷徙的流亡者被稱為遷士。他們構成初期穆斯林社群的菁英階層，而遷士也因為帶有向先知無私奉獻的意涵而成為今日聖戰團體常用的稱號。

新來者移居麥地那，與當地居民一起生活在這座綠洲城市，當地居民逐漸被稱為輔士（先知的輔佐者）。輔士也被現代激進團體當成一種榮銜。大致來說，遷士與輔士共享綠洲城市的空間與資源，兩者少有公開摩擦，這可能是因為先知居中協調的緣故。但雙方的歧見依然存在，最根本的差異是宗族關係，麥地那的輔士不屬於古萊什部族。此外，雙方也存在著社會緊張。古萊什部族在阿拉伯半島是廣受尊崇的部族，他們是強大的商人，組織駱駝商隊前往敘利亞，其次則是前往伊拉克與葉門。他們見多識廣，善於領導統御。與此相對，輔士則是農民，靠耕作與採摘椰棗為生，他們的眼界局限在自己的小社群裡。難怪有許多古萊什部族的遷士認為權力與權威理當歸他們所有。

當穆罕默德去世的消息傳開，遷士與輔士便採取行動確保自己的地位。輔士聚集在其中一名成員的屋子門廊下（又稱為巴努·薩伊達的薩基法，巴努·薩伊達是屋主的名字）。在門廊下，有人主張穆罕默德已經去世，他獨一無二的權威必將一分為二，遷士會推舉他們的領袖，因此輔士也該擁戴自己的領導人。在這關鍵的時刻，一群遷士衝進聚會現場，要求每個人，無論是遷士還是輔士，都應該向他們當中的一個成員效忠，也就是資深的阿布·巴克爾，這位長者因為他的智慧以及與穆罕默德的密切關係而獲得所有人的敬重。他們一致向新領袖宣誓效忠，宣誓在阿拉伯文裡稱為bay'a，以碰觸或交疊雙手作為象徵動作。

然而，有一小群人沒有參與這項協議。穆罕默德的直系親屬當時正依照風俗在葬禮前清洗死者遺體。其中當然包括穆罕默德的堂弟，同時也是他的女婿阿里。阿里被排除於協議之外，雖然大多數史料堅定指出阿里日後接受了這項協議，但阿里的追隨者，或許也包括阿里本人，卻認為這是一場政變，剝奪了他理應取得的權利。

我們無法確知在巴努·薩伊達的薩基法發生了什麼事，但這件事卻為往後穆斯林社群領導階層帶來當時的人意想不到的重大影響。起初只是為了因應暫時的危機而採取的權宜措施，卻成為決定性的關鍵，其性質與意義在往後一千四百年間一直受到熱烈討論。

這裡有兩個根本的關鍵爭議。首先是建立了社群領導人由古萊什部族成員出任的原則，雖然在這個時期尚未確立哈里發這個稱號，但我們還是以哈里發來稱呼穆斯林社群的領導人。這項原則並未被所有人接受，這點在之後討論哈瓦利吉派時就能看出，然而絕大多數穆斯林確實接受了這項原則，而這項原則也一直是順尼派與什葉派共同遵守的重要信條。第二個結果爭議性更大：阿里與先知家族完全被排除於程序之外，他們被剝奪了主張繼承權與表達意見的機會。此外，儘管輔士對先知極為忠誠，不僅讓穆罕默德在麥地那建立社群，也保護他不受麥加古萊什部族的攻擊，但最後他們卻淪為次等地位。在哈里發政權的漫長歷史中，沒有任何王位主張者在爭取哈里發稱號時主張自己是輔士的後裔。想了解穆斯林社群對於哈里發政權的性質何以意見紛歧，我們必須先了解在巴努．薩伊達的薩基法發生了什麼事，或者更重要的是，眾人相信在那裡發生了什麼事。

後來的史料提到，阿布．巴克爾獲得穆斯林社群的支持並且取得哈里發的稱號，而這個說法也為後人接受。但事實上，如我們所見，這個說法並不確實，而且有人指出歐瑪爾才是首位獲得哈里發稱號的人。[2]無論哪種說法為真，總之先知去世不到十年，哈里發就已被廣泛承認為穆斯林社群的領袖稱號。

然而早期穆斯林對哈里發這個稱號了解多少？沒有任何史料提到這點。當時沒有任何人以文字明確闡述對哈里發一詞的理解。我們必須從後世撰寫的史書、公開討論的紀錄（通常是論戰性質的作品）、個人書信與詩文來推敲時人的看法。在這些資料中，詩歌可說最具參考價值。因為詩文或許最能反映出時代的用語。歷史敘事與書信可能在編輯過後反映出後世的看法，但古典阿拉伯詩文有著嚴格且正式的格律，要在不違反格律下進行修改是不可能的。即使如此，我們依據的絕大多數詩歌仍來自後期的伍麥亞時代，而非來自初期。

在哈里發一詞的使用上存在著極大的不確定性。之前已經提過，khalīfa 可以指代理人或繼承人：但哈里發是哪一種？哈里發代理或繼承的是誰？早期穆斯林辯論這個議題時出現兩個觀點。第一個觀點認為，哈里發是真主的代理人，我們經常看到這段話：「真主在人世的代理人（khalīfat

Allah fi ardihi）。」這句話並無任何模稜兩可之處，因為我們知道，真主不可能有繼承人。然而有些人不同意這個看法，他們認為完整的稱號一直而且應該是「真主使者的繼承人」（khalīfat rasūl Allah），哈里發必然是指穆罕默德的繼承人。這個差異在當時造成了影響，至今也是。如果哈里發是真主的代理人，那麼他便擁有近似神的地位與權威，所有穆斯林都應該支持與尊敬他。另一方面，如果哈里發只是穆罕默德的繼承者，他的權威就不會那麼崇高。他不可能是先知，因為穆罕默德是最後一位先知，因此他必定是個凡人，他履行的是真主使者在世時履行的世俗與行政職能。過去，穆斯林與西方學者普遍認為真正的稱號是——而且一直是如此——「真主的先知的繼承人」。然而在一九八六年，劍橋大學伊斯蘭中東研究學者派翠西亞．克隆與馬丁．海因斯發表一部簡短但十分重要的著作，他們從各種文本與錢幣證據找出可信的證明，認為哈里發這個稱號從一開始就是指真主的代理人。他們認為，哈里發是先知繼承人的說法始於十九世紀的宗教學者，他們試圖在哈里發與學者爭奪立法權與伊斯蘭規範的創制權上，貶低哈里發的地位。[3]

穆斯林社群最初的領導人不僅使用哈里發這個稱號。從一開始，我們看到一些記載把哈里發稱為「Amīr al-Mu’minīn」，通常翻譯為「信仰者統領」。Amīr（英文通常寫做 emir）意思是指揮官或君主。十世紀初，阿拔斯哈里發政權步入衰微之後，哈里發這個稱號逐漸成為軍事領袖與地方統治者的頭銜，至今波斯灣阿拉伯國家依然以哈里發作為王室稱號。Mu’minīn 這個字比較需要解釋：使用 Muslims（穆斯林）這個字並且把領導人稱為 Amīr al-Muslimīn 難道不是更合理而適當？

然而，Mu'minīn 不僅用來描述穆斯林，也用來描述已經加入具拘束力的和平協定而與穆斯林一起生活的非穆斯林。與哈里發不同的是，信仰者統領這個稱號不存在於《古蘭經》，因此我們無法從經文中得到指引，但從後世史料對這個詞的使用可以看出這個詞出現的時間很早，可以追溯到穆斯林與非穆斯林盟友並肩作戰的時代。無論信仰者統領的起源或最初的意義是什麼，這個稱號逐漸與哈里發密不可分：不只是伍麥亞朝與阿拔斯朝，還有法蒂瑪朝、穆瓦希德朝與其他許多擁有哈里發頭銜的統治者，他們也自稱是信仰者統領。

我們也發現有使用伊瑪目這個頭銜。伊瑪目特別是指站在前方或率領眾人之人，通常用來形容在清真寺裡帶領信眾禮拜的人。伊瑪目在什葉派裡的用法比較特殊，用來指稱全穆斯林社群的統治者，因此意義上等同於哈里發。

最初的哈里發，阿布・巴克爾與歐瑪爾的統治

最初的四位哈里發，阿布・巴克爾（在位時間六三二至三四年）、歐瑪爾・賓・哈塔卜（在位時間六三四至四四年）、歐斯曼・賓・阿凡（在位時間六四四至五六年）與阿里・賓・阿比・塔利卜（在位時間六五六至六一年），在阿拉伯文獻裡稱為 Rāshidūn，英文翻譯成 Orthodox（正統）。這個用語可以追溯到絕大多數順尼派穆斯林同意，這四個哈里發都是行公義與受真主指引的統治

者，之後到了伍麥亞朝及其後繼者統治時，這個看法雖然出現變化，但正統一詞還是沿用下來。「正統哈里發」是個便於使用且獲得廣泛接受的詞彙，用來指稱這四個彼此毫無關係且作風各異的統治者。

歷史資料記載許多與這四個哈里發相關的各種資訊，因為早期發生的事件對伊斯蘭社群的發展有著重大而深遠的影響：關鍵在於這些事件形成順尼派與什葉派穆斯林分裂的基礎，使雙方的嫌隙在往後四百年持續加深。在順尼派傳統下，這四個哈里發有著鮮明的人格：阿布．巴克爾是個威嚴而和藹的長者；歐瑪爾善於組織，是個一絲不茍的道德主義者；歐斯曼是個好人，卻因偏袒自己的家人而鑄成大錯；阿里是個真正的統治者，但缺點是臨事不決，容易茫然失措。這些特質或許確實反映出他們真正的性格，但也顯示哈里發政府的性質，而後世也以最初這四個哈里發作為良善政府的模範與國家何以衰敗的例證。正統哈里發在現代有關哈里發政權的討論中有著舉足輕重的地位。

這四個哈里發各自面對待解的重要議題。首位哈里發必須確保伊斯蘭社群在創立者死後能繼續存在，並且確立社群統治者的地位。歐瑪爾時代，最明顯的首要之務是管理阿布．巴克爾統治期間征服的廣大中東領土，並且在歐瑪爾統治時繼續進行擴張。到了六四四年歐瑪爾去世時，穆斯林軍隊已經征服敘利亞、伊拉克與埃及，而在歐斯曼統治的前半期，伊朗大部分與北非廣大地區也成為穆斯林的領土。雖然這四個哈里發從未親自領兵出征，但他們坐鎮在先知之城麥地那，藉由組織與派遣軍隊擊敗了偉大的東羅馬帝國與波斯帝國。

征服無法讓被征服地區的民族成為穆斯林，只能讓這些民族被迫接受新阿拉伯穆斯林統治階級的政治權威。廣大民眾改信伊斯蘭教是個非常緩慢而平和的過程，或許耗費了四百到五百年的時間才完成。這是一項偉大的成就，不僅完全重塑了古代世界，其結果至今仍影響著我們。就某種意義來說，組織軍隊算是比較容易的事。真正困難的是一旦阿拉伯穆斯林控制這些富庶且居住著各種民族的地區時該如何治理的問題。而最艱困的任務則是管理穆斯林菁英，以防止內部的激烈對立造成伊斯蘭世界的分裂。

六三二年，阿布・巴克爾剛成為穆斯林社群領袖便隨即面臨一項重大挑戰。先知在世最後兩年從阿拉伯半島各地吸引眾多追隨者，他們成群結隊前來向先知效忠，尊奉他為真主的使者與日漸強大的部族聯盟的領袖，並與其維持良好關係。他們往往同意繳納濟貧稅。先知死後，許多人撕毀先前訂定的協議，表示自己效忠的是穆罕默德本人，而非他的後繼者或麥地那社群。有些人說，他們想繼續當穆斯林，但不願繳納濟貧稅。還有一些人自行推舉先知，如阿拉伯半島東部的穆薩伊利瑪，他們認為如果古萊什部族有先知，那麼為了公平起見，他們也該有自己的先知。在穆斯林傳統中，這場運動稱為「叛教」。

這種狀況很可能造成溫瑪的分裂，使阿拉伯半島回到伊斯蘭教創立前群雄割據的無政府狀態。然而，阿布・巴克爾在歐瑪爾的協助下，決心不讓阿拉伯半島四分五裂，並且發動一連串戰役。這些軍事行動通常由哈立德・賓・瓦利德領軍，他是古萊什部族的舊貴族，日後在歷史與傳說中被尊崇為「伊斯蘭之劍」。戰事無情地進行，並且迅速獲得勝利。六三四年，當阿布・巴克爾短暫的統治期結束時，阿拉伯半島各部族實際上已重回麥地那的控制之下。阿布・巴克爾與歐瑪爾藉此建立新的原則：不可背棄伊斯蘭教。凡是正直的穆斯林都可以而且應該殺死叛教者（murtadd）。「叛教」也導致新穆斯林階級的出現。如果遷士乃至於更廣泛的古萊什部族是穆斯林社群的菁英，而輔士居於次等但仍屬重要的地位，那麼戰後重新回歸社群的叛教者就淪為第三等公民。這種地位劃分對於往後阿拉伯對外征服時資產與戰利品的分配有著重要意義。

年邁的阿布・巴克爾安詳離開人世。他在兩年統治期間有許多傑出事功。現有的證據無法明確證明阿布・巴克爾曾擁有哈里發這個頭銜，但早期穆斯林顯然相信他擁有這個稱號，他的功業與名聲意味著他的哈里發頭銜是建立在這些成就之上。此外，伍麥亞時代及往後的作家與詩人也為阿布・巴克爾冠上非正式的 Siddīq 稱號（誠實的或值得信任的），顯示絕大多數穆斯林是以崇敬的心緬懷他。

大阿拉伯征服本質上是叛教者戰爭的延續。在這裡我們無法詳述每一場戰役與戰爭的細節，但有些面向值得一提。最初大約從六三四年開始，出現了兩條主要戰線，分別是敘利亞與伊拉克。敘利亞是先知晚年首次嘗試遠征的目標。先知死後，遠征敘利亞的計畫開始進行，這場戰爭主要是由一批人數相對寡少的穆斯林菁英與阿拉伯半島西部漢志部族成員推動，他們有時還與敘利亞既有的其他部族結盟，這些部族中有些人是基督徒，而且一直保持原有的信仰。正是這些部族於六三六年的亞爾穆克之戰擊敗拜占庭軍隊，終結了希臘語系菁英在敘利亞與巴勒斯坦長達一千年的統治。與此相對，伊拉克的征服則是動員大量來自阿拉伯半島北部與東部乃至於遙遠南方阿曼的部眾才得以成功。這些戰役主要由古萊什部族成員擔任指揮，如薩德·賓·阿比·瓦卡斯，他在六三六年決定性的卡迪西亞之戰擊敗波斯人，將他們逐出伊拉克。但基層士兵絕大多數來自非菁英階層，其中有些過去還曾加入叛教者行列。這導致伊拉克與敘利亞阿拉伯穆斯林之間長久的衝突，而這場衝突最終造成正統哈里發政權的終結。

這些征服的另一個重要面向是它們都是有組織的軍事遠征。這些征服不是野蠻部族大規模遷徙到富庶而文明的中東地區，而是自願者來到麥地那接受招募組成軍隊，然後分派給各個指揮官，再由指揮官各自領兵出征。統籌整個征服行動的是哈里發，特別是歐瑪爾，他在位的十年期間主導了最重要的幾次軍事行動。

即使最樂觀的早期穆斯林，也想不到遠征的成果竟然這麼好。短短數年間，他們已控制城市與鄉村、田舍與農地等廣大領土與無數人口，這是他們想取得卻又不熟悉的地方資源。這些土地要如何治理，打了勝仗的穆斯林要如何公正地給予獎賞？起初，尤其在伊拉克，領兵的指揮官任意搶奪財產與土地。然而，歐瑪爾很快禁止這類行為，而這也顯示這位哈里發已擁有一定程度的權威與聲望，使他能下達這樣的禁令。

歐瑪爾在伊拉克建立制度，使征服的土地以及從土地徵收的稅金合而為一，成為支持阿拉伯部眾的資本（阿拉伯文稱為 fay）。阿拉伯部眾不許散居於被征服的土地上，而必須集中屯駐於軍管城鎮（阿拉伯文 misr，複數形 amsār）。最早建立的軍管城鎮是伊拉克中部的庫法，位於今日巴格達的南方，以及波斯灣頂端的巴斯拉。之後又陸續建立一連串軍管城鎮，如福斯塔特（舊開羅）、突尼西亞的蓋拉萬、伊拉克北部的摩蘇爾以及伊朗西南部的西菈子。這些軍管城鎮的名稱以及有權徵收的稅金數額全記載於清冊上，稱為造冊（dīwān）。城鎮原始的面貌未能流傳到今日，但它們的存在顯示當時的政府已能嚴密控制阿拉伯人的遷徙與定居。

歐瑪爾建立的新制度對穆斯林社會有深遠的影響。這些影響絕大多數是正面的。數量龐大且由政府支薪的軍隊出現，是促使早期伊斯蘭世界產生蓬勃市場經濟的主因。這也表示政府必須使用錢幣與維持一批識字且懂得計算的官僚。而這又進一步創造出受過阿拉伯文教育的階級，這個階級擁有機會與知識投入於書寫與其他智識活動。

然而在此同時，新制度也持續在資源分配上引發衝突。這些衝突分別出現在各個層面上。在社群內部，早期皈依伊斯蘭教的信眾享有資深（sābiqa）的地位與較高的薪俸，後期加入的與曾經叛教的民眾則報酬較少。另一個層面的衝突在於有些人主張各省（例如庫法）徵收的稅金應留在各省，而另一些人認為支付薪餉之後剩餘的稅金應上繳麥地那的哈里發政府，或大馬士革的伍麥亞朝。這個制度由哈里發歐瑪爾創立，而後由阿里加以確立，制度因此帶有近似宗教的權威。那些相信自己根據歐瑪爾立下的分配規定可以取得行省所有稅金的人，認為這不僅是他們的世俗權利

（dunya），也是宗教信仰（din）的一部分。當伍麥亞朝為了提高政府效率而試圖改變制度時，當局不僅被指責為卑鄙貪婪，甚至被抨擊是不虔誠與反伊斯蘭。

在後人心中，歐瑪爾留下的另一項遺產是所謂的《歐瑪爾協定》。這不是由哈里發擬定簽署的書面文件，而是一連串關於非穆斯林臣民、猶太人、基督徒、祆教徒與其他人的身分地位的規定與指導大綱。協定的基本要點是非穆斯林可以保留自己的信仰、禮拜儀式與禮拜地點，也能保留個人與家族財產。不過，限制面的確切性質隨公約版本的不同而有所差異。這些限制絕大多數與禁令有關，如禁止興建新教堂（有時連修繕舊教堂也不行）、禁止公開宗教遊行、禁止公然批評伊斯蘭教與禁止持有武器。有時非穆斯林還必須穿著特定服裝且不許騎馬。最重要的是，協定規定必須繳納人頭稅。非穆斯林被稱為保護民（dhimmi），他們的安全與信仰自由都獲得保障。但於此同時，非穆斯林也成為二等公民。這些少數族群的社群成員深信這套制度是歐瑪爾創立的，就某種意義來說，正是這位偉大哈里發的權威與虔誠名聲保護了他們。

六四四年，歐瑪爾遇刺身亡，兇手是一名波斯奴隸，他因為個人理由而行兇。從各方面來說，歐瑪爾可視為哈里發政權的創建者。不過，與阿布．巴克爾一樣，當時沒有任何直接證據證明歐瑪爾擁有哈里發這個稱號，但阿拉伯史料卻幾乎異口同聲地說歐瑪爾確實擁有這個頭銜。歐瑪爾無疑是家喻戶曉的人物。比如一名阿拉伯人在阿拉伯半島西部岩石上看到刻有歐瑪爾名字的塗鴉，即能不假思索地說出刻石時間是歐瑪爾去世那年，歐瑪爾彷彿是眾所皆知的名人，無須多作介紹或解釋。[4]在順尼派伊斯蘭傳統中，歐瑪爾有著偉大立法者的名聲，他公正廉明，毫不留情地譴責奢華虛榮的酋長與將領。民眾對他的記憶也反映在一些軼事上，據說他不接受統治者的儀式與排場，他總是全身裹著大衣，窩在清真寺的角落睡覺，任何人都可以接近他。傳說中，波斯使臣與犯人前來覲見歐瑪爾，他們已習慣波斯宮廷的禮儀與奢華，因此對於歐瑪爾服飾與生活的簡樸感到吃驚與不可思議。這些故事肯定反映某種歷史現實與歐瑪爾的真實人格，但也作為伊斯蘭君主的典範與針砭後世統治者的驕奢淫佚而流傳後世及加油添醋。

歐瑪爾不僅在穆斯林傳統中獲得讚揚，在完全不同的文化裡也有著正面評價。十八世紀英國史家愛德華．吉朋寫道：

> 歐瑪爾的節制與謙卑不亞於阿布．巴克爾的德行：他的食物不外乎大麥麵包或椰棗；他的飲料是水；他穿著有十二處磨損破洞的長袍講道；一名視他為征服者前來向他行臣服禮的波斯總督發現他與一群乞丐為伍，睡在麥地那清真寺的階梯上。儉約是慷慨的泉源，收入的增加使歐瑪爾能公正而持續地獎賞信眾從過去到現在的俸獻。歐瑪爾不在意自己的薪酬，他率先把最大一筆價值二萬五千德拉克馬的銀幣給了先知的叔父阿拔斯。五千德拉克馬分配給每個年邁的戰士、巴德爾戰役（六二四年，穆罕默德的第一場軍事勝利）的生還者，至於尚在人世且過著赤貧生活的先知門徒，每年可獲得三千德拉克馬銀幣……在歐瑪

> 爾及其前任的統治下，這群東方征服者是真主與人民值得信賴的僕人；公眾的大量財富被奉為神聖之物，用以維持和平與戰爭的開支；他們巧妙地運用正義與獎賞來維持撒拉森人的紀律，並且以少有的高明手段結合專制主義的果斷執行與共和政府的平等儉約。5

吉朋浸淫在古典史家的著作裡，他的視角也許令我們感到詫異，而共和政府的說法也未必合乎事實，但引人注目的還是這位啟蒙運動學者以自身語言反映出那時代對穆斯林的看法。

不過，這個形象還有另一面，也就是較具宗教性質乃至於帶有救世主意味的面向。經過數百年的時間，要理解其中的意涵非常困難。與之前的阿布·巴克爾及之後的歐斯曼一樣，歐瑪爾決定在漢志統治整個帝國，而且幾乎都待在先知之城麥地那。但也有例外的時候。耶路撒冷在早期伊斯蘭傳說裡扮演著重要角色。據說早在穆罕默德規定穆斯林朝麥加禮拜（qibla）之前，就已經有穆斯林在耶路撒冷禱告。傳說提到先知是在耶路撒冷而非麥加進行一趟不可思議的升天之旅，他在天上目睹真主創世的榮耀，而當時他所在的位置就是聖殿山，日後這裡也興建了圓頂清真寺。六三八年，已經征服大馬士革與絕大部分敘利亞及巴勒斯坦（只剩下濱海城市凱撒利亞仍負隅頑抗）的穆斯林軍隊眼看即將攻下耶路撒冷。耶路撒冷當時仍在拜占庭的統治下，歐瑪爾於是動身北上。當他抵達耶路撒冷時，他接受東正教耶路撒冷牧首索弗羅尼歐斯獻城投降。

歐瑪爾在這個時期訂定的條約，其中一個版本至今仍以阿拉伯文的形式留存，條約允許 Rūm

（羅馬人，也就是拜占庭人）可以帶著財物和平離開，並且保證留下來的民眾可以維持「保護民」的地位。歐瑪爾在聖殿山，也就是舊猶太神殿所在地禱告。當時聖殿山到處都是瓦礫廢墟，歐瑪爾下令清理打掃乾淨。根據古猶太傳統，歐瑪爾也允許原本被拜占庭人逐出耶路撒冷的猶太人返回城內。然而，歐瑪爾拒絕接受牧首的邀請到聖墓教堂禮拜，他認為如果他這麼做，穆斯林將會把聖墓教堂占為己有，並且將其改為清真寺。歐瑪爾於是在聖墓教堂外的某個地點禮拜，這個地方後來建了一座清真寺，稱為歐瑪爾清真寺。這起事蹟或許只是傳說，但詳細內容卻在阿拉伯基督徒敘事中流傳，這些故事強調最偉大的哈里發接受了聖墓教堂的神聖性與基督徒的權利。

歐瑪爾或許是因為這次遠征而獲得 Fārūq 的稱號，有時會用這個頭銜來稱呼他。Fārūq 是亞蘭語，不是阿拉伯語，這個詞的意思是救世主。確切來說，早期穆斯林對於救世主的理解是什麼，我們並不清楚，但一般認為這是屬於末世論的部分內容，這種說法把穆斯林征服耶路撒冷視為末日與最後審判的開始。救世主的確切意義為何如今已難以探尋，而穆斯林傳統也未對這個詞彙進行詳細討論，但顯然哈里發已在穆斯林與非穆斯林心中留下深刻的印象。

歐斯曼與哈里發政權第一次危機

歐瑪爾臨終前才開始留意繼承人的選拔問題。可以這麼說，阿布·巴克爾以及歐瑪爾本身是透過非正式管道成為繼承人。阿布・巴克爾是在歐瑪爾與其他遷士的擁戴下繼承大位，而歐瑪爾則是經由阿布・巴克爾的指定成為領袖。穆斯林社群缺乏可資遵循的前例，歐瑪爾因此決定成立諮詢會議（shūra）來選舉下任領導人。他提名六個人，全都是古萊什部族成員。麥地那的輔士與其他穆斯林被排除在外，先前推舉阿布・巴克爾時未能參與選拔的阿里，這次卻獲選進入六人小組之中。在經過審慎考量之後，會議決定由年邁但傑出的商人歐斯曼擔任領袖。這是理所當然的結果，歐斯曼是古萊什部族的人，而且是穆罕默德最初的追隨者。穆斯林社群的各個領導人也正式向他效忠。

為選拔哈里發而成立的諮詢會議，對往後穆斯林的政治思想產生深遠的影響。這個制度似乎為之前的臨時程序提供了正當性。此外，諮詢會議（shūra）的概念也極具彈性，能容許廣泛的詮釋。阿拉伯文 shawara 是 shūra 的字根，原意是指建言與諮商，與民主選舉並無關聯。在哈里發政權的歷史上，選拔歐斯曼的諮詢會議是唯一一個公開且經過正式組織的機構。無論時代如何變遷，shūra 的觀念一直留存下來啟迪許多人的思想，大家因此認為社群的參與可以讓原本曖昧而獨斷的過程取得正當性，shūra 一詞也成為不對外公開的選拔過程的正當化依據。然而，沒有任何法律規定諮詢會議應由幾人組成、諮詢會議是否應為廣大穆斯林社群的代表，或集會時是否應公開進行審議。我們可以這麼說，透過迅速與祕密方式召開的諮詢會議，在歐瑪爾建立的模式下，成為選拔新領袖有效而可行的做法。然而諮詢會議的概念令什葉派無法接受，對什葉派來說，以選舉方式產生穆斯林領袖無異篡奪了專屬於真主的工作。

穆斯林史家與評論者對於歐斯曼的評價相當分歧。但一般來說，在他統治期間發生的事件並無爭議。傳統敘事提到，歐斯曼享受六年的成功時光，但六年一過，他不小心將先知的印戒掉到井裡，預示他的好運與治世即將告終。這個時期也見證了穆斯林軍隊往伊朗擴張，以及六五一年末代薩珊王雅茲德吉爾德三世的去世。之後，軍事擴張大致停止（但到了八世紀初又再度進行對外擴張），戰利品帶來的收入逐漸枯竭。也就是在這個時期，歐斯曼的統治招致愈來愈多的不滿，眾人開始對社群菁英的驕奢淫佚感到憎惡。六五六年，累積的怒氣終於達到高峰，伊拉克與埃及爆發叛亂。兩地的武裝團體啟程前往麥地那，想透過武力提出訴求。他們抵達首都之後，發現這個老人已經被包括阿里在內的穆斯林菁英領導成員遺棄，完全無人保護。歐斯曼被殺的時候正獨自一人在屋裡誦唸《古蘭經》，他的血就這樣滴落在敞開的聖書書頁上。

歐斯曼遇刺對早期伊斯蘭社群造成重大創傷，其影響直至二十一世紀仍未能平復。我們可以純由歷史角度觀察導致歐斯曼遇刺的事件。歐斯曼嘗試管理一個廣大且創立不久的帝國。在征服停止且資源吃緊之下，許多穆斯林一方面覺得自己遭到排除與陷入貧困，另一方面卻看到其他人過著奢侈生活。最令人眼紅的是圍繞在哈里發身旁的古萊什部族，他們絕大多數是年輕人，根本未曾參與早年伊斯蘭的奮鬥歷程。眾人語帶苦澀地說，伊拉克的富庶之地已成為「古萊什部族的庭園」。歐斯曼的看法當然與他們不同。為了管理廣大與日趨混亂的哈里發政權，他只能仰賴自己最信任的人：他的家人與古萊什親族，還有伍麥亞氏族。

歐斯曼遭到殺害引發一場極其痛苦的辯論。這起事件令人震驚。這位由社群推舉的哈里發，從皈依之初就認識與支持真主的使者，並且為伊斯蘭教竭盡全力，他的虔誠與品行無可責難，但他卻被穆斯林同胞殺害。到底哪裡出了差錯？

答案取決於你怎麼看。對歐斯曼的支持者來說——這些人在往後數百年被歸類為順尼派傳統——此事的對錯十分清楚：真主的哈里發被一群自稱是穆斯林的人士殺害。這不僅是迫害人類的罪行，也是反真主的罪行。就算歐斯曼不是最完美的統治者，也許他達不到之前阿布·巴克爾與歐瑪爾的標準，穆斯林也沒有權利背叛他，更別說奪走他的生命。他的血不能白流，殺死他的兇手必須受到懲罰。

其他人則沒有這麼肯定。如果歐斯曼未能表現像個真主的哈里發，而是一個暴虐無道的法老，奪取虔誠與卑微的穆斯林的合法財產交給自己的親族好友，虔誠的穆斯林該做何反應？這裡有兩種做法。第一種是承認哈里發的舉措確實失當，但另一方面也同意穆斯林不應該背叛以正當程序建立的權威。要確定真主的意旨並非易事，或許惡貫滿盈的歐斯曼所做所為只是履行真主的目的，因此應由真主決定在適切的時候除去或懲罰他。第二種則認為歐斯曼不適合統治社群。他為非作歹，行為逾越了虔誠與正義的原則，因此不適合再擔任穆斯林的伊瑪目：虔誠而敬畏真主的信眾有責任除去與懲罰他，並且希望另尋一個能以正確方式領導社群的人來取代他。

推翻暴君的討論在伊斯蘭世界與在西方政治思想界一樣熱烈。一般認為，無論領導人看起來如何惡劣或不適任，殺死領導人都是不對的，因為這會導致更糟的事情發生，例如 fitna，這是指暴力、分裂與毀滅將禍及穆斯林的生命，讓真實的信仰無法適切運行。

此外還有《古蘭經》的爭議。穆斯林傳統描述《古蘭經》由天使加百列揭示給穆罕默德，不識字的穆罕默德再口述給穆斯林。《古蘭經》揭示時被書寫在隨處可得的材料上：莎草紙、皮革、棕櫚樹葉，甚至平坦的羊肩骨。決定將這些材料編輯與集結成書的正是歐斯曼，這本書就是我們現在所知的《古蘭經》。當時似乎有好幾種版本的《古蘭經》在民間流通，但哈里發下令將這些版本全部銷毀，只留下他授權的版本。這種做法不是每個人都贊同。有些人反對摧毀其他版本，因為這些版本很可能保留今日已經喪失的一些神啟內容。另一些人認為哈里發已經越權，他沒有權力做這件事。還有一些人主張，唯有先知家族憑藉他們對真主意旨的獨特理解才能成功擔負這項任務。歷史站在歐斯曼的《古蘭經》這邊。它獲得順尼派的普遍接受，什葉派雖然有所保留，但還是同意這是真實的神啟紀錄。然而在當時，這個版本的《古蘭經》卻造成反彈，引發民眾對歐斯曼統治的不滿。

歐斯曼在閱讀《古蘭經》時被殺，這成為一種象徵。歐斯曼的《古蘭經》成為聖物，上面留有殉道哈里發的血印，這幾乎可以成為伊斯蘭傳統認定的聖物。阿拔斯朝的哈里發日後在典禮儀式裡展示「歐斯曼的《古蘭經》」。我們聽聞「歐斯曼的《古蘭經》」曾被哥多華的伍麥亞朝與日後繼承伍麥亞朝的穆瓦希德朝使用，而在開羅的圖書館以及鄂圖曼素壇（哈里發）的伊斯坦堡托普卡匹皇宮的收藏裡也有過這本《古蘭經》。今日我們依然可以看到一部華麗且無疑年代十分久遠的《古蘭經》，上面噴濺了大量據稱來自哈里發的血跡，這部《古蘭經》隆重展示於塔什干，作為烏茲別克現任統治者虔誠信仰（不管是真心還是裝模作樣）伊斯蘭教的明證。

阿里與正統哈里發政權的終結

歐斯曼遇刺引發一連串複雜的事件，顯示眾人對哈里發政權應如何運作以及新哈里發應如何選拔存在各種不同的意見。起初，權威轉移到阿里身上。阿里與其他人可能認為自己的時代已經到來，但似乎沒有任何正式的繼承安排，諮詢會議也沒有召開。在缺乏明確委任的狀況下，阿里的統治從一開始就遭到削弱。

第一個挑戰來自古萊什部族菁英。阿里自己當然也是古萊什部族成員，但他太晚表態支持阿布·巴克爾。阿里在輔士中也有很多支持者，他在政治上忠誠的對象或許是這批人。阿里很早就皈依伊斯蘭教，而且與先知關係親近，但他不是唯一有這種經歷的人。雖然穆罕默德已經去世二十五年，但仍有人以自己在部族裡的地位以及自己是最早皈依伊斯蘭教的人，認為自己理應在社群裡扮演領導角色。祖拜爾·賓·安瓦姆就是這樣的人。祖拜爾是傑出的古萊什部族成員，早在穆罕默德與追隨者於六二二年出逃到麥地那之前，他已經與一小群穆斯林逃往衣索比亞躲避迫害。祖拜爾回到麥地那後加入了穆斯林社群，他是歐瑪爾挑選組成諮詢會議的六名穆斯林顯貴之一，諮詢會議後來推舉歐斯曼擔任領導人。祖拜爾與背景相似的夥伴泰勒・賓・烏拜杜拉都反對任命阿里擔任領袖，他們決定挑戰阿里。之後又有第三個人加入，那就是先知的妻子阿伊莎，有人說阿伊莎是先知最寵愛的妻子。阿伊莎可能與阿里積怨已久，此外她也是阿布・巴克爾的女兒；她熟識祖拜爾與泰勒，因此很自然地加入這兩個古萊什部族成員的行列。

阿里面臨的另一個更大挑戰是他身為哈里發的可信度遭到質疑：大家懷疑他在歐斯曼遇刺上扮演的角色，或者更精確地說，他在這起事件上毫無作為。沒有證據顯示阿里參與行刺這名長者，甚至也無法證明他鼓勵攻擊者採取行動。但是另一方面，在歐斯曼需要協助時，阿里也未提供任何保護或支持，儘管當時他人就在麥地那，而且在居民中也擁有許多追隨者。歐斯曼死了，但歐斯曼人數眾多且力量強大的家族——伍麥亞家族——根據權利要求將殺害他們親族的兇手繩之以法。許多伍麥亞家族成員逃離麥地那，前往另一名伍麥亞家族成員穆阿維亞・賓・阿布・蘇富揚住處避難。穆阿維亞與許多伍麥亞家族成員一樣，似乎很晚才改信伊斯蘭教，但他曾經擔任先知的書記，因此與穆罕默德關係親近。穆阿維亞曾參與征服敘利亞，敘利亞被征服後，他被任命為敘利亞總督。穆阿維亞以敘利亞作為自己的權力基礎，並且與當地最重要的部族帕爾米拉沙漠的巴努・卡爾布聯姻。他因此成為敘利亞利益的代表與敘利亞人效忠的對象，這些效忠者不僅包括穆斯林，也涵蓋其他非穆斯林，例如一直維持基督徒身分的卡爾布部族酋長。在穆斯林社群中，沒有人像穆阿維亞一樣吸引這麼多軍事與財政支持。如果阿里無法為被殺的親族復仇，他便無法證明自己有能力成為真正的哈里發，除非阿里盡到自己的責任，否則穆阿維亞絕不會向他宣誓效忠。

阿里剛即位就面臨第一起軍事挑戰。由於麥地那絕大多數民眾支持阿里，因此祖拜爾、阿伊莎與泰勒離開麥地那，前往伊拉克南部的穆斯林新城鎮巴斯拉，希望獲得塔基夫部族的支持。塔基夫部族在伊斯蘭前時期已經是古萊什部族的老盟友，此時他們已移居巴斯拉。阿里了解自己必須在首都以外地區尋求盟友，於是他前往伊拉克向庫法的穆斯林求助。阿里曾在庫法居民不滿歐斯曼統治時伸出援手，雙方因此建立關係。阿里此時顯然有許多支持者，而他也與先知家族建立聯繫，阿里與他的後代子孫以及人口眾多且動盪不安的伊拉克城市庫法，將在往後兩個世紀成為穆斯林社群政治地貌的顯著特徵，而且對於什葉派初期的發展有著根本的重要性。

六五六年十二月，祖拜爾與阿里的軍隊在巴斯拉附近交戰，史稱駱駝之戰。祖拜爾與他的盟友並未如他們希望的獲得大量支援，他的軍隊因此被人數占優勢的阿里大軍擊敗。祖拜爾與泰勒戰死，高坐在駱駝轎乘指揮戰局的阿伊莎被迫隱居漢志，從此不再過問政治。

駱駝之戰化解了阿里哈里發政權眼前的挑戰。這場戰役也意味著往後一個世代以漢志為基礎建立由古萊什部族支配的哈里發政權的想法完全破滅，直到六八〇年穆阿維亞死後，才由祖拜爾的兒子重整旗鼓試圖復興。駱駝之戰也是穆斯林社群內部首次公開內戰。這起哈里發政權爭端不是藉由諮詢會議的討論或前任統治者的指定來解決，而是藉由某個派別的軍事硬實力，以及某個派別比另一派更能吸引更多的軍事援助來決定。這成了哈里發這個稱號未來絕大多數時間發展的模式。

另外，這場爭端也標誌出一項重要轉變。麥地那原是先知居住的地方，在阿布・巴克爾與歐瑪爾時代則是哈里發政權的首都。歐瑪爾曾經前往巴勒斯坦接受耶路撒冷投降，但在發動一連串大規模征服戰爭時，他仍坐鎮麥地那指揮。歐斯曼也繼續以麥地那作為政府所在地，並且死於此地。然而麥地那孤懸於阿拉伯半島西部，隨著人口增加，麥地那愈來愈仰賴從埃及與其他地方進口糧食。伊拉克與敘利亞的穆斯林人口逐漸超過麥地那，在這種情況下，想當上哈里發非得取得這兩個地方的居民支持不可。阿里擊敗祖拜爾後並未返回麥地那，而是留在庫法，並且以庫法作為政府中心。以先知之城作為根據地來建立哈里發政權的夢想依然徘徊不去，但當穆罕默德的直系子孫「聖潔者穆罕默德」於七六二年，也就是阿拔斯朝初期試圖將這個夢想付諸實現時，事實證明夢想終究只是夢想，無法作為重建與復興哈里發政權的基礎。

祖拜爾戰死，他的黨羽也一敗塗地，但穆阿維亞卻對阿里的權力構成更大的挑戰。無論穆阿維亞長久以來懷抱著什麼樣的野心，他在這個階段並未主張自己有權統治哈里發政權。他只要求阿里，如果阿里想擔任哈里發，他必須懲罰殺害親族的兇手。穆阿維亞肯定知道自己提出了不可能達成的要求，因為攻擊歐斯曼的人以及這些人在庫法的親戚朋友，全是阿里為了建立自己的權力所必須仰賴的人。庫法不是一座容易治理的城市，這裡瀰漫著野蠻與目無法紀的氣氛。這座新城市能讓人自豪的是市中心的清真寺與圍繞清真寺的主要市集，但這座城市以塵土飛揚的街道與磚造或木造房屋所構成的網絡，通常是由來自阿拉伯沙漠的新來者與來自被征服的伊拉克與伊朗地區的非阿拉伯人臨時搭建的。這些人想與穆斯林合作，從後者享有的特權與機會中獲取利益。這是一座被社會緊張關係撕裂的城市。

位居社會金字塔頂端的是最強大部族的領袖，例如阿什阿特・賓・卡伊斯，他因為家族背景而享有財富與社會聲望。但這些部族領袖有許多人跟阿什阿特一樣很晚才成為穆斯林。這些人被稱為「謝里夫」（sharīf，複數形 ashrāf），即貴族。他們幾乎不知道先知這號人物，就算他們曾目睹穆罕默德，恐怕也不知道他是何方神聖，而且他們之中有些人還曾加入「叛教」反對阿布・巴克爾的統治。與這群人對立而且也主張自己應取得領導地位與權力的則是很早就皈依伊斯蘭教的人，他們忍受炎熱與沙塵參與早年征服波斯的戰爭。這些人如馬利克・阿什塔爾，他曾是伊拉克反歐斯曼運動的領袖，現在則成為阿里最親近的謀士。他們在伊斯蘭前時代的部族社會裡屬於中間階層，但他們因為很早就信仰伊斯蘭教而享有優先權。在歐瑪爾建立的制度下，他們享有最高位階的薪酬與津貼以及他們決心捍衛的資產。因此這兩個菁英團體有充分的理由彼此敵對。

在這兩個菁英團體之下是一般部族民眾，他們沒有權利享有菁英地位。這些民眾雖然是穆斯林，但他們加入伊斯蘭教的時間較晚，或者是未能在征服戰爭中扮演重要角色。儘管這些人屬於穆斯林社群，但他們獲得的報酬很少，他們有充分的理由覺得自己被排除在其他人享有的利益之外。這股怨恨確實存在於第一代群眾之中，但這之後的幾個世代，怨恨的情緒肯定變得更加強烈，因為這個時候的菁英居於上層不是因為自己的貢獻，而是仰賴父祖輩功業的庇蔭。

在社會底層的是非阿拉伯人的伊斯蘭教改信者。其中許多人是擁有高社會地位的伊朗人，他們因戰爭與征服而失去原有的身分，甚至淪為俘虜或奴隸。為了成為穆斯林，他們讓自己依附在阿拉伯穆斯林部族或有聲望的個人之下，成為他們的 mawālī（單數形 mawlā，非阿拉伯改信者）。mawālī 這個字沒有明確的英文翻譯。它可以指這些人成為部族的侍從，接受部族的領導與支持部族的政治活動。它也可以指自由民，曾經是奴隸但獲得主人給予自由並且改信伊斯蘭教（容易混淆的是，mawlā 這個字在日後的阿拉伯文裡用來表示貴族或主人，但我們這裡討論的是早期的意義）。這些 mawālī 覺得自己也是穆斯林，應該與其他人平起平坐，有權享有租稅優惠，特別是不用繳納人頭稅，這是所有穆斯林應有的特權。

對立與衝突持續醞釀，不公平引發的強烈不滿更是加強了對立。伊斯蘭教強調宗教與社群成員平等，但新秩序未能履行承諾很容易引發憎恨與憤怒。根本的問題來自於資源分配。伊拉克是西亞最富庶的地區，伊斯蘭政府從這裡收取的稅金十分巨大，但這些稅金無法滿足所有階層民眾的需求。因此不可避免產生了贏家與輸家；問題在於誰是贏家，誰是輸家。

阿里試圖動員這些人的軍事力量鞏固自己的哈里發權威，以壓制敘利亞桀驁不馴的穆阿維亞。但要說服不同背景與立場的人如部族貴族阿什阿特・賓・卡伊斯與早期改信的虔誠穆斯林馬利克・阿什塔爾，共同加入同一支部隊並且接受他的指揮並不是件容易的事。然而，阿里憑藉兩項政治基礎贏得眾人的支持。首先是伊拉克穆斯林對敘利亞人的敵視，他們擔心敘利亞人的支配將使伊拉克人喪失權力地位。今日在討論阿里與穆阿維亞支持者之間的衝突時，聚焦於宗教政治議題上，認為這是造成兩者分裂的主因，一方是支持穆阿維亞的初期順尼派（proto-Sunnis），另一方是支持阿里的初期什葉派（proto-Shi'is）。但早期阿拉伯史料描述這些事件時更強調這場衝突的地區性質：這是伊拉克人民（ahl）與敘利亞人民的衝突。當然，這不是指所有的伊拉克人民與所有的敘利亞人民，而是指伊拉克的阿拉伯穆斯林與敘利亞的阿拉伯穆斯林，後者或許還包括他們的非阿拉伯改信者。其餘的人，也就是占人口絕大多數的基督徒、猶太人與祆教徒，並未受到徵詢或要求參與這場穆斯林內部的衝突。

絕大多數伊拉克人可以理解這項訴求，但阿里與他的謀士試圖吸引更多支持，或許應該說是更忠誠的支持，而這終將使伊拉克人的意見更加分歧。阿里的策略企圖包含社會上讓伊拉克穆斯林感到不安（尤其是庫法的穆斯林）的各種分裂。阿里強調哈里發身為伊瑪目的角色，亦即社群的宗教領袖。身為哈里發，阿里不是一名暴虐的稅吏，也不是既有利益的守護者，而是一名具有領袖魅力的人物，他能激勵與指引信徒組成真正的伊斯蘭社群，並且將正義帶給所有穆斯林。這是個強有力的願景，為哈里發政權的職能與重要性劃定新的範圍。

阿里這個時期的政策顯然結合了理想主義與實際考量（他需要招募軍隊），但這些政策也帶來深遠的影響。第一個影響是阿里、先知家族與之後的什葉派領導人都堅定維護伊拉克的利益，特別是伊拉克南部庫法與巴斯拉這兩座城市的穆斯林居民的利益，這個地區在一千二百年後的今天依然是什葉派的根據地。第二個更加重要的影響是先知家族與日後的什葉派領袖都堅定維護穆斯林社會中被剝奪者與被排除者的利益，這些人覺得自己的權利遭到支配菁英的忽視與踐踏。當然，實際上不總是如此。舉例來說，十一世紀法蒂瑪朝統治下的埃及，什葉派領袖便堅定支持什葉派哈里發。但是，對穆斯林社會貧困者與邊緣人的關切的確成為什葉派傳道時歷久不衰的主題，從七世紀晚期的初始什葉派一直流傳到二十世紀晚期伊朗的阿亞圖拉何梅尼，乃至於在我撰寫本書時伊拉克的阿亞圖拉西斯塔尼都是如此。

六五七年春夏，阿里率領伊拉克軍隊溯幼發拉底河流域而上入侵敘利亞。在此同時，穆阿維亞動員他的敘利亞支持者前往應戰。兩軍在拉卡上游一個名叫隋芬的地點遭遇。雙方並未立即展開全面戰鬥。儘管彼此存在歧見，但如果可以避免，大家都不願見到穆斯林自相殘殺。雙方發生幾起血腥的小戰鬥，卻是在敘利亞炎熱酷暑下為了爭奪水源引發的。雙方宣傳人員競相吟唱詩歌激勵己方士氣與羞辱敵軍，但也有進行協商的時候。七月或八月時，真正的戰爭開打，但敘利亞軍隊把《古蘭經》繫在長矛上，要求一切交由《古蘭經》來仲裁，阿里別無選擇只能接受。仲裁的日期訂在隔年，雙方同意各派一名仲裁人在烏德魯赫這座小鎮見面，這個地點如今是約旦南部一處荒廢的考古遺址。事件發展至此一切都還算清楚。

比較不清楚的部分是仲裁的內容到底是什麼，這是不是一場關於該由阿里還是穆阿維亞擔任哈里發的辯論，也就是說這是一場兩人諮詢會議。還是說，雙方討論的只是該如何懲罰殺害歐斯曼兇手，以及在什麼條件下穆阿維亞可以接受由阿里擔任哈里發？等到這兩名仲裁人真的見面時，事情的進展十分迅速，因此任何討論都變得無關緊要。

哈瓦利吉派的選項

許多阿里的支持者對於發生的一切感到失望，他們認為自己的領袖成了敘利亞詭計的受害者，更糟的是，他們的領袖居然把真主賦予的權威交由兩名凡人來裁決。當阿里返回伊拉克時，原本不穩定的聯盟開始崩解。一些部族貴族開始與敘利亞領袖進行協商。更糟的是，在政治光譜的另一端，許多比較激進的支持者捨棄阿里到其他地方設立營帳，他們宣稱只有真主才有權利仲裁，並且暗示爭端必須在戰場上解決。

這些異議者稱為哈瓦利吉派（阿拉伯文 khawārij）。他們獨立成一個宗派，並且延續至今，主要分布在阿曼與阿爾及利亞南部。哈瓦利吉派名稱的起源已不可考。khārijī 字面的意思是出走者，經常被引用的解釋認為哈瓦利吉派是從阿里陣營出走的人，然而這種說法似乎站不住腳。比較值得注意的是歷史學家安德魯．馬沙姆的說法，他認為 khārijī 與《古蘭經》的一段經文有關，這段經文要求穆斯林「出走」（參與吉哈德＊），而不是待在家裡。[6]哈瓦利吉派與最早期穆斯林當中的好戰活動分子有關。他們只占穆斯林人口的一小部分，但他們在哈里發政權的歷史卻極為重要，因為他們發展出哈里發這個頭銜的理論。哈里發或伊瑪目（他們用這兩個詞來描述他們的領袖）該如何選拔與從事什麼職務，他們對此提出的想法與順尼派及什葉派的概念大不相同。

哈瓦利吉派在兩個主要議題上與逐漸形成的共識相左。首先，哈瓦利吉派認為哈里發應該從所有穆斯林中選出最虔誠與最有能力的人來擔任。古萊什部族血統並非必要條件，任何穆斯林，無論出身多麼卑微，都可以成為哈里發的候選人。有人說，即使是奴隸也可接受推舉，還有一些人認為，婦女也有資格擔任哈里發，不過這種觀點並未獲得廣泛接受。哈瓦利吉派普遍認為阿布·巴克爾與歐瑪爾是合法的哈里發，不是因為他們有古萊什部族血統，而是因為他們是當時最好的人選，而哈瓦利吉派也完全反對歐斯曼與在他之後的爭位者。當其他人對哈瓦利吉派產生疑忌時，哈瓦利吉派卻自豪地承認他們在謀殺歐斯曼上扮演的角色，而且毫無悔改之意，他們認為自己的行為是正當的，甚至是必要的，因為歐斯曼的行為不符合伊斯蘭教應有的標準。但實際上新領袖如何選拔，哈瓦利吉派並未詳細說明：當然，他們也不會討論選舉或資詢會議的實際內容。他們理所當然地認為最有能力的人自然會出現而且能獲得社群的同意。如果他們推舉的哈里發行為有偏差或者明顯腐

＊吉哈德（jihād）：在神的道路上「奮鬥」之意。大吉哈德是指個人努力淨化自己，小吉哈德則是擴張或為防衛伊斯蘭土地而戰。本書中提及小吉哈德的部分，將直接翻成聖戰。

化與暴虐，那麼哈里發必須受到糾正，首先要警告他的行為是不可接受的，如果他仍一意孤行，那麼就必須罷黜或殺死哈里發。派翠西亞・克隆提到這個論點在邏輯上可能推導出來的結論，甚至有可能產生意料之外的結果：

當哈瓦利吉派的納吉迪亞團體創立者納吉達・賓・埃米爾做出追隨者不認同的事時，追隨者要求納吉達懺悔，而納吉達也真的懺悔了。但追隨者中另外有一群人卻後悔要求他這麼做，他們對納吉達說：「我們要求你懺悔是不對的，因為你是伊瑪目。我們對此感到懺悔，所以你現在應該對於你懺悔的行為進行懺悔，並且要求那些要求你懺悔的人懺悔他們做的事。如果你不這麼做，我們將會離開你。」於是納吉達走出去，向大家宣布他將對自己的懺悔進行懺悔。他的追隨者於是開始自相爭吵起來。[7]

到這裡你應該能夠了解：在這段生動的觀點交流中，哈里發／伊瑪目雖然被追隨者要求要負起責任，但哈里發的地位依然受到尊崇。某方面來說，這是一種有條件的且具契約性質的君主觀，這種觀點在伊斯蘭政治思想中極為罕見，雖然實際運作的規則與機制並不清楚，但這裡的重點不在於哈里發／伊瑪目是否能做出對社群有利的事，而是他的所做所為是否合於真主的律法。

根據哈瓦利吉派的看法，哈里發／伊瑪目擁有決定法律與宗教事務的權威，但在執行時必須諮詢社群學者的看法，因此決定哈里發／伊瑪目的行為是否合於真主律法的其實是社群。哈里發必須在社群同意他的指揮權的狀況下才能進行領導，他實際上並不具有真主賦予的權威。

哈瓦利吉派意識形態的另一個主要觀點是，凡是犯下令人難以忍受的罪行的人，無論他們如何辯解，他們都將不被視為穆斯林，而是被視為異教徒，也就是 kuffār（叛徒之意，單數形 kāfir）。凡是真正的信仰者都應該追捕這些異教徒並且殺死他們，將他們的妻兒販售為奴。在可能被視為異教徒的罪行中，當然包括不接受哈瓦利吉派社群的權威以及哈瓦利吉派的哈里發政權觀點。這種意識形態稱為 takfīr（不忠指控），也就是將不認同的人視為非穆斯林，即使那些人自稱是好穆斯林。takfīr 似乎就是在這個時期的哈瓦利吉派中產生的，但直到今日依然有一些團體接受這種意識形態，而這種意識形態也成為伊斯蘭國對待反對他們的穆斯林的態度基礎。

哈瓦利吉派的觀點不僅是口頭上的辯論，而且也將想法付諸實踐。哈瓦利吉派叛離阿里陣營造成阿里對穆阿維亞的軍事行動失敗，而哈瓦利吉派也於六六一年刺殺阿里（他們也想行刺穆阿維亞，因為這兩個人他們同樣痛恨，只是行刺穆阿維亞的行動並未成功）。

哈瓦利吉派運動也擁有堅定的社會基礎，但從他們的意識形態不容易看出這一點。哈瓦利吉派招募的生力軍不僅反對歐斯曼與阿里的哈里發政權，也對穆斯林大征服與遷徙之後採取定居生活的整個規範與行為感到不滿。哈瓦利吉派有許多追隨者離開軍管城鎮四處漫遊，他們在阿拉伯半島與伊朗南部的沙漠過著游牧生活，有時也進行搶掠。對一些人來說，這群人具有浪漫的形象，讓人想起過去自由的時光，在那個時期，沒有稅賦，也沒有執法者，他們的詩歌有許多流傳至今，充滿著蒙昧時代或伊斯蘭前時代的精神，讚頌貝都因勇士、旅行與野營、劫掠與戰爭的生活，只不過這一切仍在穆斯林的框架之內。

哈瓦利吉派運動分裂成幾個群體。其中兩支以他們的第一任領袖命名，分別稱為阿札里卡與納吉迪亞。他們完全棄絕城市生活，在野外恐嚇他們的對手與襲擊定居社群。不意外地，這兩個團體與伍麥亞當局發生衝突，並且遭受嚴厲的鎮壓：六九三年，納吉迪亞於阿拉伯半島，以及六九九年，阿札里卡於伊朗遭到鎮壓。與此相對，伊巴德派的立場使他們能與非哈瓦利吉派鄰人和平相處，而且也能接受世俗當局，他們願意持續等待並且希望真正的哈瓦利吉派伊瑪目到來。這種極為平和的態度使伊巴德派得以在阿爾及利亞與阿曼部分地區存續至今。

六六一年，阿里遇刺身亡，穆阿維亞接掌權力，成為伍麥亞朝第一任哈里發，也結束一段充滿暴力與分裂的時代；然而先知穆罕默德死後這三十年間也是充滿驚人成就的時期。阿拉伯穆斯林幾乎征服了我們今日所稱的中東核心部分，從伊朗的東部邊疆到突尼西亞南部。哈里發政府也建立制度，確保最初的征服結束後阿拉伯穆斯林政府能長治久安。哈里發與哈里發政權的理念在這個成就上扮演著關鍵角色。哈里發這個職位的性質依然定義不明，而選拔領袖的辦法也幾乎未曾探究。但這種不確定性卻帶來了靈活度。

許多不同的團體對於哈里發由誰出任以及哈里發的職務內容，抱持不同的看法，然而除了哈瓦利吉派的幾個小團體，沒有人主張哈里發政權是累贅之物而應予以廢除。哈里發政權的概念提供機會給各個團體，讓他們各自發展出覺得合適的想法，儘管如此，從根本上來說，哈里發政權的概念呈現的是一個理想的統治者形象，他結合了政治與軍事上的領導與精神上的指引。哈里發不僅要回應穆斯林的需求，重要的是，他還必須遵守真主的律法。正統時代的哈里發政權歷史幾乎已經提出了一切與權力和人格相關的重要議題，這些議題將主導日後所有關於哈里發這個職位的性質與可能性的討論。

第二章 奠定統治基礎的哈里發政權：伍麥亞朝的統治

穆阿維亞與伍麥亞哈里發政權的建立

六六一年，伍麥亞朝的首任哈里發穆阿維亞・賓・阿布・蘇富揚在幾乎沒有對手的情況下建立了哈里發政權。阿里被哈瓦利吉派刺客所殺，穆阿維亞則幸運逃過一劫，這表示他比其他潛在對手擁有更鞏固的地位。他完全掌控了敘利亞，而且擁有一支強大善戰的軍隊。他的敵人士氣低落、屢吃敗仗而且四分五裂。阿里死後不久，穆阿維亞率軍入侵伊拉克，他與當地許多重要人物簽訂協定，包括許多最重要的部族領袖，以及阿里的兒子哈珊，他是可能引發對立的催化劑。哈珊得到一筆豐厚的錢財，然後退隱到漢志，從此過著舒適的隱居生活。哈珊的弟弟胡笙不願向穆阿維亞的統治妥協，只要這位伍麥亞領袖活在世上一天，他便耐心等待復出的時機。

在這些事件下開創的伍麥亞哈里發政權一直維繫到七五〇年。以一般歷史標準來判斷，伍麥亞哈里發政權無疑獲得了巨大成功。伊斯蘭世界的疆域在這個時期大為擴展：往西征服今日的摩洛哥，然後在七一一年到七一六年間征服今日西班牙與葡萄牙大部分地區，往東則於七〇五年到七一五年間征服中亞，七一二年征服信德（巴基斯坦南部）。伍麥亞軍隊不僅征服這些地區，而且有效統治當地。在遙遠的伊比利半島（穆斯林稱為安達魯斯），當地總督的任免由大馬士革的哈里發決定，敘利亞軍隊也聽候哈里發調遣鎮壓各地騷動。在此同時，在歐瑪爾奠定的基礎上，伍麥亞朝建立了正規政府機關與徵稅制度，並且在錢幣上鑄有阿拉伯語言及穆斯林宗教格言。最早的伊斯蘭偉大建築，包括圓頂清真寺與大馬士革的伍麥亞清真寺都是在伍麥亞朝時期建立的，至今我們依然能觀賞到這些建築。伍麥亞朝發動穆斯林聖戰對抗拜占庭帝國，而且到麥加進行朝聖，如果哈里發無法親自前往，也一定會派家族成員參加。

儘管獲得這些成果，伍麥亞朝在後世伊斯蘭傳統裡卻毀譽參半。建國之初，伍麥亞朝便面臨來自各方的挑戰，如漢志的古萊什部族、伊拉克先知家族的支持者，此外還有哈瓦利吉派的無數團體。伍麥亞統治者日後被批評為不虔誠與不是真正的穆斯林統治者。他們被稱為「國王」（mulūk，單數形 malik），意即世俗的統治者，他們不像之後的阿拔斯朝統治者是真正的穆斯林。回顧歷史紀錄，這種說法難以斷定。伍麥亞朝確實有幾任哈里發個性反覆無常，例如瓦利德二世（在位時間七四三至四四年），他們的行徑被廣受讚賞的詩人與信仰虔誠的對手四處宣傳，但無論如何，這類哈里發畢竟只是少數。絕大多數哈里發至少都能過著合乎傳統的虔誠生活，其中還有一名哈里發阿卜杜－馬利克（在位時間六八五至七〇五年）以宗教學者身分備受讚譽。

要了解這些敵意，我們得看看主張與傳布這些否定態度的人。伍麥亞哈里發政權的偉大史家拜拉祖里（死於八九二年）與塔巴里（死於九二三年）對於伍麥亞朝哈里發的行為所做的紀錄客觀且通常不帶道德判斷。到了宗教學者與後世史家筆下，對伍麥亞朝的偏見才變得明顯。之所以如此，部分原因是這些人是在阿拔斯朝統治時期撰寫歷史，而阿拔斯朝對於他們推翻的伍麥亞朝的成就往往極盡詆毀之能事。其次，撰史的宗教學者清一色來自伊拉克，伊拉克人對於以敘利亞為根據地的伍麥亞政權，派遣敘利亞軍隊在伊拉克中部建立軍管城鎮瓦西特，以及占領與脅迫他們的國家，一直懷恨在心。但最大的敵意還是來自後世的宗教學者，他們隱晦地批評伍麥亞朝是哈里發消極無能的例證。事實上，伍麥亞朝成了與他們年代相近的統治者的代罪羔羊。現實中的伍麥亞哈里發絕大多數都是強有力且有效能的統治者，同時也是虔誠的穆斯林。

在伍麥亞時代，哈里發政權的許多特徵開始確立，並且隨著時間流逝成為傳統，即使在王朝滅亡之後，這些特徵也依然繼續存在。在這些傳統中，最明顯的就是哈里發的登基儀式。哈里發即位不需要加冕。拜占庭與波斯的加冕儀式代表繼承古代君主的所有傳統，以及一切奢華儀式與階級制度，而這些儀式與制度正是早期穆斯林反對並試圖加以取代的。此外，穆斯林也不像西方傳統那樣有教宗與大主教這類宗教人物為統治者加冕。

哈里發登基時不進行這些已經不受信任的古代儀式，而是透過「宣誓」（bay'a）來顯示接受某個人成為統治者。「宣誓」通常只有手跟手的接觸——碰觸或按壓，而非握手——從這點來看，這個儀式有點類似中世紀西歐騎士向君主行的臣服禮。在伍麥亞朝與阿拔斯朝初期，這類儀式可能是盛大而公開的典禮，作為民眾接受新統治者的明確象徵，並且標誌新政權的開始。後來，「宣誓」不再具公眾性質，一般民眾不能參與。參加者僅限軍人與宮廷成員，軍人參加時總會要求額外的賞金酬勞。起初，「宣誓」有時會有代理人參加，這些代理人代表那些遠離權力中心無法參加典禮的人。一些認為自己有資格擔任哈里發的反對者也會利用儀式糾集支持者進行抗爭。然而，儘管儀式明顯帶有各種非正式的性質，參與者通常還是會嚴肅看待這場典禮。除非哈里發明顯失德或無能，無法證明自己適任，以及由他擔任哈里發可能帶來可怕的後果，否則破壞儀式並非明智之舉。

「宣誓」成為哈里發政權的主要登基儀式，這件事本身有著重要意義。這是完全以阿拉伯的文字與儀式來表現的阿拉伯觀念，充分顯示伊斯蘭領導階層完全不同於古代帝國，不舉行鋪張浪費的典禮。「宣誓」也象徵自由人之間的關係，顯示臣民基於自己的意志接受新統治者的權威。在此同時，「宣誓」並不具有真主認可或批准的意涵。當然，違背神聖誓約不僅違反真主的律法也違反塵世的法律。絕大多數人之所以接受新統治者掌權，主要是因為大家相信這是真主的意旨，但儀式本質上卻屬於人與人之間的契約，而這點才是確認新哈里發掌握權力的必要條件。

「宣誓」是一個古老觀念，在前伊斯蘭時代，阿拉伯半島的部族在這個觀念下締結聯盟與協定。有些史料提到，當六三〇年穆罕默德控制麥加時，麥加民眾曾以宣誓向穆罕默德效忠。之後的史料也提到，阿布．巴克爾、歐瑪爾與歐斯曼在就任哈里發時都曾舉行過「宣誓」，但史料對於如何進行卻沒有詳細記載，我們只能從後世伊斯蘭的宣誓儀式來回溯正統哈里發時代的儀式內容。

關於「宣誓」的詳細記載，最早出現的是穆阿維亞繼任哈里發時留下的紀錄。這段描述出自一份意想不到的史料，也就是所謂的馬龍派編年史。這部歷史以敘利亞東方教會的儀式用語寫成，作者是一名基督徒，完成的時間在六六四年到六八一年之間。事實上，這段期間剛好是穆阿維亞統治的時代，這份紀錄因此成為極為珍貴的早期「宣誓」儀式史料。不僅因為它的年代早於現存所有阿拉伯穆斯林文獻，也因為它未曾受到後世穆斯林觀念的影響。這部編年史的作者甚至可能親眼見證過儀式。作者在描述地震與基督教團體的衝突時提到穆阿維亞即位：

君士坦斯十八年〔這位基督徒史家是以遙遠君士坦丁堡的拜占庭皇帝在位時間紀年〕，許多游牧民族聚集於耶路撒冷，他們擁立穆阿維亞為王，穆阿維亞登上並且高坐於骷髏地（基督被釘十字架的地方）：他在那裡禮拜，然後前往客西馬尼園，最後下山來到蒙福的馬利亞陵墓，並且在裡面禮拜。

後來他記錄說，六六〇年七月，

酋長們與眾多游牧民族集合起來向穆阿維亞效忠（原文寫的是：「伸出他們的右手」）。然後下達命令，穆阿維亞統治的所有村落與城市必須稱呼穆阿維亞為國王，並且應為穆阿維亞喝采與祈禱。穆阿維亞也鑄造金幣與銀幣，但這些錢幣未獲民眾青睞，因為錢幣上沒有鑄印十字架（正常流通的拜占庭錢幣不僅鑄有十字架，也鑄有現任皇帝頭像）。此外，穆阿維亞不像世界上其他國王一樣頭戴王冠。他定都大馬士革，拒絕到穆罕默德的根據地（即麥地那）。1

在此之前，編年史作者提到穆阿維亞曾前往希拉（即伊拉克的庫法），接受當地阿拉伯人的效忠。

這段簡短陳述有許多有趣的點。伸出右手效忠是一個關鍵特徵。作者說這些效忠者是游牧民族與阿拉伯人：非阿拉伯人並未參與儀式。然而，新任哈里發卻造訪基督被釘十字架的地方，並且到基督母親馬利亞的陵墓禮拜。文中未提到清真寺。沒有跡象顯示穆阿維亞是隱藏身分的基督徒，但理所當然的是，基督與祂的母親在穆斯林傳統裡一直深受崇敬。這段描述也許只是作者一廂情願的想法，作者急於顯示新統治者對基督教聖地的尊敬，但這反映的或許是新哈里發對基督教臣民的承認，因為這個時期敘利亞的基督徒數量多於穆斯林。穆阿維亞對於自己的宗教很有信心，因此並未在錢幣上鑄印十字架，然而這個做法證明是失敗的，他沒有權力強迫臣民使用新錢。新統治者果然與眾不同。他雖然被稱為國王，卻不像其他國王一樣戴上王冠。另一方面，穆阿維亞表明，敘利亞是他的根據地，大馬士革是他的首都，他拒絕前往麥地那。

穆阿維亞是強有力的統治者，卻不是獨裁者。在他漫長而和平的統治期間，絕大部分的成功來自於與伊拉克與敘利亞當地菁英協商與訂定協議，而他也將大部分活動局限於敘利亞。他的統治權力一部分來自他的古萊什部族成員身分，儘管他定居大馬士革代表自己拒絕了漢志的古萊什傳統。至於另一部分無疑來自他與被殺害的歐斯曼的親族關係，但最重要的還是他有能力吸引各地阿拉伯穆斯林領袖向他「宣誓效忠」，不只是敘利亞，也包括敵視他的伊拉克。

穆阿維亞顯然是一名穆斯林領袖，他宣稱：「世間的一切都屬於真主，我是真主的代表〔khalīfat Allah〕。」[2]你應該找不到比這句話更清楚的說明。穆阿維亞表示，自己的宗教權力並非來自於強迫人民接受他的信仰，而是來自於領導穆斯林民眾進行聖戰對抗拜占庭人，而他也投入大量資源從事海戰遠征，攻打君士坦丁堡。穆阿維亞鼓吹朝聖，表現出對伊斯蘭教這個新宗教的阿拉伯發源地的崇敬。這兩個政策——領導穆斯林對抗拜占庭人與保護朝聖——成為公共角色的關鍵要素，日後任何人想讓自己成為夠格的哈里發，都必須做到這兩件事。

內戰與阿卜杜－馬利克的崛起

六八〇年，穆阿維亞去世，他一生功業卓著，最後也享盡天年。然而他在死前採取的措施卻引起苦澀的對立，使他的晚年蒙上陰影。他宣布由他的兒子雅季德擔任嗣子，繼承哈里發大位。穆阿維亞知道以世襲作為哈里發繼承方式將引起爭端，於是他採取一切可能的預防措施，在盡可能避免衝突下為兒子舉行宣誓儀式。年輕的王子奉命對拜占庭人進行夏季遠征，藉此在邊疆地區的阿拉伯軍隊裡建立伊斯蘭信譽。穆阿維亞與雅季德先後率領朝聖隊伍前往麥加，一再強調這對父子是穆斯林社群的領袖。在麥加，他們尋求古萊什部族長老的效忠，包括祖拜爾的兒子阿卜杜拉，但他們的請求遭到拒絕，至少根據當地傳統的說法是如此。據說伊本·祖拜爾（即阿卜杜拉）召開新的諮詢會議來選舉新任哈里發。一些敘利亞阿拉伯部族也發出反對的聲音，他們對於伍麥亞家族排除其他部族只與卡爾布部族建立密切的家族與政治連結感到不滿。穆阿維亞可以採取說服、勸誘與收買的做法，但他無法強迫穆斯林接受他的決定。然而，他的意志最終還是凌駕眾人之上：敘利亞人親自行宣誓儀式，伊拉克與其他省分則是派代表團前來宣誓效忠。當老哈里發去世時，繼承的過程起初十分順利：據說當時有人寫信給雅季德，「你失去了真主的哈里發，但被賜予了真主的哈里發」，這句話與英文的慣用說法「舊王駕崩，新王萬歲」有異曲同工之妙。

表面上看來，還有根據日後的傳統，這裡的爭議在於哈里發是否該採取世襲制。批評者認為這將使哈里發類似舊日的國王，而這正是穆斯林明確反對的。穆阿維亞小心翼翼地不去宣布兒子有權世襲，而是主張他是最佳的繼承人選。他的反對者似乎不接受這樣的說法，這或許反映出他們對於自己未能參與決策的不滿。二十五年後，當阿卜杜－馬利克準備繼承時，這類懷疑似乎都已煙消雲散，眾人已普遍接受哈里發可以從自己的家族成員中挑選適合的人繼承。阿拔斯朝以及他們的對手阿里家族、法蒂瑪朝與西方的哈里發都將世襲繼承視為理所當然的規範，連帶他們的臣民也如此認為。然而，在整個家族圈裡施行的世襲繼承制不同於長子繼承制。這種制度絕不是指長子可以理所當然地先於其他手足繼承王位。表現的能力、父親的寵愛、母親的壓力與文武百官的看法都扮演著重要角色。只有在什葉派社群裡，長子繼承制的理想才具有影響力，這是因為什葉派認為長子繼承制是真主意旨的展現，而非家族的慣例。

六八〇年，雅季德的登基暫時解決了這些問題。除了阿里家族死忠的支持者外，新哈里發獲得普遍的支持，並且繼續施行父親的政策。然而，表面上的和平很快就被早期伊斯蘭歷史的第二次劇變所打破（第一次劇變是歐斯曼遇刺身亡），這起事件最終導致穆斯林社群從上到下的徹底分裂。

直到最近伊朗政府頒布禁令之前，如果你在阿舒拉節（這個節日正值伊斯蘭曆的第一個月）走在伊朗城鎮街頭或連接這些城鎮的古道上，你會遇到一群人，少則十餘人，多則數百人，他們走在泥土路上，用力鞭打自己的肩膀，血流如注。他們這麼做是為了追憶一千四百年前胡笙戰死的事件，藉此彌補先人未能在先知的孫子需要幫助時前去援助的罪過。而在伊朗城鎮（無論或大或小）

的中心，你會看見熱情且投入的演員圍繞著這起悲劇事件的場景演出。這個演出與傳統基督教受難戲的精神極為類似。英雄與惡棍很容易辨識：一方是胡笙與他的家族，另一方則是雅季德哈里發與他的親信伊拉克總督伍貝達拉・賓・茲雅達。接下來發生的事不難想像，但依然撼動人心，胡笙與他的家族被進行鎮壓的軍隊圍困，既沒有水也沒有可遮蔭的地方，最後被伍麥亞的士兵殺害。這些伊朗受難戲令人印象深刻，因為它們是伊斯蘭世界碩果僅存的古代戲劇形式。或許更重要的是，這些戲劇顯示出遙遠過去的事件至今仍感動人心，而且深深影響數世紀以後的思維。

那麼，我們對於這起激發民眾虔誠情緒的歷史事件了解多少呢？

穆阿維亞在阿里遇刺後控制了伊拉克，並且與部族顯貴達成協議，阿里的長子哈珊實際接受了利誘，而幼子胡笙則繼續待在麥地那，或許是為了等待機會繼承父親的事業。隨著老哈里發去世，胡笙發現有機會為自己與穆罕默德家族爭取哈里發的位子。胡笙肯定已經與庫法昔日的阿里支持者取得聯繫，此地民眾普遍擁護先知的子孫。胡笙與一小群家族成員及支持者橫越沙漠前往伊拉克，他們期待在書信中熱情給予承諾的庫法居民會出來迎接他們，歡欣鼓舞地引領他們進入庫法。然而事與願違，他們遭遇的卻是已經預先得知消息、好整以暇的伍麥亞總督軍隊。這場衝突短暫而激烈。六八〇年十月十日，先知的孫子，先知老年時寵愛有加的孩子，在試圖奪回父親的哈里發政權以及為穆斯林帶來正義與真伊斯蘭的原則時，被無信仰的軍隊無情殺害。

胡笙的死為首次同時也是最著名的一次嘗試建立阿里派哈里發政權畫上句點，但這起事件及其結局卻一直鮮明留存在眾人的記憶裡。事情發生後，許多庫法民眾對於自己未能援助胡笙感到羞愧，他們於是出城為胡笙報仇。自稱懺悔者的他們雖然充滿熱情，但缺乏軍事經驗，很快就被伍麥亞的軍隊打敗。然而，幾百年過去了，現代的伊朗人仍記得這件事，他們鞭打自己，為自己的過錯贖罪。

如果雅季德跟他的父親一樣長壽，他也許能克服挑戰，成功建立世襲繼承的慣例。然而天不假年，六八三年十一月，雅季德在位於大馬士革通往帕爾米拉的路上他最喜愛的胡瓦林行宮去世。他留下一名幼子，但不到幾個星期，這名幼子也撒手人寰。世襲觀念不夠完備，隨人亡政息的結果，這個想法也無疾而終。

哈里發政權的未來再次陷入迷霧之中。往後五年多，伊斯蘭世界苦於內部傾軋與內戰。情勢極為複雜，但最終形成三方逐鹿的局面，每一方對於哈里發政權的內涵與基礎各自抱持不同的看法。

其中一方是伍麥亞家族，由於雅季德已死，穆阿維亞的直系子孫已無法激起任何信心。然而，來自麥地那的另一支伍麥亞家族來到敘利亞避難。他們的領導人是馬爾萬・賓・哈卡姆。他在穆罕默德遷徙時出生，如今已是個年邁長者，他同時也是最後一位曾實際接觸先知的伊斯蘭政治人物。馬爾萬曾經忠誠服侍過歐斯曼，歐斯曼死後，他一直待在麥地那。馬爾萬在抵達敘利亞後不久於六八五年去世，由他的兒子阿卜杜－馬利克接替成為伍麥亞派的領袖。阿卜杜－馬利克是個精力充沛的年輕人，他將成為創造伊斯蘭世界最重要的人物之一。但在他的父親去世時，馬利克只能全力鞏固伍麥亞在敘利亞的地位，與當地無數的敵人對抗。

第二個黨派由阿卜杜拉．賓．祖拜爾*領導，他是駱駝之戰陣亡的祖拜爾之子。伊本．祖拜爾的政治宣言，若從字面意義來看，完全是反動的。他反對伍麥亞家族的政策，希望新哈里發不只從伍麥亞家族挑選，而是從全古萊什部族中選出，據說他要求召開新的諮詢會議來推舉哈里發。他希望哈里發能以漢志為基地，特別是將首都設在古萊什部族原初的據點麥加。伊本．祖拜爾是個深具魅力的人物，至少在我們所知的各種敘述中是這麼說的，他是個堅定而謙遜的穆斯林，拒絕一切盛大排場，他在戰場上面對死亡的勇氣無庸置疑。每個時代都有許多穆斯林疾呼回到他們認為的伊斯蘭教草創時期並且遵循薩拉夫（salaf，虔誠的第一代穆斯林）的行誼，伊本．祖拜爾或許就是其中的首倡者。伊本．祖拜爾或許還重建了卡巴，也就是我們今日所見的卡巴外觀。伊本．祖拜爾獲得弟弟穆斯哈卜的大力支持，穆斯哈卜較實際也較具政治智慧，祖拜爾派穆斯哈卜前往伊拉克鼓動當地民眾支持對抗伍麥亞朝。

對祖拜爾家族而言不幸的是，庫法已經被另一名想爭取哈里發大位的人控制，這個人就是穆赫塔．賓．阿比．烏拜德。穆赫塔來自漢志的塔基夫部族，但他不屬於古萊什部族，而且從未顯露出爭取哈里發大位的野心。穆赫塔出生於遷徙時期，此時也已經是個老人。他的父親在征服初期曾經率領阿拉伯軍隊襲擊伊拉克，但未獲成功，他因此與伊拉克有很深的淵源。現在，穆赫塔主張哈里發政權應屬先知家族所有。這項主張顯然獲得庫法的支持，許多庫法民眾對於五年前胡笙的悲慘命運記憶猶新，他們亟欲為胡笙復仇來恢復自己的名譽。

穆赫塔的問題在於，他必須找到願意領導眾人並且宣稱自己有資格擔任哈里發的先知家族成員。胡笙遇害後，他的兒子阿里・賓・胡笙在麥地那過著平靜而富足的生活，父親的遭遇使他拒絕了穆赫塔的請求。然而，穆赫塔獲得穆罕默德・賓・哈納菲耶的正面回應，哈納菲耶不前往庫法，但允許穆赫塔以他的名義來爭取哈里發之位。哈納菲耶是個耐人尋味的選擇，雖然他是阿里的兒子，卻不是法蒂瑪所生，如他的姓氏顯示的，他是哈納菲部族女子生下的子嗣。這表示哈納菲耶沒有先知的血統，他獲得眾人接受，意味著阿里在伊拉克人心中受到推崇，因此光是阿里的子孫這個身分就具有擔任哈里發的正當理由。穆赫塔不僅宣稱伊本・哈納菲耶是哈里發，還宣稱他是馬赫迪，這是第一次有即將成為穆斯林領袖的人使用這個頭銜。馬赫迪指由真主指引能開啟新時代，並且能做出巨大改變，建立真正伊斯蘭政府的領袖。伊斯蘭歷史經常以馬赫迪作為希望與期待救世主的象徵，什葉派尤其喜歡使用這個詞。後世一些哈里發宣稱自己是馬赫迪，特別是什葉派埃及的法蒂瑪朝哈里發（九六九至一一七一年），但絕大多數哈里發並非如此，而馬赫迪這個頭銜也一直維持著革命乃至於末日的色彩。

穆赫塔訴諸「弱勢」（庫法社會的窮人）的支持並以此為基礎。這些靠著微薄或不穩定收入過活的阿拉伯穆斯林，特別是非阿拉伯改信者（也就是 mawālī），至少有五百人加入穆赫塔的軍

＊阿卜杜拉・賓・祖拜爾（Abd Allah b. al-Zubayr），僅出現 Ibn al-Zubayr 時，翻譯為伊本・祖拜爾。

隊，而他也從中任命一人擔任治安首長。非阿拉伯改信者有許多怨言。他們雖是虔誠的穆斯林，阿拉伯領導人卻把他們當成次等人，而且許多人依然被迫繳交人頭稅。這些人構成穆赫塔軍隊的主力，而穆赫塔也愈來愈仰賴他們。穆赫塔的行動驚動了阿拉伯貴族，他們群情激憤並且埋怨非阿拉伯改信者有馬匹、有薪水且獲得重用。庫法城裡爆發短暫衝突，貴族與他們的盟友被逐出城外。有一萬人隨即前往南方的巴斯拉加入阿卜杜拉・賓・祖拜爾的弟弟穆斯哈卜集結的軍隊。他們與新盟友從巴斯拉反攻家鄉庫法，並且於六八七年四月攻占該城，穆赫塔在這場戰役中陣亡。他激進的社會實驗被保守主義力量擊潰，但這起事件卻未曾被社會的邊緣人與貧困無依的民眾所遺忘，許多人仍相信先知家族的馬赫迪將會出現並且建立一個較為公正與平等的伊斯蘭社會。這些人因為他們在社會與宗教上的激進觀點而經常被稱為ghulāt（極端主義分子），他們對於九、十世紀興起的什葉派意識形態有著重要影響。

穆赫塔死亡，部眾四散，現在只剩下兩個主要勢力：漢志與伊拉克的阿卜杜拉・賓・祖拜爾軍隊，以及敘利亞的伍麥亞家族阿卜杜－馬利克陣營。同樣讓伍麥亞家族與祖拜爾家族憎恨的哈瓦利吉派，位於邊疆地區，他們充其量只能掠奪與殺戮，沒有能力奪占重要的權力中心。

六九一年，也就是阿卜杜－馬利克被推舉為哈里發的六年之後，馬利克重新將敘利亞與敘利亞人納入伍麥亞朝的控制之下。阿卜杜－馬利克親自率兵與穆斯哈卜對峙，在庫法附近的戰役中，敘利亞人徹底擊敗伊拉克人，這正是穆斯哈卜殺死穆赫塔並且鎮壓他的運動導致的惡果。現在古萊什部族的權力核心只剩阿卜杜拉・賓・祖拜爾，此時他的根據地不在先知之城麥地那，而在麥加。馬利克派哈查只・賓・尤蘇夫領兵攻打祖拜爾，尤蘇夫日後成為馬利克在伊拉克的左右手，並且成為穆斯林傳統中強大務實政府的永恆象徵。他作戰時無情而有效率，並且毫不猶豫地以攻城機器攻打卡巴。面對如此猛烈的攻勢，阿卜杜拉・賓・祖拜爾難以抵擋，六九二年十月，他在奮戰中被殺。伊斯蘭世界終於再度統一。

我們至少可以這麼說，這場為期七年的內戰是錯綜複雜的，它顯示哈里發政權的性質以及不同群體對於哈里發這個職位抱持的不同期許。追根究柢，這場連綿數年的戰爭完全是為了決定誰才能擔任哈里發。沒有任何參戰者提出廢除哈里發的要求，也沒有人表示要瓜分哈里發政權。這場爭端並非起於私人恩怨或個人嫌隙，也不是起於部族仇恨或派系主義。它真正反映的是穆斯林之間深遠的社會與地區差異。從地區層面來說，衝突源自於哈里發政權該定都何處，是漢志、伊拉克還是敘利亞？定都的地點極其重要，因為只要是哈里發定都之處，該地必將成為權力與財富的中心。

接著是社會分化。伍麥亞家族與祖拜爾家族的社會觀點屬於保守派，他們相信應由部族菁英進行統治。穆赫塔則想建立全新的社會秩序，將所有社會階級消弭於無形。祖拜爾家族與伍麥亞家族認為哈里發政權應維持既有的社會結構，讓所有人民獲得安全與正義，本質上來說這是屬於政府的職責。穆赫塔的追隨者則希望有一名革命的哈里發，這名哈里發能利用自己的職位與身為先知家族成員的地位來改變社會。這些抱持不同主張的群體全是穆斯林，而許多參與者無疑十分虔誠：非穆斯林並未參與這些討論與鬥爭。穆斯林對於伊斯蘭社會，特別是哈里發的角色與職能，各自抱持著不同的願景，但重要的是，這些歧異最終並未獲得解決，也未藉由討論與妥協予以終結，還是得靠軍事與力量。伍麥亞家族並非憑藉他們最具說服力與最受歡迎的主張獲勝，而是靠著他們最有效的軍事機器與最傑出的軍事領導能力擊敗對手。

現在，阿卜杜－馬利克成為伊斯蘭世界無庸置疑的統治者，但長年內戰與戰亂為伍麥亞朝帶來的挑戰，促使馬利克決心建立一個能阻止類似事件再次發生的堅強國家體制。他放棄穆阿維亞建立的透過同盟與非正式協議來延伸權力的傳統，轉而創立較專制的、權力由上而下的哈里發政權。我們可以說，存續到現代的穆斯林政府的基礎架構，絕大多數都是由這位強大且富想像力的統治者所奠定的。馬利克開始鑄造伊斯蘭世界的錢幣，錢幣上通常鑄有哈里發的姓名；他統一賦稅制度與軍隊薪餉，透過授旗儀式來任命各省總督。他的左右手哈查只與一小群絕大多數由非阿拉伯人構成的親信組成某種類似小內閣的機構。一些非阿拉伯人是來自希臘的改信者，他們曾在拜占庭政府工作，擁有管理經驗與技術。儘管如此，阿卜杜－馬利克建立的政府架構無論從外觀還是內容來說完全是伊斯蘭式的。

馬利克的權力基礎有賴敘利亞軍隊。敘利亞軍隊從大敘利亞的阿拉伯部族招募而來，他們組織嚴明，被僱來負責維持整個伊斯蘭世界的統治。敘利亞軍隊首要目標是伊拉克，伊拉克富庶且人口眾多，經常反抗敘利亞的控制。哈查只開發了新城市瓦西特，瓦西特位於舊軍管城鎮巴斯拉與庫法之間。哈查只以總督身分治理這座城市，他的命令則交由敘利亞軍隊來執行。令伊拉克人難堪的是，敘利亞軍隊的薪餉是由伊拉克的歲入支付，或者用當時的人的說法，「他們吃的是伊拉克的稅收」，絕大多數伊拉克人認為伊拉克的稅收應該交給伊拉克人使用。顯然，這些不滿有時會演變成公開叛亂，但伍麥亞朝的武力總是足以擊敗叛軍及維護哈里發的權威。

敘利亞軍隊是國家的支柱，士兵需要支薪，而哈里發也致力統一政權境內不同的制度。七〇〇年左右，阿卜杜－馬利克下令所有政府部門必須以阿拉伯文作為行政語言，所有文書紀錄必須以阿拉伯文書寫。在此之前，西方的希臘文與東方的巴列維語（中古波斯語）一直是政府使用的語言。現在既然希臘文與巴列維語都必須予以掃除，那麼隨之的文化也跟著消失無蹤。沒有人學習希臘文或巴列維語，因為沒有任何工作需要這些語言。到了八世紀，在西亞大部分地區，就連希臘正教默基特（Melkite）教會也以阿拉伯文作為禮拜語言。

透過調查伊斯蘭世界兩個不同地區殘存下來的文件，我們得以了解阿拉伯文的傳布情形，其中又以埃及的數量最多。在埃及，政府紀錄書寫在莎草紙（以紙莎草編織而成）上，這種紙張可以在非常乾燥的氣候保存下來。在六四一年穆斯林初次征服埃及後不到一年的時間，行政文書開始以阿拉伯文書寫，但希臘文仍持續使用許多年。然而，到了八世紀時，阿拉伯文顯然已是舊開羅的中央政府唯一使用的語言，不過希臘文有時仍出現在地方文件上。七五〇年代以降，在哈里發政權的另一端，我們發現少數書寫在皮革上的阿拉伯文賦稅與法律文書。這些文件來自今日阿富汗東北部一個叫羅布的小鎮，這座小鎮至今仍屬偏遠難以到達的區域。八世紀初，穆斯林征服了這個地方。同時代在埃及政府工作的文書人員可以馬上理解羅布文件使用的阿拉伯語言與數字。這就是哈里發權力影響所及。

阿卜杜－馬利克的一項重要計畫是伊斯蘭貨幣系統的建立。先前提到穆阿維亞試圖引進沒有基督教十字架象徵的錢幣，卻遭到民眾抵制。現在馬利克擁有更多資源與更強的決心，他想再次挑戰這項計畫。他首先嘗試鑄造有他個人肖像的錢幣：現今留存下來的錢幣上鑄有「站立的哈里發」，只見這名哈里發身穿長袍，腰繫長劍，留著長髮，蓄著飄逸的鬍子，看得出來他頭上裹著阿拉伯頭巾。不知何故，這個肖像錢幣很快遭到放棄，取而代之的是純粹鑄上文字的錢幣，亦即阿拉伯文銘文。錢幣上的文字隨時間與錢幣類型而不同，但基本上不脫《古蘭經》經文或宗教語錄、哈里發的姓名、鑄造地點與鑄造日期。新錢幣主要分成三種。幣值最高的是第納爾金幣，這種金幣源自拜占庭錢幣索利都斯，大小約等於今日英國的五便士硬幣或二歐分硬幣。其次則是迪拉姆銀幣，源自過去薩珊朝的錢幣德拉克馬，比今日英國的十便士硬幣或二歐元硬幣略大但較薄。最後是銅幣，又稱法爾斯（fals，複數形 fulūs），這種錢幣交由各地自行鑄造，品質較為粗劣。第納爾金幣大部分在大馬士革鑄造，主要流通於哈里發政權西半部拜占庭舊疆，而迪拉姆銀幣則通常在瓦西特鑄造，流通於哈里發政權東半部薩珊朝舊疆。然而，這兩種錢幣實際上都能在哈里發政權全境使用，在大馬士革鑄造的錢幣可以在布哈拉或撒馬爾罕通行無阻。

這場貨幣改革有許多有趣之處。伊斯蘭世界的貨幣只鑄文字，這種現象直到十九世紀少有例外。十九世紀之後，伊斯蘭世界的貨幣才開始像歐洲一樣把統治者的肖像鑄印在錢幣上。這些古老貨幣的痕跡仍存在於現代通貨上，例如約旦、伊拉克、海灣國家與突尼西亞的第納爾以及摩洛哥的迪拉姆。現代黎凡特阿拉伯語依然以法爾斯（fulūs）這個字作為金錢的通稱。

貨幣是哈里發權威的明證。金幣與銀幣完全由政府鑄造。sikka（鑄幣以及在錢幣上鑄印統治者姓名的權利）成為伊斯蘭世界主權的關鍵指標。在西歐，貴族與主教普遍自行鑄造錢幣，但在伊斯蘭世界則非如此。哈里發政權錢幣上的文字可以讓識字的人一看即知誰是統治者。從葡萄牙到中亞，民眾使用象徵伊斯蘭國家的錢幣。不僅如此，錢幣也把阿拉伯語言帶到伊斯蘭世界最遙遠的角落，凸顯出阿拉伯文作為權力與統治語言的地位。

哈里發還可以運用其他方式來宣示自己的地位。阿卜杜－馬利克在前往敘利亞與巴勒斯坦的大道上豎立一連串里程碑——這些高聳的圓錐狀柱子高約兩公尺，上面以阿拉伯文標示道路的里程與委託興建的哈里發姓名。某方面來說，馬利克遵循了羅馬的傳統，當時肯定還有許多里程碑豎立在羅馬大道上，但馬利克宣稱現在已是阿拉伯穆斯林帝國的時代，羅馬帝國政府的職責應該由穆斯林哈里發接續下去。

阿卜杜－馬利克最著名而不朽的成就是他的建築，這裡我們也必須提到他的兒子，也是繼承人瓦利德一世（在位時間七〇五至一五年），瓦利德一世緊隨父親的腳步完成許多作品。正統哈里發時代似乎未曾有過任何建設，據說除了在耶路撒冷聖殿平台，歐瑪爾下令清理當地建立的小建築物外，幾乎未曾留下任何有形事物或文字資料。此外也聽說軍管城鎮庫法與巴斯拉曾經興建過清真寺，但我們沒有詳細的文字描述，也沒有遺留下來的證據可資驗證。從各方面來看，正統哈里發時代並未存在令人印象深刻的建築紀錄。

阿卜杜－馬利克一改正統哈里發的做法，他在耶路撒冷興建圓頂清真寺。現在，一千四百年過去了，這座令人驚嘆的建築物依然或多或少以原有的形式存續下來，並且保留了大部分最初的裝飾。在這裡我們無法詳細介紹圓頂清真寺，但我們必須說明馬利克在興建這座清真寺上扮演的角色。關於圓頂清真寺的興建原因，有兩種解釋。第一個解釋是興建工程始於阿卜杜拉．賓．祖拜爾統治麥加之時，圓頂清真寺的建成可以作為穆斯林朝聖的另一個選擇。這座建築物的中央位於岩石之上（圓頂清真寺的原名 Dome of the Rock 即因這塊岩石得名），周圍環繞著圓形與八角形的側廊，這種形式是用來進行朝聖最核心的繞行（tawwaf）儀式。然而這不表示阿卜杜－馬利克想以圓頂清真寺取代麥加與卡巴，他只是考慮到麥加掌握在敵人手裡，因此提供另一處地點供穆斯林朝聖；誰知道這種狀況會持續多久呢？

第二個補充解釋提到興建圓頂清真寺是為了在耶路撒冷宣示伊斯蘭教的存在。圓頂清真寺可以眺望位於低處的舊城市中心，而且一眼就能看到耶路撒冷最雄偉而顯眼的聖墓教堂，聖墓教堂的圓頂是三世紀初由君士坦丁大帝下令興建的。圓頂清真寺地勢較高，可以俯瞰聖墓教堂，而且也略大於聖墓教堂。為了凸顯圓頂清真寺的地位，圓頂的內側拼貼了黃金鑲嵌文字。這是最早以阿拉伯文寫成的紀念銘文。這段銘文並非出自《古蘭經》，而是與《古蘭經》相關的引文，用來強調神的獨一性，並且明確批判基督教三位一體的教義，穆斯林抨擊三位一體是為真主創造同伴（shirk，即多神崇拜）。這段碑文昭告世人，圓頂清真寺乃是阿卜杜－馬利克哈里發的傑作——或者應該說過去曾是：當阿拔斯哈里發馬蒙於八三一年造訪耶路撒冷時，他堅持以自己的名字取代阿卜杜－馬利克，這種粗糙的替換騙不了人。圓頂清真寺顯眼的位置與奢華的大理石與金箔鑲嵌裝飾清楚顯示拜占庭帝國的風格（不過當然沒有那些裝飾拜占庭建築的基督與聖人肖像）。這不僅公開宣示伊斯蘭教的光輝與勝利，也公開宣示哈里發是這場勝利的建立者與創造者。

瓦利德以父親為典範。在麥地那，他重建了先知清真寺，不過他重建的部分並未留存下來，在大馬士革，他拆除了主教座堂，並且支付給基督教社群一筆賠償金。然後，瓦利德開始著手興建華麗的清真寺，據說他有時也會親自參與興建，而這座清真寺至今仍是大馬士革這座古代城市的偉大建築成就。有一段大理石碑文提到瓦利德是這座清真寺的建造者，但這段碑文如今已經亡佚。

在絕大多數複雜的人類社會裡，統治者最重要的一項職能是立法與司法裁斷。在羅馬帝國，法律由皇帝制定，有句格言這麼說：「凡能取悅君主（princeps，指皇帝）的即是法律。」在拜占庭帝國，從查士丁尼以降，都是由皇帝頒布與修改法律。在英國，至少從理論來說，法律是「君臨國會」（Queen in Parliament）制定。因此，哈里發是否扮演類似的角色頗值得思考。在這裡我們面臨一個問題。我們根據的史料源自九世紀與之後的年代。九世紀時，哈里發幾乎已經完全被排除於立法與司法程序之外。立法，或者更精確地說是解釋法律，成了鑽研《古蘭經》與先知傳統的宗教學者的專屬事務，在這個時期，《古蘭經》與先知傳統已成為唯一有效的法律根源。但這種情況是否適用於八世紀上半葉的伍麥亞朝，而伍麥亞朝的哈里發是否扮演著立法者與司法官的角色呢？

首先，我們必須釐清我們討論的是哪一種法律。哈里發或他的代表（總督或統領）有效控制了我們也許可以稱之為刑事或政治犯罪的案件。土匪、暴力犯罪者以及更嚴重的反抗哈里發及其政府之人，都會立即受到統治者及其官員的懲罰。然而，這些只是法律的一小部分。家庭法、契約法、奴隸法與各種繼承法都屬於伊斯蘭法的一部分，而宗教學者會在這些爭端中解釋法律並且由法官（qādī）在法院進行審判。這意味著有一整塊法律的判定與執行完全落在哈里發權限之外，哈里發的權力很可能因此遭到削弱。

九世紀之前的史料所剩無幾，這些史料曾經提到當時的哈里發確實擁有終審權的地位，而在某些狀況，哈里發也有權力制定與決定法律。這段時期的史料主要是書信與詩文。哈里發的法官職責在《古蘭經》得到佐證，真主對大衛說：「我確已任命你為大地的代治者，你當替人民秉公判決」（38.25）。伍麥亞朝的宮廷詩人理所當然地認為哈里發是法官。偉大的伍麥亞詩人法拉茲達克（約於七二九年去世）提到，哈里發是「指引的伊瑪目與頭顱的敲打者」。另一名詩人阿瓦茲說哈里發蘇萊曼受真主任命，「負責裁斷眾事，務必公正廉明」；法拉茲達克的勁敵，同為宮廷詩人的賈里爾說道，「他是哈里發，所以接受他的秉公裁決吧。」

阿卜杜－馬利克成立由法官主持的正式法院，審判之前會由侍從朗誦宣揚法律正義的詩歌。[3]在某件著名的複雜案件裡，我們看見不同的哈里發對大馬士革教堂的所有權問題提出回應，前後幾任的哈里發分別做了不同嘗試來解決這項爭端。有充分的證據顯示伍麥亞朝的哈里發擔任法官的角色，而且可以清楚看出他們有裁決的權力。阿卜杜－馬利克指示總督處理買賣女奴後女奴脫逃的案件，哈里發希夏姆寫信給埃及的法官，釐清關於嫁妝的複雜爭議。歐瑪爾二世針對非穆斯林與改信者該課多少賦稅，頒布繁複的法令，這部法令毫無遺漏地保存至今。歐瑪爾二世既未徵詢宗教學者，也未訴諸先知行誼，他只根據自己對法律的理解，在衡量處境的公平性之後，便寫信給總督，命令他們執行法律。沒有人認為歐瑪爾二世這麼做是越權。各省總督與民眾會寫信給哈里發（如阿卜杜－馬利克），希望他們針對各種不同的問題進行裁決：該如何處置誹謗自由民的奴隸；可否撤銷給予奴隸自由的遺囑？針對這些問題產生複雜的法律觀點，人民希望這些爭端能交由哈里發解決。哈里發的判決將會被牢記不忘，或許可以作為未來案件的先例。

哈里發也被認為擁有近乎奇蹟的力量：對詩人阿赫塔爾（約於七一〇年去世）來說，他是「真主的哈里發，擁有祈雨的能力」，對法拉茲達克來說，他是「真主在人世的牧者」。阿卜杜－馬利克的左右手哈查只認為哈里發的地位高於先知，而哈查只在伊拉克的後繼者哈立德・卡斯里則對瓦利德一世表現出大致相同的情感，對許多後世與現代的穆斯林來說，這種感覺似乎是褻瀆神明，但在當時卻是不可挑戰的。

從各方面來說，阿卜杜－馬利克與他的兒子瓦利德一世在位期間代表了哈里發權力與威望的高峰。他是真主在人世的代理人、軍隊的統帥、穆斯林進行聖戰與朝聖時的領導者、鑄幣者、大法官與立法者。與最專制的羅馬皇帝相比，哈里發權力唯一受限制的地方在於他對真主負有義務，以及他必須服從《古蘭經》的戒律。

伍麥亞後期的哈里發與王朝的衰亡

七一五年，瓦利德一世去世，然後是阿卜杜－馬利克另一個兒子蘇萊曼（在位時間七一五至一七一七年）與馬利克的侄兒歐瑪爾二世（在位時間七一七至二〇年）短暫統治的時期，這兩個人都英年早逝。阿卜杜－馬利克對繼承做了精心安排，至少四個兒子與一個侄兒都能在未遭受公然反對下當上哈里發。哈里發指定繼承人的合法性也被視為理所當然。

蘇萊曼的名字當然是來自偉大的《聖經》國王所羅門，在阿拉伯史料中，蘇萊曼以生活奢華、揮霍無度著稱，但沒有人認為他沒有資格擔任哈里發。

蘇萊曼之後是伍麥亞朝最難以捉摸的哈里發歐瑪爾二世。歐瑪爾並非阿卜杜－馬利克的兒子，而是馬利克長期擔任埃及總督的弟弟阿卜杜．阿濟茲的子嗣。歐瑪爾年輕時待在漢志，當地人認為他只是個成天尋歡取樂的紈褲子弟。然而，歐瑪爾當上哈里發之後卻成為一個禁欲且虔誠的人，他這麼做或許是為了效法與他同名的歐瑪爾一世。後世史料稱他是「伍麥亞仁君」，說他一反過去的壓迫政策，轉而依照《古蘭經》與先知的行誼來治國。

這些說法確實具有部分事實。歐瑪爾試圖與逐漸造成伍麥亞統治階級分裂的派系主義劃清界線，並且從不同派系不同群體的穆斯林菁英委派官員。舉例來說，重要城市庫法交由歐瑪爾一世的後裔來治理，藉此贏取當地充滿憎恨而桀驁不馴的民眾的支持。歐瑪爾也大膽採取行動解決日趨嚴重的國內社會問題：非阿拉伯改信者（mawālī）的賦稅地位。哈查只統治伊拉克時，改信者依然被當成非穆斯林來徵稅，哈查只擔心一旦改信者不須繳納 kharāj（非穆斯林根據地產多寡繳納的土地稅）而只須繳納穆斯林的天課，會對國家收入帶來影響。為了減少國庫損失，歐瑪爾下令改信者個人的土地應成為改信者整個社群的財產，因此仍應繳納土地稅。這是個巧妙的嘗試，調和了國家財政需要與伊斯蘭法。這件事也顯示歐瑪爾二世是立法者，他可以根據自己的判斷來決定政策的重大議題。

歐瑪爾二世也是伍麥亞唯一努力捍衛非穆斯林臣民權利的哈里發。正是這位最虔誠的哈里發判決，被穆斯林接收的大馬士革教堂必須歸還給基督徒，因為根據穆斯林征服時期的原始投降協定，這些教堂的取得是不公正的——這個判決引發穆斯林的憤怒，他們不願看到已經改裝的清真寺裡恢復基督教的崇拜儀式。對歐瑪爾來說，依法治國與堅守神聖協定更為重要。七二〇年，根據他死後立下的傳統，歐瑪爾葬在敘利亞最重要的基督教聖地柱頭修士聖西默盎的聖地附近。這不是因為他是個隱藏身分的基督徒，可能的原因是他認為伊斯蘭前時代的基督教聖人也是一神教傳統下真主的僕人，可以團結基督徒與穆斯林。

隨著歐瑪爾的早逝，他的改革也未實踐或遭廢止。最後一位偉大的伍麥亞哈里發希夏姆（在位時間七二四至四三年）統治時，再度建立了強有力的專制政府。希夏姆在敘利亞北部的盧薩法建立新的根據地，他素有節約的名聲，甚至到了吝嗇的程度，但希夏姆對於公共建設的花費卻相當龐大，他曾下令在伊拉克北部持續擴大的城市摩蘇爾挖掘灌溉溝渠，以解決當地的用水問題。

這時期的阿拉伯史料反映出哈里發權力所及，其中有則故事是從哈里發雅季德二世（在位時間七二〇至二四年）短暫在位期間流傳下來的，提到他身為哈里發所擁有的聲譽與權力。[4]當時，穆斯林移民到邊疆省分奇里乞亞（位於今土耳其南部，當時與拜占庭帝國毗鄰），這些人面臨獅子為患的問題，在前線城鎮之間旅行時往往飽受威脅（這些野生獅子長得比非洲獅子小，但依然相當危險，直到十五世紀，今日中東一帶仍可見這些獅子的蹤影），他們於是上書雅季德請求協助。剛好不久之前穆斯林軍隊征服信德省大部分地區，並且在當地發現無數水牛。中東人過去從未見過水牛，那些征服信德的阿拉伯將領於是運送約四千頭水牛到伊拉克。這些牛隻開始在伊拉克南部的沼澤地繁衍生息。哈里發知道之後下令將這些水牛連同牧牛的信德人一起遷移到炎熱而水源豐沛的奇里乞亞地區，這些水牛不久便嚇跑了獅子。換言之，如果你遇到獅子，你可以向哈里發求助，請求他解決問題。而他確實會動員廣大穆斯林帝國的資源來解決這個問題，至少就我們所知是如此。七四三年，哈里發希夏姆去世，伍麥亞哈里發政權陷入長達七年的危機，暗殺與內戰接連不絕，國家自此一蹶不振。礙於篇幅，本書不詳述這段危機的歷史，只選擇幾個重點講述。

根據很早之前立下的族規，希夏姆死後必須由他的侄子瓦利德二世繼承。在後人記憶中，若說歐瑪爾二世是「伍麥亞仁君」，那麼瓦利德二世則絕對可稱為暴君。在當上哈里發之前，瓦利德二世遠離宮廷叔父嚴厲的看管，過著縱情享樂的生活。這兩個人關係不佳，當這位任性胡為的侄子繼位時，希夏姆確實該對哈里發政權的命運感到憂心。

瓦利德二世在靠近敘利亞沙漠的大草原上興建一連串的宮殿，這些宮殿成為伍麥亞哈里發政權最著名也最永誌人心的遺產。伍麥亞哈里發平日不住在城內，偶爾會造訪「首都」大馬士革。與之前的穆阿維亞一樣，阿卜杜－馬利克實際上也過著游牧生活。夏天待在巴勒貝克附近的貝卡山谷高原，此地位於今日的黎巴嫩。秋天，他們經過大馬士革，寧可在山丘上能夠俯瞰大馬士革的基督教梣樹修道院停留，卻不願意待在穆阿維亞在市中心興建的綠圓頂宮。冬天，他們待在氣候溫和的約旦河谷，通常是在加利利海南端的辛那布拉。之後的哈里發則選擇不同的基地。蘇萊曼在巴勒斯坦的拉姆拉建立新的皇城，希夏姆則在帕爾米拉北部興建宮殿。

他們許多的宮殿遺跡仍留存下來。這些宮殿在規模與建築上與羅馬別墅極為相似。一連串被柱廊圍繞的庭院，會客廳裡通常設有半圓形後殿，哈里發或親王會坐在這裡的寶座上接見賓客，常使賓客留下深刻的印象。宮殿裡總是設有浴場與清真寺。許多宮殿裝飾著繪畫與鑲嵌藝術，在這些私人的空間裡，對人物與動物的描繪並不加以限制。有些宮殿也是農業與狩獵中心，興建了複雜的灌溉系統讓農園常保翠綠，也讓浴場的水源源不絕。

伍麥亞哈里發的生活方式極不尋常，後世的敘利亞統治者沒有人仿效他們的做法。至於阿拔斯朝統治者則是在市中心興建宏偉宮殿。那麼，為什麼伍麥亞哈里發要採取這種生活方式？二十世紀西方學界普遍認為這代表對祖先貝都因人生活的一種懷舊。從這種浪漫眼光來看，伍麥亞哈里發是自由的沙漠之子，而相較之下，他們的後繼者阿拔斯朝只是潛伏在底格里斯河畔宏偉宮殿裡的東方專制帝王。或許他們不想受到不滿臣民的監督，希望生活充斥著美酒、狩獵與舞女，羅伯特．希倫布蘭德曾有過令人印象深刻的形容，說他們「縱情聲色」。[5]

其他的解釋其實較符合實際。伍麥亞哈里發能穩固掌握權力，原因在於獲得敘利亞貝都因部族領袖的支持。這些宮殿至少有一部分是為了維持與貝都因部族的聯繫，當草原上綠草如茵繁花盛開之時，統治者或親王會在這持續數星期的春日時節——阿拉伯人稱為 rabīʿ——前往沙漠邊緣，在當地以宴席、詩歌與奢華的浴場款待部族領袖，除了聆聽他們訴苦，也爭取他們支持自己的計畫。也有些史家指出這些新方向在財政上的優點。伊斯蘭稅法為開墾新地之人提供租稅減免。甚至對皇親國戚來說，實際開拓荒地也比獲取已開墾的農園更有利可圖。這些解釋無疑都有一定的真實性，「沙漠城堡」的生活讓伍麥亞哈里發有著後世君主缺乏的時髦與浪漫的色彩。

沒有任何哈里發比瓦利德二世更勤於經營這種生活方式。位於安曼東部約旦沙漠的阿姆拉小城堡就是瓦利德二世建立的。這座小建築物包括一間大廳，旁邊附加了一間浴場。建築物的規模看起來是作為私人之用，既沒有睡覺的地方，也沒有起居空間。根據推測，前來此地享樂的人很可能在建築物周圍搭營帳居住。阿姆拉城堡與其他格局類似的建築物不同之處，在於堡內留下完整的壁畫。這些壁畫顯露出流暢而自信的筆觸，說明它們是已經發展的藝術形式而非偶一為之。描繪的主題形形色色，但不是所有內容都能為人所理解。除了壁龕裡的君主，還有被伊斯蘭軍隊擊敗的幾個國王的肖像，其中當然包括拜占庭皇帝與薩珊國王，還有遙遠西班牙的西哥德國王羅德里克。位於拱頂的一系列壁畫描繪宮殿的興建與建材的準備工作。其餘的壁畫生動而活潑地表現出沐浴與狩獵的愉悅。供人屠殺的野驢被驅趕到君主面前，由被描繪成偉大獵人的君主將這些野驢一一獵殺，對面牆上畫著幾乎衣不蔽體的女孩正在唱歌跳舞。長久以來，這些壁畫一直被認為是在瓦利德資助下繪製的，但最近，一個考古學家少有機會遇上的夢想時刻，一塊碑文被挖掘出來，上面明白寫著這座城堡乃瓦利德．賓．雅季德所建，也就是說這座城堡是在瓦利德當上哈里發之前興建的。

瓦利德流傳下來的故事很多。瓦利德自己就是個傑出的阿拉伯詩人，他吸引詩人與歌手來到他的宮廷。據說他厚顏無恥生活極不檢點。當他前往麥加朝聖時，居然帶著歌女同行，而且據說還在卡巴裡飲酒作樂。在此同時，瓦利德對於哈里發這個位子也抱持非常明確的看法。他在寫給帝國各省總督的信中表示，他已指定自己的兩個兒子哈卡姆與歐斯曼擔任繼承人。這封書信顯然出自官方書吏之手，卻是極少數能清楚顯示這位伍麥亞哈里發如何看待自身位置的文件。

克隆與海因斯翻譯了這封信，篇幅足有八頁，全是緊密的印刷體。[6]書信以精美而往復不斷的風格寫成，無論在當時或現在都不容易理解，但信中傳達了清楚且不斷強調的訊息，那就是所有穆斯林都有服從哈里發的責任。瓦利德在信的開頭提到真主派遣先知來到人間，而穆罕默德是最後一位先知。穆罕默德去世之後，真主指定哈里發執行祂的律法、建立先知行誼、主持正義並且讓人類遠離一切禁忌之事。哈里發政權是「伊斯蘭圓滿實現的一環，真主賜予萬民極大的恩惠，使萬民服從於祂，哈里發政權是這諸多恩惠中最盡善盡美的一個」。寫下這封信的人認為哈里發絕無犯錯的可能，也不存在任何反抗哈里發權威的理由，因為這麼做等於挑戰真主。哈里發實際上不僅是法官，也是真主律法的詮釋者，唯有真主，而非民眾的聚集或共識，才讓哈里發擁有此一地位。臣民的功能與職責就是絕對服從，如果他們偏離這條道路，那麼他們此生乃至於來世都會遭受不幸的後果。

這個統治理論與西方政治實踐的君權神授十分相似。為了避免產生疑義或不確定，這封信最後解釋哈里發決定由他的兩個兒子繼承，歐斯曼將繼承兄長哈卡姆的位子。此外，信中也提到哈里發不需要聽取建言或諮詢。他將獨自決定繼承的人選，而眾人都將聽從。

不是每個人都跟瓦利德一樣認為哈里發擁有真主賦予的權威。敘利亞許多伍麥亞菁英對於瓦利德明目張膽的行徑感到震驚，而瓦利德的政敵也以此為藉口爭取支持。他們動員並且在帕爾米拉西南方的巴赫拉沙漠行宮找到瓦利德：這座已經淪為廢墟的行宮至今依然可見。瓦利德實際上處於無人保護的狀態，這些人於是衝進行宮，在瓦利德朗讀《古蘭經》時——與之前歐斯曼的遭遇一樣——將他殺害。瓦利德雖然不得民心，所做所為引發眾人的不滿，但這起刺殺事件並未解決任何問題，伍麥亞哈里發政權隨即陷入仇恨與內戰，然後崩潰瓦解。

七四七年左右，哈瓦利吉派領袖阿布．哈姆札在一場充滿憤慨與論爭的傳道中批評伍麥亞朝。哈姆札簡短回顧哈里發政權的歷史，他提到阿布．巴克爾對抗叛教者並且依照《古蘭經》與先知行誼行事。其次是歐瑪爾，他的成就包括支付穆斯林薪俸、建立軍管城鎮與造冊、在齋戒月期間主掌夜間禮拜，以及下令飲酒須打八十鞭作為懲罰。然而歐瑪爾之後哈里發政權國勢日衰。歐斯曼從未達到阿布．巴克爾與歐瑪爾設立的標準，愈到統治末期，局勢愈加混亂；阿里原本做得不錯，但在隋芬同意仲裁後便毫無建樹。穆阿維亞受到穆罕默德的詛咒，他讓真主的僕人淪為奴隸，他的宗教信仰也成為腐敗的根源。雅季德也好不到哪裡去，他賡續穆阿維亞的壞榜樣，「無論在口欲或女色上都是個罪人」。到了阿卜杜－馬利克時代，情況變得更糟，他任命哈查只擔任伊瑪目，使他陷入地獄的火海之中；瓦利德是個蠢貨；蘇萊曼跟雅季德一世一樣只關心食物與女人。在經歷這一連串的邪惡之後，歐瑪爾二世好不容易有了一段短暫喘息的機會：他心存善念，卻無法落實發揚。雅季德二世重回伍麥亞朝的道路，被增添了許多生動的細節。他穿上昂貴衣物，

右手邊坐著哈巴巴，左手邊坐著薩拉瑪，說道：「為我歌唱吧，哈巴巴，為我斟酒吧，薩

拉瑪！」然後，當雅季德二世喝得酩酊大醉之後，他撕毀了價值一千第納爾的衣物，這件衣服可是不惜剝皮、剃髮與扯下面罩（亦即，以暴力盤剝穆斯林百姓）才籌足金錢買到的。然後他轉頭對其中一名女孩說，「我當然會飛」，確實如此，他日後將飛向地獄之火！

斜視的希夏姆濫用穆斯林的資金；瓦利德二世「公然飲酒並且大張旗鼓做出令人厭惡之事」；伍麥亞朝末代哈里發馬爾萬二世以殘酷著稱。阿布·哈姆札對整個朝以譴責作結：

> 伍麥亞哈里發是一群反覆無常之輩。他們的權力來自於自我膨脹。他們猜疑，朝令夕改，稍有不滿便任意殺人，縱容犯罪而不施以懲罰。他們向錯誤的源頭徵收濟貧稅，又將這筆稅金移轉給錯誤的人……這些人〔伍麥亞哈里發〕肆無忌憚地表現出對真主的不信。所以詛咒他們，願真主詛咒他們！[7]

這段話說得慷慨激昂，但對伍麥亞哈里發的指控並無新意——殘酷與壓迫、濫用穆斯林的財富、飲酒與沉迷女色。這篇講稿令人感興趣的地方在於，與我們現有的證據不同，其寫作的時間其實是伍麥亞末代哈里發在位的時候，它反映的不是阿拔斯朝的偏見，而是時人的看法。這篇文章也可充當伍麥亞朝的墓誌銘，顯示為什麼眾多穆斯林想否認伍麥亞哈里發的權威並起而反抗他們。

第三章　阿拔斯朝前期哈里發政權

阿拔斯朝最終在一二五八年被蒙古人消滅，然而在阿拔斯朝前期，也就是從七五〇年到九四五年這段期間，從各方面來看都可說是阿拔斯哈里發政權與聲望的顛峰時期。當現代評論者試圖尋求哈里發政權的經典例證，來說明哈里發政權是什麼以及哈里發政權可以是什麼時，他們經常舉的例子是極盛時期的阿拔斯朝。例如，對保守派學者法學家伊本・卡希爾而言——他在大馬士革寫作時已是巴格達阿拔斯朝末代哈里發被蒙古人殺害的一百多年後，阿拔斯朝的哈里發如此出類拔萃，他們哈里發一職唯一真實的體現。他們留下的遺產與記憶一直存續至今。我們只需要舉一個例子來說明，今日位於賈茲拉省的伊拉克和沙姆伊斯蘭國選擇以黑色作為象徵與制服的顏色，就是一種清楚而直接的指涉，代表他們繼承了以黑色作為官方與宮廷服顏色的阿拔斯朝，因此新哈里發政權也將承襲阿拔斯哈里發政權的角色與威望。

在本章中，我將探討阿拔斯朝如何成為哈里發政權的代表，他們何以成功，他們主張的權力又是什麼。在本章末尾，我們必須思考十世紀時哈里發政權瓦解的性質與原因，以及這對哈里發政權的過去與未來有何意義。

阿拔斯革命及其影響

此時，阿拔斯家族的人數大約有五十人，他們是先知的叔父阿拔斯・賓・阿卜杜・穆塔利卜的子孫，屬於先知家族的成員。這是非常重要的關係，尤其穆罕默德的父親早逝，阿拔斯在許多方面都成為穆罕默德的監護人。在此同時，阿拔斯家族不是穆罕默德的直系子孫。由於阿拔斯家族並非穆罕默德的血脈，因此阿拔斯家族必須不斷反駁外界說他們是冒牌貨的指控。

在先知傳統下，阿拔斯的兒子阿卜杜拉經常被視為廣受尊敬的權威，當然，這個名聲絕大部分歸功於他的後代子孫在政治上的成功。然而，阿卜杜拉既非歐瑪爾挑選的六名負責在他死後選舉哈里發的諮詢會議成員，在穆斯林征服裡也未扮演重要角色。阿拔斯家族在伍麥亞哈里發時代過著安寧而富庶的生活，他們位於約旦南部的胡梅瑪宮殿遺址已被考古學家挖掘出來。與統治王朝的宮殿相比，阿拔斯家族的宮殿顯得簡樸許多，所有的房間圍繞著僅有的一座庭院。宮殿外有一座小建築物，從它的座向與壁龕（mihrab）可以清楚看出它是一座清真寺，上面裝飾的象牙飾品或許原本是家具的配件，從這些飾品可以看出阿拔斯家族擁有相當的財富與舒適生活，卻又不至於奢侈浪費。胡梅瑪這個地方除了可以耕種——阿拔斯家族在此栽種橄欖樹——還有另一個優點，那就是它控制了從敘利亞通往漢志與聖城的主要道路。許多人經過此地，阿拔斯家族因此掌握了充足的訊息。

直到約西元七二〇年，阿拔斯家族在政治上並不積極，也未招徠追隨者，但當時的家族領導人穆罕默德・賓・阿里已開始跟東北部遙遠的呼羅珊省感到幻滅的穆斯林接觸。穆罕默德・賓・阿里認為阿拔斯家族是先知家族成員，有充分的資格領導穆斯林人民。

阿拔斯家族掌權後主張他們有統治哈里發政權的資格，並且提出了三點理由：首先，當然，他們是先知家族成員。這個主張具有一定的說服力，但許多希望先知家族的統治能帶來改變的穆斯林卻認為，統治者應由阿里與法蒂瑪的子孫擔任。第二個理由是指定繼承制，由前任哈里發或有資格繼承哈里發的人指定繼承人。穆赫塔率領的庫法叛軍以穆罕默德・賓・哈納菲耶之名建立阿里哈里發政權，我們先前曾經提過，哈納菲耶雖然是阿里的兒子，卻不是法蒂瑪所生。這起亂事終歸失敗，穆罕默德也在遷徙中死去，但他死後留下一個兒子名叫阿布・哈希姆，他承接了繼承哈里發大位的資格。哈希姆本人無子，據說他行經胡梅瑪時，指定穆罕默德・賓・阿里擔任他的繼承人。這件事就算為真，這個主張還是有點牽強，然而如果與其他主張合併起來考量，還是具有一點影響力。

第三個理由是在阿拔斯家族取得權力後提出的，這個論點本質上奠基於行動而非繼承。畢竟，是阿拔斯家族推翻了不虔誠的伍麥亞朝，也是他們為殉教的胡笙報仇雪恨；因此，阿拔斯家族要比阿里的直系子孫更有資格繼承哈里發政權。阿拔斯家族強調自己是「Hāshimiya」。這個詞有部分源自於他們得到阿布·哈希姆（Abū Hāshim）的指定繼承，但除此之外，Hāshimiya 還有更廣泛的意義。更早之前其實還有另一位哈希姆，他在伊斯蘭教出現前就已去世，他是阿里家族與阿拔斯家族的共同祖先，此外重要的是，這位哈希姆並非伍麥亞家族的祖先。因此，阿拔斯家族透過宣稱自己是 Hāshimiya 來主張自己與阿里家族來自同一氏族。

如果阿拔斯家族沒有得到軍隊的支持，那麼以上的理由實際上無法起到太大作用，由此而凸顯出呼羅珊人的重要地位。呼羅珊是伊斯蘭世界廣大東北地區的名稱。以現代政治地理來看，呼羅珊包括今日的伊朗東北部、阿富汗與中亞共和國的穆斯林地區，包括布哈拉、撒馬爾罕與費爾干納谷地。這個面積廣大而民族多元的省分由伍麥亞總督統治，首府是古代大城梅爾夫，位於今日的土庫曼。雖然呼羅珊遠離穆斯林權力中心，但在此地生活的阿拉伯人數量甚多，他們幾乎全是伊拉克人，當初是在命令或獎勵之下來到呼羅珊邊境城市開墾定居。因此，不同於伊朗的西部與中部，呼羅珊擁有大量穆斯林人口，其中不僅有阿拉伯人，也有許多 mawālī，也就是改信伊斯蘭教的非阿拉伯人。由於呼羅珊是邊境省分，因此穆斯林多半配備武器與能征善戰。

阿拔斯家族與呼羅珊的連結始於何時已不可考，但從七二〇年以降，以胡梅瑪為根據地的阿拔斯家族與一千六百公里外呼羅珊心懷不滿的穆斯林（包括阿拉伯人與 mawālī）已開始密切接觸。呼羅珊領導階層深受一名神祕而充滿魅力的男子吸引，這名男子名叫阿布·穆斯林。阿布·穆斯林的出身無法確知，但他過去很可能是伊拉克奴隸，之後被阿拔斯家族派到呼羅珊。重點是，從他簡單普通的姓名來看，他既不完全是阿拉伯人，也不完全是非阿拉伯人，他也沒有部族或家族關係。他只是個平凡的穆斯林，呼羅珊社會的各個階層都能與他產生連結，而這正是阿拔斯家族用來獲取支持的重要基礎。

擁護阿拔斯哈里發政權的運動興起得正是時候。七四三年，最後一位偉大的伍麥亞哈里發希夏姆去世，次年，繼任的瓦利德二世被殺。伍麥亞朝開始分崩離析，整個國家陷入派系內鬥。阿布・穆斯林趁這個時候勸說大批民眾發起推翻伍麥亞哈里發的運動，在這個階段，他並未高舉阿拔斯家族的旗號，而是號召群眾支持「先知家族成員」。無疑地，許多人誤以為阿布・穆斯林指的是阿里與法蒂瑪的子孫，但阿布・穆斯林卻不加以澄清。

這場運動於是匯流成廣大反伍麥亞朝勢力的一部分，並且吸引各方的支持，包括覺得自身利益遭強大的總督納斯爾・賓・賽雅爾漠視的阿拉伯人、憎恨自己被當成二等穆斯林的 mawālī、不希望受到遙遠敘利亞政府徵稅而毫無回饋的呼羅珊各階層民眾，以及希望先知家族的統治能讓真主指引的哈里發來統治新時代的虔誠穆斯林。阿布・穆斯林率領這支與眾不同的軍隊，於七四七年強大到足以攻占呼羅珊首府梅爾夫。納斯爾・賓・賽雅爾遭到驅逐，這支新成立的阿拔斯軍隊開始橫越伊朗，攻下其餘的伊斯蘭世界。這不只是一場地方叛亂，更是一場準備為整個穆斯林社群帶來激烈變革的革命運動。

伍麥亞末代哈里發馬爾萬二世（在位時間七四四至五〇年）是一名強悍有經驗的軍人，但伍麥亞陸軍在長年征戰下已疲憊不堪；軍隊統帥意見不合，而敘利亞又剛遭受一場恐怖地震侵襲，許多城鎮淪為廢墟。在一連串戰爭中，伍麥亞陸軍被擊潰，馬爾萬遭到追捕，從敘利亞逃往埃及。他在埃及遭受圍困，最後在尼羅河三角洲邊緣的一場小戰役中被殺。

接下來，真正的政治操作開始啟動。以庫法為中心，有個名叫阿布・薩拉瑪的阿拔斯代表，過去他負責在胡梅瑪阿拔斯家族與呼羅珊阿布・穆斯林居中聯繫，現在他則試圖進行仲裁。即使到了這個階段，運動仍以不知姓名的「被選者」（Chosen One）作為號召。就在這個時候，阿拔斯家族成員開始啟程前往庫法。阿布・薩拉瑪找了一些搪塞的理由：他可能想召開新會議來選舉新任哈里發。仍留在呼羅珊的阿布・穆斯林對此表示反對。他命令軍中親信殺了阿布・薩拉瑪，並且對外宣布由阿拔斯擔任哈里發。

阿布・阿拔斯，又名薩法赫，他在庫法大清真寺被推舉成為新任哈里發。許多民眾參與公開的宣誓儀式，他們用手觸摸新任哈里發，同意他成為眾人的領袖。阿拔斯開始講道，但由於抵擋不住熱病的侵擾而中途下台。

一份據稱是傳道內容的文字紀錄被保存下來，但這份紀錄是否真的出自阿拔斯之口則不得而知。不過這篇傳道文給予從早期伊斯蘭時代傳承至今的哈里發政權一個最充分的合理說明，而且也成為新成立的阿拔斯朝的真正宣言。在讚美真主之後，阿布・阿拔斯解釋真主創造了阿拔斯家族，「伊斯蘭的領導人，伊斯蘭的庇護所與堡壘，要我們堅持、保護與支持伊斯蘭」。這些內容表明阿拔斯家族確實是「真主使者家族。祂從先知的祖先創造我們，讓我們從他的樹繁衍成長」。之後，他還引用《古蘭經》經文，強調先知家族的重要。當然，阿拔斯家族無法主張也從未主張他們是穆罕默德的子孫，但他們認為先知家族並不局限於穆罕默德的血親。更抨擊「Saba'iyyah」，這是用來貶稱那些主張只有阿里與法蒂瑪直系子孫才能擔任哈里發的人。阿布·阿拔斯接著說明，先知死後，門徒建立權威與透過相互同意來進行統治，從而能對外征服與公正分配「國家遺產」（征服獲得的戰利品）。之後，伍麥亞家族掌權，侵占穆斯林的資源，「施行暴政，壓迫擁有財產之人」。真主忍受他們一段時間，但之後「藉由我們的手對他們施以報復……祂賜予我們勝利，為我們建立權威，為的是幫助世上貧弱無依之人」。最後，阿布·阿拔斯讚美庫法民眾堅定支持先知家族反抗壓迫者，並且承諾為他們增加薪餉一百迪拉姆。然後，阿布·阿拔斯走下講道壇，因為熱病使他無法繼續說下去。

新任哈里發在講道壇上的位置由他的叔父達伍德接替，他以更加華麗的修辭接著說道：

> 這個世界的黑夜已經退去，遮蔽已被揭開。光明照耀著地面與天空，太陽於一日之始升起，月亮從原有之處上升……治國的權柄重回原處，返歸先知家族成員手中。

達伍德否認阿拔斯家族是為了財政利益而爭取哈里發之位：「我們起兵取得大位不是為了獲取

金銀致富，也不是為了開鑿運河與興建城堡。」這裡他隱約批評了伍麥亞朝大興土木與土地開墾的計畫。他強調伍麥亞朝侵奪伊拉克穆斯林應得的報償。但現在不同了：

> 你們受到真主使者……與阿拔斯的保護。我們將依照真主的指示統治你們，並且根據《古蘭經》來對待你們，我們將與你們，無論平民或菁英，共同追隨真主使者的一言一行。

達伍德又抨擊伍麥亞朝的不虔誠與倒行逆施：「真主的懲罰臨到他們頭上，就像他們在睡覺時遭到夜襲一樣（貝都因詩歌的經典比喻）。他們被扯得粉碎，願壓迫者灰飛煙滅！」再次主張他已恢復庫法與呼羅珊民眾的權利之後，達伍德讚美他的侄子新哈里發：

> 真主已明白為你們揀選了哈希姆家族的哈里發，祂照亮你們的臉，讓你們戰勝敘利亞軍隊，並且將至高無上的伊斯蘭與伊斯蘭的榮光轉移到你們身上。祂恩賜你們伊瑪目（哈里發），讓他主持正義，給予他好的政府……所以，權威將與我們同在，不會背棄我們，直到「世界末日」我們將權威交給馬利亞之子耶穌為止，真主的祝福將臨在他身上。讚美真主，天地萬物的主人，祂用世界來試煉我們，並且將世界交給我們。[1]

這篇講道文，或者應該說是政治演說，不僅是一篇阿拉伯文修辭傑作，同時也提出重要的論點。根據達伍德的說法，阿拔斯家族掌權是出於真主的意旨，因為他們來自先知家族（雖然不是先知的直系子孫），並且已經對伍麥亞家族的惡行還以顏色。達伍德也強調，權力已經從敘利亞人移轉到庫法與呼羅珊穆斯林身上，他們將獲得應有的報償，包括增加的一百迪拉姆薪餉。阿拔斯家族將依據真主的意旨與《古蘭經》進行統治：從政策的角度來看，這已經是最明確的說法。

取得政權之後，接下來便是鞏固成果。阿拔斯家族眾多成員接掌軍隊與伊拉克、敘利亞、埃及各省。殘餘的伍麥亞家族絕大多數遭到圍捕屠殺，只剩一人逃往北非，最後抵達西班牙，並且在西班牙建立獨立的伍麥亞國，之後成為哥多華哈里發政權。四年後，七五四年，薩法赫去世，此時除了北非與伊比利半島，阿拔斯朝已經控制了整個伊斯蘭世界。

新政權的成立留下許多待解的問題。哈里發政權是否由阿拔斯家族世襲繼承？阿里家族若仍扮演一定角色，那麼這個角色會是什麼？新成立的哈里發政權是否會像過去的伍麥亞朝一樣成為一個軍事國家，而呼羅珊的軍隊是否將接替敘利亞人在伍麥亞朝的地位在阿拔斯哈里發政權占有一席之地？這一切都處於懸而未決的狀態。

新哈里發政權與伍麥亞哈里發政權迥然不同。從東方舉起的黑色旗幟展開了新時代，兩個世紀之後，穆斯林遊客依然能在梅爾夫看見革命爆發時最早用來染黑袍服的屋子。往後兩個世紀，黑色成為阿拔斯宮廷服飾的獨特顏色，穿著黑袍表示對阿拔斯朝的效忠。

阿拔斯朝發展出非常獨特的宮廷服飾風格，就我們所知，在正統與伍麥亞哈里發統治時代還不存在這類服飾。除了黑袍，阿拔斯朝宮廷服飾另一項特徵是一種名叫 qalansuwa 的帽子。關於帽子的外觀，我們未見清楚而實際的描述，只知道它似乎是圓錐形的高帽，為了防止帽子傾斜，有時帽子內側會用木棒加以支撐。聽說這種帽子看起來像是黑色的高罐子。qalansuwa 源自波斯，是薩珊朝晚期宮廷的菁英服飾，由阿拔斯朝採用（或復興）。與歷代宮廷服飾相同，qalansuwa 最重要的特徵是不實用且昂貴，藉此彰顯出它的尊貴地位。qalansuwa 穿起來也不舒適：有個故事提到一名大臣從宮中返家，他如釋重負地脫掉朝服，等到哈里發再次召見時才把衣服穿上。當哈里發阿敏夢見他坐的城牆遭到敵人攻擊，他的黑色 qalansuwa 掉落，這是日後一連串災難的預兆。十世紀初，qalansuwa 與其他傳統阿拔斯宮廷服飾開始式微。八、九世紀出現的教宗絨帽（camelaucum，高圓錐狀的教宗三重冕）的最初根源也許有可能來自 qalansuwa。

新政權的另一項創舉是創立哈里發稱號（laqab）。正統哈里發與伍麥亞哈里發單純以他們的姓名稱呼，如歐瑪爾、歐斯曼等等。首任阿拔斯哈里發被冠上薩法赫這個稱號，意思是「慷慨者」或「屠夫」，但我們不清楚是否在他生前就已授予這個稱號。薩法赫的繼承者曼蘇爾的稱號要比他的姓名（很常見的姓名）阿卜杜拉更為人所知。每個繼任的阿拔斯哈里發都被授予稱號。這些稱號通常表示「勝利」、「真主指引」或其他類似的含義。一二五八年之前有三十七任阿拔斯哈里發，這些哈里發使用的頭銜沒有重複過。為了讓稱號不致重複，不得不創造出愈來愈複雜，有時甚至難以發音的頭銜。

這種做法也被其他使用哈里發稱號的王朝採用。擁有突尼西亞之後又據有埃及的法蒂瑪朝從一開始就使用稱號，法蒂瑪朝最初幾任哈里發也使用了曼蘇爾與馬赫迪兩個頭銜。當伍麥亞朝於九二九年在哥多華建立哈里發政權時，他們也採納了這種稱號，日後位於西方的穆瓦希德朝也採取相同做法。即使哈里發並未掌握實權或幾乎得不到任何尊重，如阿拔斯朝後期的幾任哈里發，他們也還是擁有響亮的官方頭銜。

宮廷生活禮儀因宮廷建築而更加凸顯。阿拔斯朝沒有不將據點設在伊拉克的理由。協助阿拔斯家族奪權的軍隊來自呼羅珊，但呼羅珊過於偏遠無法成為有效的首都，而敘利亞顯然不在選擇之列。伊拉克人一直希望由先知家族擔任政治領導人，儘管他們理解的先知家族是阿里家族而非阿拔斯家族。把哈里發政權的根據地設在伊拉克也有充分的經濟理由。直到十世紀，伊拉克一直是伊斯蘭世界最富庶與生產力的地區。阿拔斯朝若能利用伊拉克的繁榮，將可更為強大安全。

第二任阿拔斯哈里發曼蘇爾著手營建第一座專為君主職務設計的伊斯蘭皇城。七六二年，在曼蘇爾審慎的政策安排下建立了巴格達。改朝換代後的十二年間，阿拔斯朝廷在伊拉克中部不斷遷徙，最後才決定在巴格達這個小村落建立都城。曼蘇爾選擇巴格達是因為此地位於伊拉克的水路交會之處。底格里斯河與幼發拉底河在此距離最近，兩條河之間又有運河網相連。賈茲拉平原的穀物與巴斯拉的椰棗經由水路運送到巴格達。水路運輸也讓巴格達得以取得鄰近腹地之外的資源。

曼蘇爾為哈里發政權建立引人注目的都城，一座令人印象深刻的圓形城市，四周環繞高牆並且設了四道城門。城市的中心有一座大清真寺，上面蓋了高聳的圓頂。起初，巴格達是一座市集與商人城市，但很快就轉變成宮廷城市，統治者及其隨員與安全人員（衛兵與警察）全住在這裡。在城牆外，底格里斯河兩岸從哈里發政權各地湧入大量人口形成廣大城區，這些人來這裡是為了提供商品與勞務給宮廷與薪資優渥的軍人和官吏。曼蘇爾容許他的寵臣藉由開發土地興建市場與住宅來賺取財富。曼蘇爾最初居住的市區位於底格里斯河西岸，他鼓勵自己的兒子與繼承人馬赫迪在東岸建城，因此東岸市區也有清真寺與宮殿。底格里斯河水流湍急，要在上面興建磚石橋樑十分困難，因此只能用船隻搭建三座舟橋。底格里斯河上有無數的船隻與連結的運河網，看起來宛如中東的威尼斯。到了九世紀中葉，巴格達人口已達到五十萬左右，當然當時沒有明確的統計數據，但巴格達很可能是當時世界上人口最多的城市。

巴格達的官方名稱是 Madinat al-Salam（和平之城），它是後世哈里發建都時效法的對象與靈感的來源。真主的哈里發理應擁有一個讓所有人都能目睹且能展現他的權力與財富的住所。對哈里發政權而言，擁有強大的經濟基礎與擁有穩固的政治與宗教基礎一樣重要。唯有經濟繁榮才能讓哈里發獎賞忠心的追隨者與支付軍隊薪餉，使軍隊能抵抗敵人的攻擊與捍衛邊疆，哈里發也才能資助朝聖與 kiswa（用來覆蓋卡巴的巨大布幔，每年須更換一次）這類公開的虔信儀式。沒有強大的經濟，哈里發將缺乏權力與威望，也就無法履行領導與執法的職責。阿拔斯哈里發政權與巴格達城是緊密連結的：當哈里發政權式衰微時，巴格達城也必然沒落。

曼蘇爾不只是巴格達的總建築師，也是哈里發政權政治結構的總建築師。原先支持革命的人期盼虔誠而謙卑的先知家族成員以及他們的謀士能開啟新的統治時代，但此時卻大失所望。曼蘇爾建構的哈里發政權與伍麥亞朝十分類似。曼蘇爾是一名專制君主，透過強大而薪資優渥的軍隊進行統治。統治家族被賦予最具威望的總督職位而且獲准聚斂大批財富。即使曼蘇爾願意任用過去曾服務伍麥亞朝的軍方領袖，卻不願意容忍任何潛在對手。革命的偉大將領與組織者阿布·穆斯林顯然就是這類對手。阿布·穆斯林接受勸說離開根據地呼羅珊，在往西朝聖的路上來到伊拉克，他被引誘前往哈里發的營地（此時巴格達尚未建城），遠離忠於他的部隊。然後，在哈里發在場的情況下，阿布·穆斯林被宮中衛兵殺害，屍體捲入皇室大帳角落的地毯裡，他的頭顱則被展示在追隨者面前。這名為阿拔斯朝立下大功的男人遭到殘忍殺害，只因為他可能成為王朝權力的威脅，這就跟突尼西亞法蒂瑪朝第一任哈里發，殺害率領柏柏人援軍前來的使者是一樣的。後世史書提到阿布·穆斯林時，總是把他當成暴君恩將仇報的受害者，但曼蘇爾仍穩坐哈里發之位並且鞏固了權威。

曼蘇爾也猜忌阿里家族，與其他人一樣，曼蘇爾知道阿里家族更有資格代表先知家族，因此他下令安全部隊嚴密監視阿里家族。七六二年，正當曼蘇爾著手建設巴格達城時，阿里家族成員穆罕默德·賓·阿卜杜拉——人稱「聖潔者」，是先知的後裔——在先知之城起事，企圖在麥地那建立哈里發政權。曼蘇爾毫不寬貸，他派遣強大的陸軍前去平定亂事，殺死了叛軍首領。

曼蘇爾由他指定的繼承人，也就是他的兒子馬赫迪繼承。阿拔斯朝從未採取正式的世襲繼承政策，但事實上達成的結果是相同的。繼承人不一定是長子，但人選絕對是從在位哈里發的兒子或兄弟中決定，然後舉行宣誓儀式，由國內的顯貴確立哈里發的地位。哈里發提名繼承人的權利似乎獲得廣泛支持，不過關於該選擇哪一個兒子也曾有過極大的爭議，甚至出現暴力衝突。哈里發稱號的選擇至關重要。馬赫迪這個稱號，特別是在早期什葉派圈子裡，指的是獲得正確指引、幾近救世主的人物，他的任務是領導信眾獲得救贖。在這點上，阿拔斯朝對於什葉派的挑戰先發制人，他們主張馬赫迪如今已是現實的統治者，而非眾人希望或期盼在某個不確定的未來會出現的人物。曼蘇爾以阿拔斯政權的執行者自居，馬赫迪則想讓自己成為精神的指引者。在個人生活上，馬赫迪從不飲酒，但他並未禁止一般民眾飲酒。在公眾生活上，馬赫迪是穆斯林統治者，他採取措施對抗敘利亞北部的基督徒與異教拜星教，此外他也興建清真寺。馬赫迪迫害一個名叫 Zindīqs（「異端」的意思）的團體，這個團體似乎是個二元論異端（相信二神，一個善神與一個惡神）。其中有些人遭到處決，馬赫迪雖然以暴力捍衛伊斯蘭正統，但這種嚴厲的做法對他來說仍屬罕見。馬赫迪也嘗試安撫阿里家族，邀請他們到朝廷任官，並且讓他們在麥地那的支持者取得軍職。無疑地，有些人對此感到滿意，但這些做法很難算得上是革新的措施，而且顯然不足以贏得死硬派的支持，對死硬派來說，阿拔斯家族絕非先知家族貨真價實的領導者。

七八五年八月，馬赫迪在狩獵時意外被殺，他去世時還相當年輕。在此之前他已指定兩個兒子繼承，他的想法是先由其中一人繼承，之後再傳位給另一人。伍麥亞朝也曾有過類似規定。鑑於這類複雜安排產生的紛擾，我們不禁困惑哈里發為什麼堅持採取這種做法。這是家族內爭的典型根源。這種安排無疑是出於「儲君與備位儲君」的需要。在人類壽命甚短與容易猝死的年代，做出滴水不漏的安排以確保權力在家族內部順利轉移，避免外人有可趁之機乃是極重要的事。這種做法也是為了調和朝廷內部不同派系的利益。每個被指定為繼承人的兒子會吸引一群支持者，這些支持者會盡一切努力確保繼承人繼承王位，而在位的哈里發則希望讓不同的派系與王朝的未來產生利害關係。然而，歷史確實顯示——至少可以這麼說——這類安排的問題層出不窮，因為新任哈里發幾乎不可避免地會指定自己的兒子而非兄弟繼任，而且他的大臣與將領也鼓勵他這麼做。

馬赫迪指定兩個兒子擔任繼承人，然而七八六年九月，長子哈迪才短暫統治一年多就突然去世，有些人對於死因感到懷疑，但正因他的猝死，才讓阿拔斯朝免於一場暴力衝突。而即便是這麼短暫的時間，他還是著手指定自己的兒子擔任繼承人。但到頭來，他的弟弟哈倫，日後被稱為哈倫．拉希德，還是在未受到公開反對下於七八六年繼任哈里發。

哈倫．拉希德與他的繼承者

哈倫．拉希德可說是阿拔斯朝最偉大的哈里發。在民眾心目中，他的存在與名聲就連曼蘇爾如此顯赫的領袖與政治人物也難以望其項背。舉例來說，在阿拔斯朝中，他是唯一一位本名與頭銜均廣為人知的哈里發。只要是討論哈里發的作品，都必須探討哈倫・拉希德這個人與他的盛名。

哈倫身為偉大強盛的君主之名，也可說，完全是靠他死後發生的災難所彰顯出來的。而必須說，這些災難很大一部分是他一手造成的。諸子爭位引發的長期內戰與戰爭對巴格達的摧殘，使哈倫的統治從後世看來確實有如完美無缺的黃金時代。哈倫在位時期的環境，孕育出最偉大的古典阿拉伯詩人，包括阿布・努瓦斯（死於八一三年）與阿布・阿塔西亞，我們只提這兩個人就可窺知一二。也就是在這個時期，耀眼而富教養的巴爾馬克家族開始擔任宰相（vizier，源自阿拉伯文wazīr，意思是首輔）並且成為眾人矚目的焦點。然而當他們的權力被哈里發的一紙詔書——有人說這純粹只是哈里發一時興起——無情毀滅時，這一切便成了統治者獨斷權力與不可避免的命運捉弄的經典例證，同時也成為《一千零一夜》中哈倫的形象來源。

《一千零一夜》流傳至今，其成書年代大約在中世紀晚期，但書中內容其實經過數百年演變而成。其中一部分是一連串與阿拔斯宮廷相關的故事，特別是哈倫時代的宮廷。雖然這些故事顯然未嚴格遵照歷史，但它們生動而鮮明地呈現出後世對阿拔斯朝極盛時期宮廷的想像。有一則典型故事在開頭提到，一晚，哈倫召見他的宰相巴爾馬克家族的賈法爾，他說，「我想微服出巡，問問城裡老百姓對於管理他們的總督有何看法，如果他們充滿怨言，那麼我會罷黜總督，如果他們表示感激，那麼我會獎賞那名總督。」[2]這場冒險一開始，哈倫與賈法爾在大總管兼掌刑大臣馬斯魯爾陪伴下遇見一名貧窮的老漁夫，老漁夫吟唱著講述自身不幸的詩歌，提到自己一次又一次遭遇不可思議的奇事。哈倫經常被視為嚴酷但公正的司法象徵，在他的命令下，公義得以彰顯。但哈倫也是一個喜愛玩笑、變裝、飲酒、吟詩與美女相伴的男人，無論是他摯愛的妻子祖拜達還是竭力取悅他的女奴，他都來者不拒。哈倫有一小群人陪伴，包括賈法爾、馬斯魯爾、狡猾的法官阿布・尤蘇夫與驚世駭俗的詩人阿布・努瓦斯，這些人都是確實存在的歷史人物，但我們不應該幻想這些事件確實出自史實。相反地，書中描述的雄偉建築物、一箱箱的金幣、精緻的美食醇酒以及美女少年，恰恰見證了一般人想像的阿拔斯宮廷景象，如書中的說故事人夏拉札德公主在故事末尾所言：「在阿拔斯哈里發去世後，願萬能的真主憐憫他們，哪裡找得到這種慷慨的行為呢？」[3]而且不只是中東。十九世紀英國詩人阿佛烈・丁尼生勳爵創造了「哈倫・拉希德的黃金時代」一詞來形容這個時代。今日，想復興哈里發政權的人心中（至少潛意識是如此）肯定對哈倫的形象存有特定的看法，他們相信哈倫是一個嚴酷但公正的專制君主，一方面對穆斯林實行仁政，另一方面也會在必要時施以鐵腕。

這是個難以達成的形象，而歷史上的哈倫・拉希德，就我們所能恢復的原貌來看，也不一定能符合大家的期望。哈倫在他的兄長哈迪意外死亡後成為哈里發，當時他還是個毫無經驗的青年。在統治初期，哈倫由母親哈伊祖蘭（名字的原意是纖細的蘆葦）輔佐。哈伊祖蘭是首位以皇太后名義輔佐幼帝行使大權的女性，而哈倫是她最寵愛的兒子。

富有而迷人的巴爾馬克家族也想成為年幼哈倫的指導者。巴爾馬克家族的文學與哲學沙龍成為各種文化與思想活動的中心，使哈倫的巴格達聞名於世。他們的故事也彰顯阿拔斯朝廷的兼容並蓄，吸引伊斯蘭世界各方聰明才智與野心之士前來，而且對於非阿拉伯人或來自最偏遠地區之人一律平等對待。巴爾馬克家族不是阿拉伯人，他們的故鄉是古城巴爾赫，位於今日阿富汗北部。巴爾馬克家族是一座大佛寺的世襲僧侶與守護者，這座佛寺的遺跡位於廢棄的城牆外，至今依然可見。阿拔斯革命時，與許多呼羅珊人一樣，巴爾馬克家族也加入革命改信伊斯蘭教，並且在阿拔斯政府中快速晉升。他們不是軍人，而是簿記人員，他們或許曾經使用新傳入的印度數學符號，這些符號在伊斯蘭世界裡被廣泛學習，成為我們今日所知的阿拉伯數字。

到了下一代，巴爾馬克家族的葉海亞成為朝中的主要人物，擔任年輕王儲的家教與導師，葉海亞的兒子賈法爾則成為王儲的好友與長久的夥伴。哈倫即位之後，巴爾馬克家族受到重用，他們獎掖詩人與思想家，名聲完全凌駕於哈里發之上。巴爾馬克家族的地位顯赫，但也因此身陷危境，哈倫在接受十五年的監護之後，已經對巴爾馬克家族感到厭倦。有一天，在毫無徵兆之下——雖然許多人表示他們已經料到這一點——哈倫下令逮捕巴爾馬克家族，包括對他貢獻甚多年老且受尊崇的葉海亞，更令人震驚的是，他下令立即處死賈法爾。我們讀到一段辛酸的描述，這名年輕人在面對掌刑大臣馬斯魯爾，也就是先前與他一同冒險的夥伴時，他表示其中一定有什麼誤會，而當馬斯魯爾堅持行刑時，他懇求允許他當面向哈倫求饒。哈里發毫不動搖，他拒絕與他的老朋友說話，第二天，賈法爾的頭與手被展示在連結兩岸城區的浮橋上，民眾看得目瞪口呆。這是獨裁的恐怖展示：哈里發宮廷是個奢華與娛樂的地方，也是龐大財富的潛在來源，但它也可能是個危險與突然致命的地方。幾個世紀之後，衛道人士還以這起悲劇事件作為完美範例，警告眾人「千萬不要相信君王」。

哈倫在兩個層面上確實比前後任哈里發更為勤勉地履行哈里發職務：對拜占庭發動夏日遠征與率領眾人朝聖。遠征拜占庭是阿拔斯哈里發唯一參與的戰爭。對哈里發來說，這是個證明自己是穆斯林軍事領袖的大好機會。眾人可以清楚看見他的軍隊出現在敘利亞與賈茲拉這兩個邊疆省分，伊斯蘭世界各地義勇軍紛紛響應。在這個時期，傳統主義者如伊本・穆巴拉克（死於七九七年）也著手建立聖戰的宗教理論與法律基礎。哈里發的行動符合穆斯林民眾與日俱增的期待。舉例來說，八〇六年六月，據說哈倫召集了十三萬五千人，包括正規軍與志願者，雖然我們必須對這麼龐大的數字抱持一定懷疑，但這顯然是一支軍容壯盛的遠征隊伍，而且成功塑造哈里發身為信仰者統領的形象。哈倫頭上戴著 qalansuwa，上面繡著「信仰與朝聖的戰士」，每個人都能看得清清楚楚。[4]

哈倫也想在地中海擴展穆斯林的海上勢力，他大舉進攻賽普勒斯，不過並未取得輝煌戰果。哈倫攻下安納托利亞南部小城赫拉克雷亞，將居民擄走帶回敘利亞，但他並未定期出兵將伊斯蘭領土擴展到托魯斯山脈以北地區。哈倫在新屯墾地興建巨大的公共勝利紀念碑來表彰自己的功績，而他在征服敘利亞幼發拉底河流域之後，將這塊新屯墾地命名為希拉克拉。今日，這座紀念碑只剩下方形基座，我們不清楚這座紀念碑是否曾順利完工，但可以確定的是，當初興建這座紀念碑時是想在巴格達與陪都拉卡通往拜占庭邊界的大道上，樹立一座不朽且醒目的紀念建築物來謳歌哈倫的軍事成就。

哈倫對於朝聖慶典也同樣付出不少心力。他在位二十三年，前往麥加朝聖不下九次，比之前任何一任哈里發都來得多。哈倫也是最後一位在統治期間進行朝聖之旅的哈里發。朝聖是非常盛大的活動：絕大多數政府官員與政治菁英都與哈里發一同前往，而哈里發也藉這個機會展現他的統御能力，並且在伊斯蘭世界各地穆斯林面前顯示他的虔誠。這是絕佳的公開展示。關於這類展示，有個不起眼但重要的例子，這個例子來自哈倫的父親馬赫迪朝聖時的描述。馬赫迪朝聖時正值盛夏，麥加的高溫令人難以忍受，馬赫迪的親戚穆罕默德．賓．蘇萊曼想出辦法，用冰塊為哈里發冰鎮飲料。我們只能推測蘇萊曼可能下令在伊朗西部的札格羅斯山脈蒐集冰塊，將其保存在地下冰庫裡，外層用稻草裹住隔熱，然後放入箱子中橫越沙漠供哈里發享用。因此，在人民面前，哈里發不僅是手握大權的君主，也是能違抗自然律的行奇蹟者。

哈倫與他的家族也藉由別的方式大力支持朝聖，其中比較知名的是修築朝聖道路，並且以哈倫愛妻之名命名為祖拜達之路。伍麥亞時代主要的朝聖路線是從敘利亞穿越漢志，伍麥亞哈里發有時會清理道路，讓朝聖者便於使用。阿拔斯朝把權力中心移往伊拉克，朝聖變得更加困難，橫越阿拉伯半島中部沙漠的漫長旅程是一場真正的挑戰。哈倫與母親花費鉅資清除路上的石塊（今日的空拍照依然可見當年努力的成果），並且在沿途興建貯水池、小碉堡與驛站。這不僅是早期伊斯蘭時代最大的公共工程項目，實際上也是阿拔斯政府出資興建這類基礎建設的唯一例子。紀念碑文上記錄了統治家族不同成員的虔誠奉獻，而這條道路至今仍被稱為祖拜達之路，顯示這個名稱在過去有多麼知名。

哈倫·拉希德的「黃金時代」因哈倫在八〇九年去世告終。儘管後世有時營造出哈倫嚴明而睿智的年老政治家形象，但哈倫去世時其實還不到五十歲。在幾名偉大的阿拔斯哈里發中，只有曼蘇爾活到六十歲，其他多半在三四十歲去世，以今日的標準來說實在太年輕。哈倫對死後繼承問題的安排，對阿拔斯朝乃至於整個哈里發政權都是一場災難。八〇三年，在麥加朝聖舉行的大集會中，哈倫安排他（與祖拜達）的兒子阿敏繼承哈里發之位，統治巴格達、伊拉克與西部伊斯蘭世界，另一個兒子馬蒙則統治呼羅珊與伊朗東部，其中問題最大的是，哈倫指定由馬蒙擔任阿敏的繼承人。

然而才過了兩年，兄弟便兵戎相見。馬蒙的軍隊在名將塔希爾·賓·胡笙率領下一路向西，擊敗數量較多的阿敏軍隊，很快抵達巴格達近郊。從八一二年八月到八一三年九月，這座大城遭到圍困，前來支援阿敏或馬蒙的民兵相互廝殺破壞了大部分城市，但這些民兵其實是想趁這場混亂從中取利。其中造成破壞最大的是大型投石機，雙方都使用這種武器進行無差別的殺害與破壞。這場衝突引發大量的抗議詩文，這些名字表達了武裝團體對巴格達平民造成傷害的憤怒與悲傷。而這幅景象可能詭異地讓人聯想到一千二百年後巴格達的處境，也就是二〇〇六年與二〇〇七年各派系民兵爭搶該城控制權的場景。

哈里發阿敏處於這場風暴的中心，他最終躲藏在曾祖父曼蘇爾壯觀的圓形城市裡，被他的敵人團團圍住。阿敏知道自己不可能堅守，而他面臨的兩難是該選擇向誰投降，好讓自己活命。八一三年九月二十五日晚上，阿敏做出決定，這天夜裡發生了阿拉伯早期歷史最戲劇性也最動人的故事。窮途末路的哈里發希望向馬蒙軍的老家臣哈薩瑪．賓．阿彥投降，卻遭塔希爾強烈反對，塔希爾擔心兄弟和解將奪走他的勝利果實。最後，雙方達成協議：阿敏向哈薩瑪投降，但哈里發的服飾、權杖、袍服與先知印戒都必須交給塔希爾，因為他們認為「這些代表了哈里發政權」。史料幾乎未曾提到這些物品，除了少有記載，也未曾公開展示，然而這些物品卻有著非常重要的象徵意義。

然而，事件卻朝不同的方向發展。阿敏騎馬前往陰暗的底格里斯河岸，要在那裡與哈薩瑪的船隻會合，但塔希爾早已派人在那裡守候，他們翻覆了船隻，將阿敏與接應者拋入河中。阿敏游泳上岸，但隨即被塔希爾的手下捕獲，並且被帶往某個安全處所。阿敏被關在一間空屋內，屋裡只有幾件毛毯與墊子。接下來發生的事完全根據阿敏大臣的陳述，這名大臣與阿敏同時被捕。這是一段有趣的描述，因為它完全改變了我們先前對阿敏的看法。阿敏的父親還在世時，以及在阿敏統治的初期，關於阿敏的描述總是將他描繪成懶惰、愚蠢又輕佻，相較之下，他的弟弟馬蒙則被描繪成較為睿智而成熟。然而在他人生的最後時刻，阿敏像莎士比亞筆下的理查二世一樣，獲得他這輩子從未獲得的尊嚴。凌晨時分，馬蒙軍隊裡的一小群波斯士兵殺死了阿敏，阿敏成了殉難者，他試圖用屋內的墊子抵抗這些行兇者。「我是真主先知的親族！」他叫道，「願真主為我報此血海深仇。」哈里發的死亡一直是件可怕的事。歐斯曼、瓦利德二世與阿敏雖然各有缺失，但殺害他們的行為卻被絕大多數穆斯林視為可怕的罪行，而他們的死只帶來更多的苦難。

阿敏死後，馬蒙在伊朗東部支持者的協助下，花了約六年的時間控制整個哈里發政權，然而即使在此時，巴格達政府也從未收復突尼西亞，而馬格里布也跟五十年前的西班牙一樣，出現了許多獨立統治者。馬蒙帶領了伊朗東部的新貴族菁英與突厥傭兵。中亞突厥人（今日的土耳其直到十一世紀末才有突厥語族定居）以勇猛善戰、精於騎術著稱：他們組成了令人生畏的職業軍隊。除了馬蒙與他的直系親屬，過去曾經在哈倫·拉希德底下任官的人，幾乎無法進入新統治階級，他們的子孫絕大多數都消失在熙熙攘攘的巴格達群眾裡。新菁英無情地罷免舊權貴。舉例來說，在埃及，官方明令該省的舊陸軍阿拉伯人應予免職，改以剛從東方來的突厥軍人替補。這些突厥軍人對伊斯蘭教一無所知也不懂埃及人的阿拉伯語，但他們卻統治埃及人，以埃及人的賦稅充當自己的薪餉。

短期而言，這項政策是有效的。新陸軍有效率地鎮壓叛亂，哈里發的權力也大體獲得確立，但長期而言，這項變革對哈里發這個職位以及哈里發所象徵的穆斯林社群的團結卻帶來致命影響。現在，深居於底格里斯河畔高大宮牆後的哈里發及其謀臣，他們與地方統治者的溝通開始出現鴻溝，哈里發再也無法獲得廣大穆斯林社群的支持與忠誠。

新政權在新統治菁英與軍隊支持下，引進了新觀念。我們將在下一章看到，馬蒙是個不折不扣的知識分子，他對科學與哲學極感興趣，但他的想法並不完全受到臣民的歡迎。馬蒙最具爭議的行動是支持《古蘭經》「是神創造的」。穆斯林相信《古蘭經》的確是真主的話語——沒人爭論這點，但有些人主張《古蘭經》是真主在特定的時間點創造的，並且由天使加百列口授給穆罕默德。反對這個觀點的人認為，《古蘭經》是永恆的，與真主同時存在，只是在穆罕默德獲得天啟時交給了人類。乍看之下，這是對於本質不可知的教義產生的微小歧異。但這層歧異卻掀起了反對浪潮，最後對哈里發的聲譽與權力造成重大損害。

大家反對「創造說」，因為這個教義很可能導出《古蘭經》是在某個時點被創造出來的結論，如此一來，《古蘭經》的詮釋就有可能因時空不同而改變，甚至還有可能出現新的天啟。屆時，就要靠哈里發來裁定。眾人也反對馬蒙認為的哈里發有權對於信仰問題進行裁斷與決定。之前的哈里發，無論是伍麥亞朝還是阿拔斯朝，都認為哈里發有權對於伊斯蘭律法爭議進行裁決，但這種說法與馬蒙的主張並不相同。馬蒙主張哈里發有權定義教義，這是相當大膽的想法，將使哈里發擁有近似於中世紀盛期西歐的教宗地位。

反對創造說的領袖許多來自原先居於阿拔斯政權軍方與政府高位的家族，但此時他們卻喪失了地位與薪餉。到了馬蒙的繼任者好戰的穆塔希姆時代，不滿更是有增無減，穆塔希姆將首都從巴格達遷往新建城市薩瑪拉，此地位於巴格達北方一百二十八公里，成為新的政府中心。反對者有部分源自於對新教義的反彈，這些人以巴格達為根據地，而巴格達當地居民的憎恨至少也有一部分來自於遷都喪失的利益。

新政權決心推動這個新意識形態。所有政府雇員都必須支持這項行動；在前線戰場遭拜占庭俘擄的戰俘，如果想被贖回，就必須同意《古蘭經》是在權威者面前被創造出來的，如此他們才能以金錢換回自由。在哈里發制度的漫長歷史中，這是唯一一次由哈里發自行裁定重要的神學爭議，並且將自己的看法強加於想在軍事或文官體系扮演重要角色的人身上。為了做到這一點，於是設立了宗教裁判所來審查反對者，如果必要的話，還會加以懲罰。同樣地，這是首次有哈里發設立這樣的機構，也是最後一次。

宗教政策引發強烈反彈，其中尤以巴格達為最，而反對最力的是艾哈邁德·賓·罕百里。伊本·罕百里是法學家與論戰者，他大聲疾呼伊斯蘭律法的任何裁決與執行都必須依據而且也只能依據先知傳統。守護與詮釋先知傳統的是專門蒐集與研究傳統的學者，這些人實際上是專業人士。要做出明智的判決，必須取得與記得一定的傳統知識，然而，光靠哈里發或統治者自己不可能擁有這些知識。

巴格達爆發小規模民眾叛亂，但很快就被政府軍平定。在罕百里派的作品與傳道煽動下，更普遍的反對抗爭仍持續著。最後，穆塔瓦基爾（在位時間八四七至六一年）與他的謀臣決定放棄這場逐漸失敗的鬥爭，並且悄悄地放棄《古蘭經》創造說，此外也採取一連串措施，包括對宗教少數派進行汙名化，以證明哈里發對伊斯蘭價值的重視。這整起事件對於此後哈里發的政治乃至於宗教角色產生了形塑的作用。正統哈里發、伍麥亞朝與早期阿拔斯朝哈里發理所當然擁有的審判權力，逐漸讓渡給專業的法學家。這些法學家的權力與權威不是來自哈里發或任何政府官員，而是來自法學家自身的相互尊重與民眾的認可，民眾尋求與重視法學家的法律意見書（fatwas）。哈里發成為一名沒有立法權的統治者，對於許多與臣民最密切的事務毫無置喙餘地。

伴隨意識形態災難而來的是政治崩潰。哈里發遷往薩瑪拉並且居住在深溝高壘的宏偉宮殿裡，就我們所知，他們很少與外界接觸。圍繞在他們身邊的只有擔任皇宮守衛的突厥軍人。穆塔瓦基爾在位時經常在宮裡飲酒作樂，八六一年，他在一場酒宴中遭到殺害。穆塔瓦基爾的遇刺起因於他的兒子兼繼承人的嫉妒心，後者害怕自己的位子將被兄弟取代，而突厥衛兵也同樣覺得自己的地位受到軍中其他群體的威脅。與歐斯曼、瓦利德二世以及阿敏如出一轍，穆塔瓦基爾遭到殺害開啟了悲劇與災難之門。繼任的哈里發幾乎無法好好享受自己的地位，在薩瑪拉這個幽閉恐懼與謀殺相尋的世界裡，哈里發以驚人的速度更替著，他們絕大多數是被拿不到薪餉的突厥士兵殺害。

從八六一年到八七〇年，前後幾任哈里發都被薩瑪拉的權力鬥爭所孤立。在此同時，伊斯蘭世界其他地區的人民即使缺乏有效能的哈里發統治，也依然過得很好。在埃及，當地總督伊本．圖倫是突厥後裔，他直接接管行省，一般認為他是克麗奧佩脫拉以來埃及首位獨立的統治者，而他也開啟了一段和平與繁榮的時代，與伊拉克的混亂形成強烈的對比。伊朗東部大部分地區受薩法爾這個軍事冒險家族掌控。可以確定的是，薩法爾家族是穆斯林，但他們也是不懂阿拉伯文的波斯人（他們必須以新波斯文來書寫讚美詩，好讓他們能理解與欣賞詩人讚美的內容）。他們效忠的對象是伊斯蘭教，而非毫無力量的哈里發。

這段無政府時期於八七〇年結束，新任但無實權的哈里發在薩瑪拉即位，更重要的是，他的兄弟雖然沒當上哈里發，卻取得了穆瓦法克這個類似哈里發的頭銜。這位哈里發能夠即位，主要是因為他與突厥軍隊將領關係緊密，儘管如此，他統治的疆域十分有限。只有伊拉克中部、敘利亞部分地區與伊朗西部在哈里發的管轄範圍之內。穆瓦法克於是著手收復政府喪失的領土。第一個目標是收復伊拉克南部，這個地區被贊吉的叛軍占據。贊吉是東非奴隸，富有的地主將他們引進到伊拉克南部，協助清理鹽鹼，這些鹽鹼堆積在灌溉地上，無法發展農業。要在炙烤無蔭的農地上進行這項工作是極度辛苦的，社會暴動的發生一點也不令人意外——這是中東歷史上唯一一場奴隸群眾暴動。暴動者領袖是一名阿拉伯人，他宣稱自己是先知家族的成員，從意識形態來看，這是一場什葉派暴動，先知家族再度成為被壓迫者的領袖。然而，穆瓦法克卻認定這是一個本質上反伊斯蘭的異教運動。他主張他的手下進行的是一場由阿拔斯家族率領旨在保護伊斯蘭教的聖戰。穆瓦法克託人撰寫長篇敘事來描述這場曠日持久的戰爭，而他的勝利也藉由書信與講道壇廣為傳布。

最後，亂事終於平定，復興之後的阿拔斯哈里發政權成為重要的區域強權，統治伊拉克與部分的伊朗和敘利亞。九〇五年，阿拔斯朝甚至短暫收復了埃及。此外，其他強權也認為取得哈里發授予的頭銜可以增強自身的正當性，即使只是巴格達當局（現在再度成為阿拔斯哈里發政權的首都）

頒贈的旗幟與證書也能作為既成事實的認證。

哈里發穆克塔迪爾的統治災難

阿拔斯朝的復興原本可能讓伊斯蘭世界更廣泛地接受阿拔斯朝的統治，然而這段復興的進程卻在哈里發穆克塔迪爾（在位時間九〇八至三二年）統治時中止。穆克塔迪爾在一場宮廷陰謀中接替兄長穆克塔菲成為哈里發。問題是穆克塔迪爾只是個十幾歲的少年，因此深受強悍且深具控制欲的母親「薩伊達」（sayyida，夫人之意）影響。許多人反對任命無經驗的少年擔任最高職位，但對於宰相伊本・弗拉特率領的人數寡少但實力強大的派系來說，年幼恰恰是最吸引人的地方：少主容易控制與操縱。穆克塔迪爾的統治幾乎完全是一場災難。接二連三的財政危機與宰相頻遭更換，使政府陷入癱瘓。

此時，拜占庭利用阿拔斯朝內部混亂，開始攻占邊疆的穆斯林城鎮，而更糟的是，朝聖隊伍也遭受信仰什葉派的貝都因人攻擊，這些人稱為卡爾瑪特派。男性朝聖者被屠殺，他們的妻兒被販售為奴。就連名義上由阿拔斯朝統治的麥加也不安全：城市遭到掠奪，被屠殺的居民屍體被投入神聖之井滲滲泉裡，卡巴的黑石也被拆卸下來，遭叛軍奪走。阿拔斯朝連哈里發最核心的義務都做不到：守護伊斯蘭邊疆與確保朝聖的安全。最後，穆克塔迪爾在與理應保護他的軍隊主帥戰鬥時被殺，結束了統治，當時他還相當年輕。在之後的一段混亂歲月裡，權力在幾名軍事冒險家手中遞嬗，他們的大統領（Emir of Emirs）頭銜，表示他們完全控制了世俗政府，但這個頭銜不具宗教意涵。這些軍事冒險家不僅掌握剩餘的軍隊，也控制整個文官體系，他們廢除宰相職位，讓哈里發成為底格里斯河畔雄偉皇宮裡有名無實的領袖。每個穆斯林都看得出來，阿拔斯哈里發政權已一蹶不振。

儘管（或者正因為）哈里發在政治上一敗塗地，阿拔斯政府開始嘗試將哈里發塑造成在面對非伊斯蘭世界時的穆斯林領袖。七世紀與八世紀初，阿拉伯最初的征服建立了龐大的哈里發政權，此後，哈里發便很少提出對外政策。那些居住在伊斯蘭之境以外，也就是生活在戰爭之境（未知而野蠻的荒野地帶）的人，無足輕重且極為貧窮，因此不值得重視。拜占庭帝國是哈里發唯一以平等態度對待的強權，然而停戰協商與戰俘交換也只是偶一為之，算不上真正的外交關係。

十世紀時，有跡象顯示一切正在改變。這是穆克塔迪爾與他的謀臣為了擴大與宣傳哈里發身為穆斯林社群發言人的角色而有意推動的政策，抑或只是偶然的決定，我們難以得知。但是歷史記載兩段敘事顯示哈里發扮演著這類角色，事實上，這兩段敘事無疑也說明了整起事件是經過巧妙安排以合乎官方利益。

第一段敘事極為詳細地描述九一七年六月阿拔斯朝舉行儀式迎接兩名拜占庭帝國使臣的過程。他們前來要求邊境停戰與戰俘交換，這原本是例行事務，但宰相伊本．弗拉特卻決定大張旗鼓。使

臣不僅獲得了寄宿之處，也取得一切所需之物。到了覲見那天

宰相命令士兵在從薩伊德（使臣住宿的地方）通往宰相府邸的路上列隊歡迎，至於宰相自己的家臣與軍隊以及宰相府邸裡的副內侍，也必須在從府邸門口通往會客廳的路上列隊迎接。府邸翼樓的大會客廳有著鍍金的屋頂，這個會客廳稱為花園翼樓，不僅裝飾華美，懸掛的帷幔也類似地毯。新家具、地毯與帷幔一共花了三萬第納爾。凡是能讓府邸更加美麗宏偉的花樣款式全用上了。宰相坐在禮拜毯上，後方是他的寶座，四面八方環繞著侍從，整個會客廳擠滿了文武官員。兩名使臣被引領入內，他們一路上看到大陣仗的軍隊與群眾，心中早已滿懷敬畏。

當兩名使臣進入宰相府邸時，由於府邸裡到處都有軍人，於是他們只能先坐在走廊等候。之後，他們被引領走過一段長通道，來到四邊環繞著建築物的花園，穿過花園就是會客廳，宰相在此席地而坐。宏偉的會客廳與精緻的家具，加上擠得水洩不通的賓客，構成一幅令人印象深刻的景象。使臣身邊有口譯以及治安首長帶領的大批維安人員跟隨。他們站在宰相面前，向宰相行禮致意，他們說的話由口譯加以翻譯，而宰相的回答也由口譯翻譯。使臣希望能贖回戰俘並且請求宰相協助取得穆克塔迪爾的同意。宰相告訴他們，他會在面見哈里發時商討此事，並且會根據哈里發的指示行事……使臣隨後告退，並且沿著原

來的路線返回，士兵們依然全副武裝列隊於路旁。他們穿的制服是堂皇的綢緞短上衣，合適的帽子上覆蓋著朝天的綢緞頭巾。[5]

覲見哈里發時也是同樣的排場。使臣前往皇宮的路上，兩邊依然是穿著整齊制服的士兵列隊歡迎。

他們抵達皇宮時，被帶到某個迴廊，迴廊通往某個方庭，然後他們又轉往另一個迴廊，這個迴廊又通往另一個方庭，但這個方庭比第一個方庭略大，內侍不斷引領他們穿過一個又一個的迴廊與方庭，直到他們走累了並感到困惑為止。這些迴廊與方庭都站滿了侍從與僕人。最後，他們來到會客廳，穆克塔迪爾就在這裡，大臣們按官階品秩依序站好，穆克塔迪爾高坐寶座之上，旁邊站著宰相伊本．弗拉特，擔任軍事指揮官的太監穆尼斯與其他將領則分列哈里發左右。當使臣進入會客廳時，他們親吻地面，並且依照內侍納斯爾的指示站定。然後，他們呈交主上的書信，提出贖回戰俘的要求，並且期盼獲得肯定的答覆。宰相代哈里發回覆時表示，基於對穆斯林戰俘的同情而同意這項要求，他渴望釋放這些人，在服從真主的熱忱下還他們自由……使臣告退之後，他們得到鑲金斗篷與頭巾作為賞賜，隨行的口譯也獲得類似的榮譽，而口譯也跟隨使臣一同返鄉。

每個使臣都獲贈二萬銀迪拉姆的禮物。這段敘事還提到穆尼斯從巴格達國庫取得十七萬金第納爾的鉅款作為贖金。

這段敘事的有趣之處，在於讓人一窺哈里發的角色以及對哈里發形象的操作。同樣類似的描述反覆出現在其他阿拉伯史料中，但拜占庭史料卻未見記載。在巴格達展現壯盛軍容，在皇宮舉行盛大儀式，加上隨後的公開展示，都是為了讓穆斯林民眾留下極其顯赫與哈里發大權在握的印象，也顯示哈里發對穆斯林福祉的關注。這也是對阿拔斯政權的最後一次歡呼。往後不過幾年的時間，伊本·弗拉特與哈里發相繼去世，各派系爭搶逐漸衰弱的哈里發控制權，偌大的皇宮因此淪為謀殺與作亂的場地。

第二段敘事保存了哈里發在伊斯蘭世界以外的外交紀錄，同時也是阿拉伯文學最早的第一人稱旅行紀實。[6]這段敘事描述巴格達政府外交人員伊本·法德蘭前往中亞與窩瓦河地區（位於今俄國境內）進行外交任務。一九三八年，伊本·法德蘭的記述在伊朗馬什哈德的手稿中被發現，今日他的作品被廣泛閱讀主要是因為他對羅斯人（Rus）的風俗做了罕見乃至於聳人聽聞的描述，而這段描述可能是對俄羅斯人祖先所做的最早目擊陳述。然而，這段敘事不僅是一段旅行紀錄，也是哈里發官員在哈里發權力逐漸衰微時做出的回應。除了作者在敘事中偶然提到的內容，我們對作者幾乎一無所知。伊本·法德蘭顯然是具有一定身分地位與受過一定教育的官員，但他似乎還未重要到足以在當時的一般史料留下紀錄。

這項外交任務起因於哈里發收到窩瓦保加爾人國王的來信，窩瓦保加爾人已經改信伊斯蘭教。國王公開向哈里發效忠，並且表示哈里發的名字會在保加爾主麻日傳道時獲得宣揚。國王請求哈里發派人教導他與他的臣民伊斯蘭律法以及正確的禮拜與其他儀式。他也希望得到金錢援助，好讓他能在這個只有毛氈帳篷與木屋的國家建造城堡（hisn）抵禦敵人。我們可以在當時的凱爾特、斯拉夫與斯堪地那維亞歐洲許多地方，看到一神教與石造建築的連結。國王希望得到適當的宗教與新科技，在十世紀初，這是兩項堪稱「新穎」的重要面向，至少對國王來說，哈里發是他求助的適當人選。如果是在西方基督教世界，那麼他求助的適當人選或許是教宗。

九二一年六月二十一日，巴格達朝廷決定派出使節團與探險隊。這將是一趟漫長的旅程。十一個月後，九二二年五月十二日，使節團終於抵達窩瓦河畔的保加爾國王宮廷，他們跋涉約五千公里，平均每天步行約十六公里。如果考慮到政治的不確定性與他們遭遇的冬季嚴寒氣候，這項紀錄更是令人印象深刻。他們翻越札格羅斯山脈，沿著伊朗中部沙漠北緣前往布哈拉。布哈拉是薩曼朝統治者的朝廷所在地，雖然以哈里發的名義進行統治，但實際上是獨立的統治者。他們從布哈拉出發，前往位於鹹海南端阿姆河三角洲的肥沃省分花剌子模（今日的花拉子模）。這些地方是穆斯林屯墾地與文明的前哨站，從這裡再往前，就開始步入未知之地。

旅程的第一階段相當容易，穿過伊拉克中部的農業地帶，沿著呼羅珊古道翻越山脈，抵達伊朗高原。古城雷伊（就在今日德黑蘭南方）位於南方大沙漠與北方山脈間的狹窄谷地，當他們即將抵達這座城市時，他們才感受到自己已來到哈里發權力的邊陲。雷伊與其他沿途城鎮都在什葉柴迪派伊瑪目的控制之下，這些伊瑪目的根據地位於裏海西南隅的德萊木。這些什葉派統治者不只是哈里發權力的篡奪者，他們也否認阿拔斯朝的正當性，主張阿拔斯朝的哈里發無權成為穆斯林社群的領袖。使節團成員必須隱藏自己的身分，混在商隊中前進。

當他們抵達乃沙布爾，獲得薩曼朝軍隊保護時，想必鬆了一口氣。他們繼續往東來到梅爾夫，在這裡換乘駱駝，穿越無水的沙漠前往阿姆河流域。渡過阿姆河之後，他們經過貿易城鎮佩坎特與布哈拉綠洲水源豐沛的村落，最後抵達了首都。他們踏上友善的土地。薩曼朝宰相賈伊哈尼是個學識豐富的官員，對地理學有著濃厚興趣。他為使節團安排住處，而且「派人照顧我們的日常所需，讓我們毫無匱乏」。賈伊哈尼也安排使節團覲見薩曼朝統治者納斯爾・賓・艾哈邁德。使節團發現，他是個乳臭未乾的孩子，這令伊本・法德蘭頗為驚訝。但他雖然年幼，在外交上卻受過良好訓練，毫無失禮之處。他向使節團致意，並且請他們坐下。「當你們離開時，我的主人（mawlā）信仰者統領是否無恙？願真主讓他長壽，保佑他與他的隨從以及他精神上的夥伴！」「他一切安好，」使節團回答說。他又說，「願真主為他祝福！」事情進行至此還算簡單：接下來就要切入正題，但此時就可看出在這個遙遠而重要的省分，哈里發權力顯然有其極限。

下一站是花剌子模，當地統治者是薩曼朝的封臣。他們獲得的歡迎好壞參半。一方面他們得到熱烈款待，有地方落腳歇息，但另一方面總督對於他們想與保加爾人的國王見面感到懷疑：如果有人可以代表穆斯林向這些異教徒交涉，那麼這個人也應該是布哈拉薩曼朝的統治者，而不是遙遠而實際上沒有權力的巴格達哈里發。他認為這項任務太危險，主張應該由他寫信給薩曼朝的統治者，再由他寫信請示哈里發。這顯然是拖延戰術，很可能會讓任務無法繼續進行，但伊本・法德蘭與其他同行者堅持，他們表示：「我們身上帶著信仰者統領的信函，為什麼你還需要請示？」最後，他們終於獲准前往苦寒的大草原：我們的作者畫了一幅生動的畫作，顯示他們受的酷寒與磨難，與巴格達的酷熱極為不同。

九二二年五月，當他們終於接近保加爾人國王的營地時，他們首先遇到國王兒子的儀隊，然後見到國王本人，國王下馬並且俯臥在地，向真主致謝。他們被帶往營地，分配到圓頂帳篷居住，國王為他們準備歡迎儀式。四天後，他們獲准覲見國王。他們向國王呈上兩面旗幟，代表官職的授予，此外還呈上一個馬鞍與一個黑色頭巾。伊本・法德蘭宣讀哈里發的信件，他堅持所有人都必須起立聆聽。「願你平安，」他讀道，「我代你讚揚真主，萬物非主，唯有真主。」然後他命令眾人向信仰者統領的致意回禮，他們照做了。接下來就是贈送禮品──香水、華服與珍珠，還有給王后的禮袍。保加爾人的王后此時正坐在國王身旁，這其實不符合穆斯林宮廷的禮儀。

一小時後，在國王圓頂帳篷裡還有另一場覲見儀式。國王的右手邊坐著臣屬小國的國王，使節團則坐在左手邊。國王的兒子們坐在他的前面，國王自己則坐在覆蓋著拜占庭絲綢的寶座上。接著是儀式性的餐宴，國王切下上好的肉，先給自己，然後再給賓客。接著國王舉起蜂蜜酒向他的主人信仰者統領致敬說：「願真主賜他長壽。」

伊本．法德蘭也對禮拜方式給予指示。在伊本．法德蘭到來之前，祝福國王的儀式是在主麻日禮拜時於敏拜爾（minbar，清真寺中的講壇建物）上進行，但伊本．法德蘭的建議是：「真主才是國王，只有真主才能在敏拜爾上冠上國王這個頭銜。舉例來說，你的主人，信仰者統領，他會虔誠地說道，『上帝真主，你虔誠的奴僕，哈里發伊瑪目賈法爾．穆克塔迪爾，信仰者統領』，這是在東方與西方所有敏拜爾上宣布的名號。」伊本．法德蘭也提到聖訓，先知曾說穆斯林不應該誇大他的重要性，就像基督徒誇大馬利亞之子耶穌的重要性一樣，他只是真主的奴僕與使者。

當然，國王接下來就問伊本．法德蘭，主麻日時該在講道壇上宣布什麼名號。伊本．法德蘭說，「你的名字與你父親的名字。」國王說：「但我的父親不信神。我不希望在敏拜爾上宣揚他的名字。事實上，我也不希望提到自己的名字，因為我的名字是被一個不信神的人取的。我的主人信仰者統領叫什麼名字？」

「賈法爾。」伊本．法德蘭回道。

「能不能讓我使用他的名字？」

「可以。」

「那麼，我就以賈法爾作為自己的名字，以阿卜杜拉作為我父親的名字。把這件事告訴傳道者。」

伊本．法德蘭於是依照指示，在主麻日傳道時宣示：「真主，你虔誠的奴僕賈法爾．賓．阿卜杜拉，保加爾人的統治者，他的主人是信仰者統領。」

伊斯蘭世界有許多人瞧不起穆斯塔迪爾。年輕無經驗的他無法達成阿拔斯朝祖先的成就，幾乎使得哈里發這個職位遭到世人嘲弄。然而對保加爾人的國王來說，哈里發穆斯塔迪爾卻以非常個人的方式代表了伊斯蘭世界。他的主人不是溫瑪，不是宗教學者，不是龐大的穆斯林群眾，而是哈里發本人。

阿拔斯哈里發政權的瓦解

哈里發政權的瓦解是個漫長而複雜的過程，但箇中原因值得探討。任何針對未來或今日復興的哈里發政權所做的討論，都必須解釋阿拔斯朝何以擁有龐大政治權力以及與先知家族的關係，但最終還是無法逃脫解體的命運。試圖將一個愈來愈多元的多文化伊斯蘭世界結合在單一領導體系之下，這項嘗試不僅在過去從未實現，對於任何想在未來恢復哈里發制度的人也將構成巨大而棘手的挑戰。

其中一項理由之前已經提過：哈里發與廣大穆斯林群眾愈來愈疏離。之所以如此，有部分原因是物理上的隔閡，哈里發愈來愈深居於宮牆之內，另一部分原因是意識形態的隔閡，統治菁英著手推動《古蘭經》創造說。即使這項政策後來被廢止，但哈里發與宗教領袖之間已經留下深刻而難以彌補的裂痕，而宗教領袖又是穆斯林群眾尊敬與諮詢的對象。除了上下離心，阿拔斯哈里發在十世紀上半葉也無法履行最主要的公共職責，就是捍衛伊斯蘭世界的疆界，特別是對抗拜占庭人，以及保護與領導朝聖。

此外還有其他更長期的問題。首先是伊拉克的經濟崩潰，特別是伊拉克的農業。在穆斯林征服時代，伊拉克是哈里發政權稅收最多的省分（根據我們手中僅有的數據）。伊拉克的稅收是第二富庶的省分埃及的四倍，是敘利亞與巴勒斯坦總和的五倍。到了早期伊斯蘭時代，狀況出現變化，部分是因為環境因素，如土壤逐漸鹽化與地力耗盡，部分是因為內戰頻仍與動盪不安破壞了複雜的灌溉系統，農田開始缺水。一連串的崩壞在九三五年達到高峰，伊斯蘭前時期即有的最大運河納赫拉萬，遭軍事冒險家為了短期戰術利益予以破壞，之後也未得到修復。

伊拉克稅收是阿拔斯朝支付軍隊與官員薪餉的主要來源，軍隊可以維持阿拔斯朝的權威，而官員則負責收稅。當稅收持續減少，毫無恢復的可能時，軍隊開始連續譁變，哈里發的軍隊絕大多數時間都在與國內其他敵對的軍隊作戰，並且藉此向哈里發勒索金錢。

另外一項因素某方面來說是正面的，那就是哈里發政權有愈來愈大比例的人口改信伊斯蘭教。我們可以說，哈里發政權的瓦解是伊斯蘭教普及成為人民宗教後一個不得不然的結果。要評估這個過程並不容易。可以確定的是，在阿拉伯征服之前，很多地區並不存在穆斯林。七世紀與八世紀初，改信的過程是緩慢的，但此後速度漸增，特別是在十世紀。到了一一〇〇年，在某些地方可能更早，哈里發政權人口可能已有半數是改信某個宗派的穆斯林。

這些新穆斯林大多數不是阿拉伯人。他們可能從未到過巴格達（除非他們從伊朗前往聖城朝聖，那麼就有可能經過），也從未接觸過哈里發。我們先前曾經提過，九世紀晚期統治伊朗大部分地區的薩法爾家族是穆斯林，但不是阿拉伯人。薩法爾家族效忠的對象是他們故鄉省分的穆斯林同胞，對他們而言，哈里發政權最好不要來干涉他們，而最糟的狀況是向他們收取令人惱火的賦稅。新穆斯林沒有理由支持一個對他們毫無回饋的體系。

這不是說伊斯蘭世界分裂成幾個彼此不相往來的政治單元。阿拉伯文作為宗教與哲學討論的語言而獲得廣泛使用。商人跨越疆界從事貿易，鮮少遭到政府的干涉，行政官員在地方朝廷間往來奔波，尋找更優渥的官職。就許多方面來說，溫瑪是一個聯合的共同體：只是哈里發在這個共同體裡扮演的並非重要角色。

第四章　阿拔斯朝的文化

九三二年，新任哈里發卡希爾要求大臣穆罕默德・賓・阿里・阿布迪撰寫歷史，將阿拔斯朝歷代哈里發的功勳偉業記錄下來。當時正值哈里發政權的艱困時期。穆克塔迪爾剛與自己的軍隊戰鬥而被殺，敵人開始從四面八方進逼。此時的阿拔斯朝已無法與哈倫・拉希德的全盛時期相提並論。阿布迪專精歷史，他寫下一系列簡短精采的阿拔斯哈里發傳記，並且概述時人記憶中的哈里發。這些內容由當時一流史家瑪斯悟迪蘇迪記錄下來，書名為《黃金草原》，我們因為這本書才得以了解這段歷史。[1]

哈里發卡希爾性格火爆且反覆無常，是個令人畏懼的人物，加上他酗酒無度，很快就遭到罷黜，並且被人刺瞎了雙眼。卡希爾手裡拿著矛，要求阿布迪站在他的面前，他以死為要脅，命令阿布迪寫下事實。

阿布迪首先描寫阿拔斯朝第一任哈里發薩法赫（在位時間七五〇至五四年），說他「嗜殺……但高尚的情操與慷慨彌補了這個缺點。他不斷向眾人施捨黃金」。薩法赫的繼承者曼蘇爾（在位時

間七五四至七五年）是

> 最早在阿拔斯家族與阿里家族之間播下不和種子的人（在此之前兩家一直有著共同的目標），是首位將占星術士引進宮廷的哈里發，並且根據星象來決定施政……他也是首位將外文著作翻譯成阿拉伯文的哈里發，例如 Kalīla wa Dimna〔從波斯文翻譯的著名動物寓言作品〕、Sindhind〔大概是一本關於印度的書籍〕、亞里斯多德討論邏輯學與其他主題的論文、托勒密的《天文學大成》、歐幾里得的算術論文以及其他古代作品，包括希臘、拜占庭、巴列維〔中古波斯文〕與敘利亞。一旦擁有這些作品，民眾便開始認真閱讀與研究。

根據阿布迪的說法，曼蘇爾也是第一個任命身邊的自由民與侍從擔任政府官職的統治者。他讓這些人擔任要職，地位凌駕於阿拉伯人之上。曼蘇爾的繼承人延續他的做法，阿拉伯人因此失去在此之前享有的指揮權、最高地位與榮譽。

曼蘇爾即位後潛心學術。他學習宗教與哲學思想，對於穆斯林各派別及其傳統累積深厚的見解與知識。在他統治期間，傳統教派（聖訓學派）數量增加，研究的內容也更為寬廣。

阿布迪又說：

馬赫迪（在位時間七七五至八五年）善良慷慨，性格高尚大度……他習慣在公眾面前拿個袋子，裡面裝滿金銀。他有求必應，領頭的總管奉命施捨財物給需要幫助卻不敢乞求的人……他無情地剷除異端。

阿布迪羅列在馬赫迪統治期間出現的二元論者與其他宗派，他表示，馬赫迪

率先下令神學院論戰者駁斥異端。他們提出令人信服的證明反對那些執迷不悟的敵人與推翻異端破綻百出的議論，讓真理照耀那些心生懷疑的人。他重建麥加清真寺與麥地那先知清真寺，即今日的這座清真寺，他也重建遭地震損毀的耶路撒冷。

提到哈倫．拉希德（在位時間七八六至八〇九年），阿布迪說他

謹慎履行作為朝聖者的角色和個人的奮鬪。他在通往麥加的道路上興建公共工程、水井、水槽、堡壘，也在麥加城裡的米納與阿拉法特（這兩處都是朝聖的重要地點）以及麥地那興建重要設施。他與臣民分享財富，也對他們施予公義。他鞏固對拜占庭帝國的邊防，興建城市，加強像塔爾蘇斯與阿達納這類城市的防務，讓瑪西薩與瑪拉什（這兩座城市位於

今日土耳其南部，但當時屬於邊疆地區的穆斯林城市網絡）恢復繁榮，並且興建無數軍事建築以及商隊驛站。他底下的官員以他為榜樣。民眾效法他的行為，遵循他指出的方向。錯誤被制止，真理重新顯現，伊斯蘭閃耀新的光芒，令其他族群黯然失色。哈倫．拉希德統治時期的慷慨與慈善典型是烏姆．賈法爾．祖拜達，她是賈法爾的女兒，哈里發曼蘇爾的孫女。這位公主在麥加興建無數驛站並且充實這座城市，這條朝聖之路冠上她的名字，設有水槽、水井與建築物，這些設施一直存續至今。她也在敘利亞邊境與塔爾蘇斯為旅人興建旅店並且提供資助。

作者在提到巴爾馬克家族的慷慨之後，又回頭稱頌哈倫是第一位推廣馬球、朝刺槍靶（birjās，柱子上的活動靶）射箭以及用球拍擊球等競技的哈里發。他獎勵這些運動的優秀選手，並且將這些競技推廣到民間。他也是阿拔斯朝第一位下西洋棋與雙陸棋的哈里發。他寵愛技術高超的棋手，給予他們薪俸。哈倫統治下的光輝、財富與繁榮使眾人將這個時代稱為太平盛世（Days of Marriage and Feast）。

然後敘事者被哈里發打斷，哈里發要求他多說一點跟祖拜達有關的事。「遵命，」他說道。「這位公主無論大小事都表現出高尚品格與雍容舉止，因此很快就被擢升到最尊貴的地位。」在重要大事上，阿布迪詳細描述祖拜達基於善心所興建的建築，特別是麥加的供水系統。然後他提到比較瑣碎的花費：

國王最感自豪的是……她是第一個能享用以鑲著寶石的金銀盤子盛裝菜餚的人。為了她，最好的衣物以一種稱為washī的多彩絲綢編織而成，光是其中一段，為她而設計，就要五萬金幣。她是第一個組織閹人（當然，這些人是依照個人的能力來服侍她）與女奴護衛隊的人，這些人長伴左右，執行她的命令與傳達她的意旨。她是第一個以白樺木、黑檀木與白檀木與建營帳的人，上面裝飾著以金銀打造的扣鉤，掛上了繡花絲綢、貂皮、錦緞以及紅、黃、綠、青各色絲線。她是第一個引領風潮，在拖鞋繡上寶石，用龍涎香製作蠟燭的人，這種風尚也流傳到民間。然後，喔，信仰者指揮官，當哈里發政權傳給她的兒子（阿敏，在位時間八〇九至一三年）時，他寵愛閹人，而且毫不掩飾他的偏愛，給予閹人最高的榮譽。祖拜達注意到兒子對這些閹人的特殊喜好，以及這些閹人對他的影響，於是特別選了身材曼妙面容姣好的年輕女子。她讓這些女孩纏上頭巾，讓她們穿上皇家作坊織繡的衣物，要她們效法當時年輕男子的做法，用穗狀花飾與一小撮頭髮將頭髮固定起來，並且將頭髮收攏到頸背。她讓這些女孩穿上合身寬袖的袍子（這種袍子稱為qaba），並且繫上寬腰帶以襯托她們的腰身與曲線。然後，她將這些女孩送到她的兒子阿敏那裡，當她們列隊出現在他面前時，他立刻就迷上這些女孩。他被女孩們的外貌所吸引，並且和她們一起現身公眾場合。從那時起，讓年輕女奴留短髮、穿寬袖袍子與繫腰帶便成為社會各階層追求的風尚，人稱「女侍從」。

此時，哈里發再度打斷阿布迪。「侍從，」他叫道，「倒酒，敬這些女奴！」一群年輕女孩隨即現身，她們的個子相仿，長相也像年輕男子。她們全穿著緊身外套、寬袖袍子，而且全戴著穗狀花飾。她們用一小撮頭髮將頭髮固定起來，並且繫上金銀腰帶。當哈里發舉杯時，我讚美杯子上寶石的純潔無瑕，美酒的光澤與燦爛的寶石相互輝映，我也被這些年輕女孩的美貌給迷住了。

但卡希爾手裡仍緊握著那根令人生畏的長矛。他將杯中的美酒一飲而盡，然後對我說，「繼續說下去！」

這位史家繼續說著，他很有技巧地不去談論阿敏遭到罷黜與遭到殺害的事，而是往下繼續談到阿敏的兄弟馬蒙（在位時間八一三至三三年）：

統治之初，馬蒙深受法德爾・賓・薩赫爾（他的波斯裔宰相）與其他大臣的影響。他潛心鑽研占星術。他效法薩珊朝帕帕克之子阿爾達希爾（在位時間二二四至四一年）與其他諸王的行為。他對古老的書籍充滿熱情，他勤讀這些書籍，持續研究，直到理解並且精通書中的道理……馬蒙抵達伊拉克之後，不再像過去一樣鑽研學問，他開始信仰獨一性以及威脅與應許的教義，[2]也就是穆塔奇拉派的說法。馬蒙召集神學家開會，吸引各方人士前來辯論。他從各個城市尋找法學家與博學鴻儒前來研討，並且支付他們薪水。臣民們養成哲學思辨的品味，辯論成為風尚，每個學派撰寫書籍支持自己的論點與信仰的教義。

至於馬蒙自己：

他是所有人當中最仁慈與最有耐心的。沒有人比他更能善用手中的權力，更為慷慨大方，擁有各方面的才能，同時又能充分地展現它們。大臣與官吏都兢兢業業地效法他；所有人都以他為典範，亦步亦趨地跟隨他。

最後，阿布迪簡短描述了穆塔希姆（在位時間八三三至四二年）「喜愛馬匹，在用餐上效法波斯諸王」；瓦提克（在位時間八四二至四七年）恪守宗教信仰，愛好美食；穆塔瓦基爾（在位時間八四七至六一年）「禁止研究不同的宗教意見，重建權威信仰與傳統教義。他的統治帶來幸福，他的政府穩固而健全。」而之後的哈里發，阿布迪就略而不提。

瑪斯悟迪的描述從各方面來看都十分有趣。或許最令人矚目的是主角是一名女性祖拜達，她因為從事許多善心工作而受到讚揚，但她也是宮廷風格的縮影。瑪斯悟迪也做出一些政治判斷，例如關於曼蘇爾對自由民的擢升與此舉造成的阿拉伯人地位的喪失。令人驚訝的是，在其他史料中，曼蘇爾是個絕不感情用事的政治人物，但在瑪斯悟迪筆下，曼蘇爾卻是占星術的提倡者與哲學著作翻譯的獎勵者。我們從其他史料知道馬蒙對古代文獻與古老書籍有興趣，但瑪斯悟迪卻提到馬蒙與曼蘇爾一樣都鼓勵研究宗教，例如研究《古蘭經》與先知傳統。馬赫迪積極保護信仰對抗異端，穆塔瓦基爾在先前幾任哈里發鼓吹思辨思潮之後又返歸嚴格的正統信仰，這些都顯示個別哈里發可以對穆斯林社群領袖施加強烈的影響。

阿拔斯朝的知識經濟

從七五〇年到九四五年是阿拔斯哈里發政權的全盛時期，這段時期的文化活動出現了非比尋常的爆炸性成長。在人類歷史上，幾乎找不到與這段時期同樣思想開放與多元的時代。是什麼導致了這種文化上的蓬勃發展？

讓我們先從這個時期的知識基礎建設談起。我們先前提到，大阿拉伯征服之後，歐瑪爾一世發展的行政體系隨後獲得伍麥亞朝與阿拔斯朝政府的進一步發揮，從而大型城市興起，首先是伊拉克的庫法與巴斯拉，然後是埃及的福斯塔特、突尼西亞的蓋拉萬與呼羅珊的梅爾夫。八世紀中葉之後，又增添了兩座中世紀初期最大的穆斯林城市：巴格達與哥多華。這些城市的官員與士兵都領有固定薪俸。領取薪俸意味著他們有錢可以購買日常用品、食物與衣物等等，但他們當中還有許多人也有錢購買其他物品，包括上等的紡織品、陶器與異國食物，還有書籍以及無形但十分重要的文化產物，如詩歌與先知傳統。所有這些事物全附帶有文化資本與社會聲望。

行政體系培養了一批基礎的技術人員，然後由這些人員維持行政體系的運行。眾所皆知伍麥亞哈里發阿卜杜－馬利克以阿拉伯文作為哈里發帝國全境的行政語言。推行的結果不僅產生一批能夠讀寫的世俗官僚，也帶來數學教育的需求，官員不僅需要記帳技術來處理稅捐收入，也需要幾何技術來丈量土地釐清稅賦。若不是基於政府需要，恐怕阿拉伯文或數學知識在當時不可能獲得廣泛重視。

官僚體系的日益重要，與擁有讀寫能力的民眾不斷增加同時發生。在缺乏統計數據下，我們無法評估識字率，但從九世紀巴格達文學活動的描述可以看出，當時的人把讀寫能力視為正常與理所當然，不僅思想菁英如此，連社會上各階層也如此看待。當然，為了恰當地進行穆斯林信仰儀式，民眾有閱讀與理解《古蘭經》經文的需要，這點對識字率的提升有一定影響。伍麥亞與阿拔斯朝的哈里發全都識字，不過據說好戰哈里發穆塔希姆看不懂書信，儘管如此，我們應該知道，除了阿佛烈之外，英格蘭第一位能夠讀寫的國王是愛德華一世，而那已經是十三世紀晚期的事。

廣大的閱讀人口顯然是文學史家修卡特．托拉瓦口中九世紀巴格達「作家文化」成長的必要條件，[3]但其他面向的發展對於作家文化也至關重要。其中一項發展就是紙的使用。在此之前，紙已經在中國發明與使用好幾個世紀。造紙技術傳入伊斯蘭中東的時間相當明確。十一世紀流傳的故事提到，造紙技術是七五一年怛羅斯戰役（怛羅斯位於今日的哈薩克境內）被阿拔斯軍隊俘擄的中國戰俘引進的，這場戰役也是穆斯林與中國軍隊唯一一次直接衝突。當然，歷史學家對於這麼簡單的解釋表示懷疑，但這種懷疑其實並無根據。我們知道在怛羅斯戰役之後數十年間，確實有中國戰俘在伊拉克生活，其中一名戰俘在返回故鄉後以中文寫下他在伊拉克的見聞。他沒有提到紙，但這則故事卻為這項重要的技術轉移提供合理的脈絡。

同樣重要的是，阿拔斯朝初期的社會需要嶄新且更有效率的書寫材料：如果沒有這項需求，紙的傳入不過是一項奇技淫巧。這個時期的紙張，幾乎就像十九世紀前的紙張一樣是碎布紙，也就是說，是用舊衣服製作的紙張：當時幾乎不知道有木漿紙這種東西。伊拉克的森林因為歷經數千年的砍伐，到了阿拔斯時代已所剩無幾，幸運的是，當地還有許多舊衣服。

伊斯蘭藝術史家喬納森．布魯姆提到紙的傳入對文化發展有多麼重要，因為紙可以從根本上讓書寫平民化。紙張比羊皮紙（獸皮）便宜，比莎草紙來得有效率，而在此之前莎草紙是最廣泛使用的書寫材料。紙的傳入意味著書籍的生產變得更廉價與經濟。布魯姆表示，紙的發明對書籍生產造成的轉變足以媲美印刷術對近世歐洲的影響。[4]

當時還有另一項創新，同樣也是在人需要更廉價與更快速的閱讀材料下產生，這項創新就是新書寫形式的發展。有些手稿，雖然不是全部，但絕大多數抄錄的是《古蘭經》的經文，這些手稿顯示七世紀與八世紀初的阿拉伯文書法，這種書法字體稱為庫法體。庫法體正規、嚴謹而且通常十分高雅，但書寫起來非常緩慢，每個字母都必須單獨而小心翼翼地寫成。早前未曾見過，到了十世紀初新字體確實出現了。據說最早發展這個字體的人是哈里發穆克塔迪爾的宰相伊本．穆克拉，但他的成就很可能是數十年來許多人實驗的集大成。新字體稱為納斯赫體或謄抄體，這種字體書寫起來更快速也更容易，幾乎就像一種速記，但華麗的《古蘭經》仍使用庫法體，新字體則廣泛使用於絕大多數文學作品上。

紙與新阿拉伯字體的使用讓沒有財產之人也能從事寫作。可以這麼說，阿拔斯哈里發政權統治下的巴格達是世界史上第一個讓男人或女人都能以寫作過活的社會。當然，在此之前人也會寫書，而且這樣的人不下數千，但他們多半是富人，或被金主僱用或資助，或依附於機構，例如基督教的修道院，這些機構可以給予他們寫作的空間並且保障他們的安全。九世紀，巴格達以擁有格拉勃街文化自豪，想成為作家的人可以寫作，謄抄作品，然後在書市的數百家商店販售，藉此賺錢維持生活。當時要靠寫作生活並不容易，就像今日的英國一樣，但至少存在這樣的可能。如果自己的作品銷路不好，還可以靠謄抄別人的作品度過景氣不佳的日子。

有了科技，也有了需求，在這種狀況下，阿拔斯哈里發政權的作家、詩人與藝術家生產了什麼呢？十世紀下半葉，巴格達一個名叫伊本．納迪姆的作家編纂了一本書，稱為*Fihrist*，這本書最適當的翻譯名稱是《索引》。我們不知道這是一本圖書館目錄還是書店目錄，但作者在這本書裡列出約三千五百名作者與書名，以及這些書的內容簡介。這些書籍中一定有很多是輕薄短小的作品，就像小冊子一樣，但大部頭的作品也不在少數。這些書籍涵蓋的主題類別確實令人吃驚。納迪姆把他的書單分成十章：

1. 語言與字體：書中有穆斯林與其他人的宗教經文（三十七頁）
2. 文法與辭典編纂學（五十一頁）
3. 歷史學、純文學、傳記與系譜學（七十三頁）
4. 詩歌（二十二頁）
5. 伊斯蘭教義學（四十七頁）
6. 法律與慣例（三十八頁）
7. 哲學與「古代科學」（六十二頁）
8. 故事、傳說、傳奇故事、變戲法（三十二頁）
9. 非一神教教義（三十二頁）
10. 煉金術（九頁）

書單中有伊斯蘭宗教學與阿拉伯詩歌，並不令人意外，讓人吃驚的是清單收錄的其他宗教、非阿拉伯文抄本、科學與哲學著作的數量。彷彿當時世上所有人類知識全囊括到書單之中，沒有跡象顯示有任何主題被禁止、審查或覺得應該禁止。

阿拔斯時代的詩人

詩歌是阿拔斯時代的藝術女王。伊斯蘭前蒙昧時代的偉大詩人塑造出戰士與駱駝的孤獨形象，主人翁在阿拉伯沙漠的艱困環境騎著駱駝四處奮戰並且產生了愛情故事，從那時起，詩歌便傳達了平凡度日之人的渴望。詩歌也激起文法學者與文學批評者的好奇心，他們想從詩歌尋找阿拉伯語言的起源以及更加遠古蒙昧的文法和字源。然而阿拔斯哈里發政權底下絕大多數讀者與聆聽者顯然已不住在蠻荒的沙漠，他們對駱駝的認識與熱情或許就跟我們一樣缺乏，因此阿拔斯時代的詩人走出古代與尊崇的典範，轉而歌詠他們實際參與的城市與宮廷生活。

頌詩依然是最佳的賺錢方式：對我們來說，也是最不容易欣賞的形式。虛矯而繁複的隱喻似乎僅是挖空心思、毫無真實情感的產物，目的只是為了討好哈里發與其他金主以獲得獎賞。然而，當時的人卻不是這麼想的。正如今日我們可以讚美維拉斯奎茲或哥雅為諂媚權勢者及富人而畫的肖像，因為我們認為這些畫表現出畫家絕佳的技藝，阿拔斯時代的人也是如此，他們重視頌詩，因為這些詩讓一般的比喻獲得令人驚異的新意象與微妙的變化。

狩獵詩也會讓我們許多人感到無趣，而讚賞美酒的詩，因我們嘗不到這些酒，因此這樣的詩也讓人興趣缺缺，但愛情詩經過數百年仍會讓人引起共鳴，即使經過翻譯也毫不遜色。阿拔斯朝最出名的愛情詩詩人大概就是阿布·努瓦斯，又稱「留著幾綹頭髮的父親」＊。阿布·努瓦斯活躍於哈倫·拉希德時代，在年輕王子阿敏的圈子裡尤其知名，他充滿創造力與不拘一格的詩人才華在此獲得發揮。他描寫美酒與愛情，公開讚揚這兩件事物。他以難以遏抑的熱情讚頌酒館與在酒館裡喝酒的成群年輕人。飲酒詩在當時的穆斯林社會如此受歡迎，的確是一件令人驚訝的事，但這也是一種社會自信與多元的指標，顯示飲酒詩與愛情詩若能表現得高雅機智，那麼這種挑戰性的形象也能被接受。阿布·努瓦斯呈現的是平民酒館的世界，但享受美酒也是阿拔斯宮廷文化的核心。有些哈里發，如馬赫迪，基於宗教的顧慮而滴酒不沾，但也有許多哈里發喝酒，他們認為這可以展示他們的王者風範。

阿布·努瓦斯寫女性的愛情詩，但他的作品更多是關於年輕男子與男孩的愛情詩。他的詩也不是抽象而高尚的幻想。他讚頌同性愛時毫不掩飾他的熱情，這種做法有時會讓現代讀者感到驚訝：畢竟，即使——或許特別是——到了二十一世紀初，中年男子在詩中讚賞小學男童的性吸引力，還是會被當成危險的逾矩行為，但在伊斯蘭中東，無論是阿拉伯詩還是之後的波斯詩，讚賞同性愛都是受到廣泛接受的文學形式。

阿布·努瓦斯的作品很容易掌握，因為他的詩巧妙、流利、原創而且非常受歡迎，但我們若因此認為阿布·努瓦斯是當時所有詩人與作家的典型，那就錯了。有些詩人，就像與阿布·努瓦斯同時代，有時還是他的勁敵的阿布・阿塔西亞，這些詩人極為虔誠而且致力於宗教詩的寫作；另一些詩人，如九世紀的阿布・塔馬姆，他們想出新穎而有趣的方法來讚美他們的金主，並且讚頌他們擊敗拜占庭人（以阿布・塔馬姆來說，他的資助者就是戰士哈里發穆塔希姆）。對現代讀者來說，最令他們矚目的或許是這些詩的多樣性：這些作品呈現出男性的各種生活樣貌，而無論官方或非官方，沒有人想到要檢查這些作品。虔誠的人當然不贊同某些情感被表露出來，但一般來說，這個時代沒有書籍遭到焚毀，也沒有詩人遭到囚禁與懲罰。

這個時代的詩人絕大多數是男性，但女性在文化表演上也扮演著重要角色。在各種討論詩文的聚會上，無論在家中還是公開場合，歌女（jāriya）都是獨特的存在。絕大多數的詩文都可吟唱，而歌手絕大多數都是年輕女子。我們很容易忘記詩文可以吟唱，因為當時還不存在音樂記譜的形式；所以雖然我們有數百首歌詞，但曲調卻已經亡佚。這些歌女學習與傳承音樂傳統。她們出現在無數的故事之中。她們聰明活潑，不用說，容貌也十分美麗。不只精通音樂，有時也嫻熟先知傳統與宗教學問。她們通常是奴隸，在聖城麥地那接受主人的訓練，然後被賣到巴格達，但在我們思考她們奴隸身分意義之前，我們必須先回想祖拜達（哈倫的妻子）的一則軼事，故事提到她與一名侍女的對話。「妳是奴隸還是自由人？」皇后問道。女孩回答說：「我不知道。」祖拜達回道：

＊此為阿布・努瓦斯的作品名稱。

「不，我也不知道。」歌女憑藉自己的知識與個性，成為藝術環境的主要人物。歌女是哈里宮廷文化不可或缺的一環，當哈里發政權於十世紀中葉崩解時，歌女也同時間從文化地貌上消失無蹤。

這個文學與音樂文化的豐富與多樣性，在新書寫技術的協助下，得以藉由偉大的編纂作品而重現在世人面前，這部鉅作就是《詩歌集成》。阿布－法拉甲．伊斯法哈尼（死於九六七年）著手編纂這部偉大作品，他先挑選一百首他能找到的最好的詩歌，然後以這一百首詩歌作為框架來收錄其他詩歌以及與詩歌同等重要的散文，這些散文軼事記錄了許多詩人與歌手的生活與一言一行。伊斯法哈尼的成果極為豐碩。這些藝術家的故事很不尋常，因為裡面詳細描述了非菁英的生活。出身底層，甚至於來自被放逐的社會背景的人，可以藉由自己的藝術才能而獲得名聲與財富。這類故事一直是《詩歌集成》的主題，而這也表示窮人力爭上游的故事才是這部作品的核心。伊斯法哈尼編纂作品的時間正值十世紀阿拔斯哈里發政權崩潰之後，他的《詩歌集成》某方面來說是緬懷一個即將消失的文化，但這部作品保留的豐富詩歌使我們對阿拔斯時代的世界有了精采的全景認識。

阿拔斯時代的科學家

如果詩歌是阿拔斯哈里發政權文化唯一的文學產物，那麼雖然有趣，仍不免有些局限。事實上，阿拔斯時代的文化活動朝許多不同的方向發展。這個時期最著名的一項成就是將古希臘文著作翻譯成阿拉伯文，許多思想觀念因此產生。說希臘語與寫希臘文的拜占庭人，也就是阿拉伯史料中的Rūm（羅馬人），他們當然是早期穆斯林的大敵，與拜占庭人作戰不僅是穆斯林平常且虔誠的宗教行為。然而，這不足以阻止穆斯林獲取與挪用希臘學術。穆斯林想獲得希臘學術，因為他們相信希臘學術對他們有用，穆斯林翻譯與閱讀的希臘正典幾乎完全被現代西方讀者忽略。穆斯林想獲得歐幾里得的幾何學、托勒密的天文學、蓋倫的醫學以及迪奧斯科里德斯的藥草與植物使用知識。最重要的，穆斯林想取得與運用亞里斯多德的哲學，不僅可以作為看待世界的方式，也能作為一種邏輯技術的工具箱，用來建構各種論證。

另一方面，穆斯林對古希臘詩歌毫無興趣，畢竟穆斯林自己就有許多古代詩歌。正因如此，《伊利亞德》與《奧德賽》與在此之後的希臘詩歌完全受到穆斯林的忽視。穆斯林也沒有意願碰觸希臘戲劇，他們也對歷史作品不感興趣。希羅多德的《歷史》可以告訴穆斯林許多關於古波斯人與古埃及人的事情，穆斯林在波斯波利斯看到的廢墟就是古波斯人建造的，而古埃及人則建造了金字塔，然而穆斯林卻對《歷史》一無所知。

自伍麥亞朝以降，哈里發與一些人士開始推動希臘文作品的翻譯，一般認為是曼蘇爾首開風氣，但真正開展翻譯運動的卻是哈里發馬蒙個人的熱情。馬蒙或許是本書提到的哈里發中最具有知識分子風範的一位，他建立的風尚激勵廷臣獎掖譯者與其他知識分子。朝中大臣聘僱這些人士，請他們到自家的大宅擔任家庭教師教導子女。

這個時期的史料提到一個機構，稱為智慧館＊。滿懷熱情的現代史家把智慧館當成大學的雛形，認為這是一個可以讓傑出學者安心研究、辯論並且獲得豐碩成果的學院。事實上，智慧館只是收藏書籍的圖書館。要找到從事研究的學者，必須前往資助者收容知識分子的宅邸。從這個意義來說，阿拔斯時代的巴格達有點類似啟蒙時代的倫敦與巴黎：真正研究學問的地點，是在沙龍與政府官員的書房裡，其中當然包括哈里發與私人的宅邸。

許多被翻譯為阿拉伯文的作品，原先是從希臘文翻譯成敘利亞文，敘利亞文閃語是閃語族的一支。敘利亞文是亞蘭文的書面形式，在穆斯林征服之前，亞蘭文是西亞的閃族通用語。翻譯工作絕大多數是在基督教修道院進行，這些修道院於是成為敘利亞思想活動的重鎮。藉由這種方式，這些翻譯作品其實已經過篩選。與穆斯林學者一樣，修道院修士大多的興趣也是實用性書籍。跟一般想像的不同，這些修士整體來說並不翻譯神學或信仰作品，因為他們認為拜占庭人是異端，這些人的作品不僅無用還會敗壞人心。

懂希臘文與敘利亞文的人絕大多數是基督徒，而且幾乎所有的翻譯工作都是由篤信宗教的少數人來做。讓我們以胡納因．賓．伊斯哈克（死於八七三年）為例。胡納因來自伊拉克中部位於庫法附近的城市希拉。在伊斯蘭教傳布至此前，希拉原是伊拉克基督教信仰的中心，之後，當地學術傳統依然盛行。胡納因是精通希臘文、敘利亞文與阿拉伯文的風格作家，而且因從事翻譯工作而過著優渥的生活。根據後世傳記作家的描述，我們得以一窺胡納因舒適的生活：

他每天騎馬之後都會泡澡，用水沖刷他的身體。然後他離開浴缸裹上晨衣，喝一杯葡萄酒並吃一塊餅乾，之後他會躺下來直到停止出汗為止。有時他會睡著。然後他會起身，點燃香水薰蒸他的身體，然後要求將晚餐端進來。晚餐是一隻碩大肥美的小母雞，以肉汁燉煮，配上半公斤的麵包。喝了一些肉汁與吃了雞肉和麵包之後，他會睡覺。醒來之後，他會喝下四拉特爾（大約兩公升）的陳年美酒。如果想吃水果，他會要一些敘利亞蘋果與榲桲。這是他的習慣，一直維持到他去世為止。[5]

儘管胡納因看起來優哉游哉，卻是一名偉大的翻譯工作者。他翻譯的作品汗牛充棟，而且水準極高。

翻譯希臘文作品，表示穆斯林不是只被動地接受另一種文化，這些作品在伊斯蘭世界也激起一波新的研究與討論。希臘哲學啟發了人稱「阿拉伯人的哲學家」的雅庫布・賓・伊斯哈克・肯迪。與在阿拔斯宮廷工作的許多學者不同，肯迪是一名出身貝都因古老貴族世系的阿拉伯人，但他終身都在巴格達度過，而且是馬蒙、穆塔希姆與瓦提克幾位哈里發的宮廷常客。肯迪也擁有藏書豐富的私人圖書館，這是他快樂與自豪的泉源，直到被他的思想對手穆薩氏族煽動而遭沒收充公，但最終

＊常見翻譯為智豐宮，但此為一個機構。

這些書籍還是歸還給他。肯迪雖然不是翻譯家，卻是第一位運用亞里斯多德作品創作出以阿拉伯文撰寫的伊斯蘭哲學論文的人。他也是第一位試圖調和信仰與邏輯考證的人。

這些涉及穆斯林教義的做法，引發社會上比較保守的分子的懷疑與敵視，哲學家與傳統主義者之間因此持續出現爭論，後者認為眾人應該接受《古蘭經》與先知行誼的教導，不應有任何懷疑。這些爭議非常類似十二世紀法國激進而浮誇的哲學家彼得・阿伯拉爾與他的對手嚴厲而武斷的聖伯納之間的討論。從這兩個例子來看，這並非信徒與無神論者之間有關宗教真理的爭論，而是如何理解與考察宗教觀念的問題。對於九世紀巴格達與十二世紀巴黎的哲學家來說，理想的狀況是「信仰尋求理解」（fides quaerens intellectum），而在這兩個例子裡，哲學家的想法違逆了那些相信調查神聖奧祕可能導致異端與不信神的人。只要像馬蒙與瓦提克這樣的哈里發還在位，肯迪以及想法和他類似的人就會受到宮廷的保護。但到了八四七年穆塔瓦基爾登基之後，他回歸嚴格的正統教義，尋求傳統主義者的支持，哲學家的影響力自此衰減。

面對這樣的敵視，阿拉伯哲學傳統依然存續了數百年。在安達魯斯，穆瓦希德朝的哈里發時代，偉大的伊本・魯戍德（死於一一九八年）開啟最後一次有關正典的原創討論。阿拉伯哲學最終還是能在喪失哈里發的支持下存續下來，但是，少了九世紀哈里發宮廷最初的保護與支持，阿拉伯哲學不可能像過去一樣發展與成熟。這種對新觀念開放與樂於接受新觀念的態度才是最根本的。

哈里發馬蒙顯然對自然與實驗科學有著真正的興趣。關於這一點，可以從他計畫測量地球周長的故事看出。毫無疑問，地球是圓的：在九世紀的巴格達，每個受過教育的人都知道這點。但沒有人知道地球有多大，馬蒙決心找出答案。他知道古希臘人曾經估算地球的周長是三萬八千公里，他想確定這個數字是否準確。他要求他的科學總顧問巴努．穆薩氏族進行調查。根據伊本．哈利康的記載：

他們調查哪裡可以有平坦的平原，有人告訴他們辛賈爾（位於伊拉克西北部）沙漠跟庫法周圍的鄉野一樣完全平坦。他們率領一批人前往，這些人的意見深受馬蒙信任，而他們對這個地區的知識也值得信賴。他們動身前往辛賈爾並且來到沙漠之中。他們在某個地點停下，用某種儀器測量北極星的高度。他們在土裡釘了一根木樁，並且在木樁綁了一條長長的繩索。他們朝正北走，盡可能避免偏左或偏右。當繩索用盡，他們會在土裡再釘一根木樁，然後又在上面綁上繩索，跟先前一樣拉著繩索繼續朝北走，直到他們抵達一個地點，北極星的高度已經上升一度為止。然後他們利用繩索測量他們行經的地面距離。長度是一〇七公里。然後，他們回到他們釘第一根木樁的位置，接下來改成往南走，就像他們之前往北走一樣，他們釘下木樁綁上繩索。而當他們跟往北走一樣用盡所有的繩索時，他們測量北極星的高度，發現比第一次觀察低了一度。這證明他們的計算是正確的，他們的測量取得了成果。

凡是懂天文學的人都知道，這個結果真實無誤。眾所皆知，整個天空的度數是三百六十度，而天空被分隔成十二個星座，每個星座三十度。這樣總數就是三百六十度。他們於是將天空的度數乘以一〇七，也就是每一度的長度，總數是三萬八千六百公里。這是確實的而且毫無疑問。

然後穆薩氏族回去稟報馬蒙，說他們完成測量，結果與馬蒙在古書看到的完全吻合。馬蒙希望在另一個地點進行確認，於是他派他們到庫法地區，重複一次他們先前在辛賈爾做的事。他們發現兩次計算吻合，馬蒙承認古人對於這個問題提出的看法確屬事實。6

這段敘述顯示哈里發圈子裡的知識分子對古人的尊重程度，這些古人的作品現在已有新的譯本可供今人閱讀。但知識分子的敬意不是毫無批判性，他們需要檢驗他們閱讀的東西，而非被古人的權威所震懾。我們也看到他們投入心力於實際的科學方法、陳述假說與運用實驗證據來證明假說，而或許最讓人印象深刻的是，他們也致力於確保實驗能夠重複進行，先是在相同的地方，然後在完全不同的地方。這一切顯示了一個真正的科學取向，這在後古典與前現代時期是絕無僅有的。

宗教學與歷史寫作

阿拔斯哈里發政權多產的文學風氣，表現出許多不同的面向。對九世紀許多巴格達人來說，包括知識分子與平民，最重要的作品或許是先知傳統的結集，在巴格達無數的集會中，先知傳統一直是聚集討論的主題。伊斯蘭世界各方人士齊聚巴格達，聆聽大師解釋與獲得嶄新而罕見的資料。在此同時，新興法學派的領袖，如艾哈邁德・賓・罕百里，也授課與寫作。某方面來說，這種活動是哈里發政府體系造成的結果。沒有財政上的刺激與大城巴格達的發展，這些圈子與聚會絕不可能出現。然而，從另一個角度來說，伊斯蘭學術並不是在九世紀的阿拔斯宮廷發展起來的，事實上，朝廷與伊斯蘭學者在許多方面存在著衝突。詩與科學可以在阿拔斯宮廷以及富裕而大權在握的大臣家中欣欣向榮，但先知傳統的討論卻不行。這些宗教研究是在清真寺與私人家中傳授，而非宮廷。

阿拔斯宮廷文化也鼓勵歷史寫作，不過還是一樣，歷史寫作絕大多數發展於遠離宮廷的書房與圖書館。當時最偉大的大師是阿布・賈法爾・塔巴里（死於九二三年）。塔巴里的祖先是來自裏海南岸塔巴里斯坦（他因此姓塔巴里）的波斯人。他年輕的時候就到巴格達學習，往後的人生絕大多數時間都在這裡度過。塔巴里似乎過著禁欲的單身生活（沒有提到任何近親），他靠著家鄉塔巴里斯坦的家族地產租金維持生計，每年朝聖者前往聖城途中經過巴格達時會將租金帶來給他。儘管他有波斯血統，但他完全用阿拉伯文寫作。他的《先知與國王的歷史》蒐羅大量伊斯蘭前時代與伊斯蘭時期的史料，幾乎可以說是一人圖書館。這部作品的英譯本有三十八冊，每一冊都超過二百五十頁。不僅如此，塔巴里還寫了《古蘭經》的注，分量幾乎跟《先知與國王的歷史》等同。

塔巴里的經濟獨立意味著他不是宮廷史家，而且也沒有紀錄顯示他曾與當時任何一位哈里發見過面或參加他們的宮廷。塔巴里不主動批評在朝者，但他卻詳實記錄一些可恥的事件，如哈里發曼蘇爾處死阿布・穆斯林，或一些原本可以避免的災難，如八〇九年哈倫・拉希德死後引發的內戰。塔巴里也使用了什葉派聖潔者的穆罕默德的傳記，穆罕默德於七六二年起兵反對阿拔斯朝的統治，這本傳記對叛軍採取十分同情的態度。此外，也沒有證據顯示塔巴里詆毀遭阿拔斯朝推翻的伍麥亞朝。簡言之，沒有證據顯示塔巴里寫作時迎合宮廷，他也未遭受任何文字檢查。塔巴里有自己的先入之見——厭惡群眾叛亂與暴動，也厭惡極端的宗教觀點，但他的偏見本質上屬於當時巴格達虔誠資產階級的立場。

在他的歷史作品的後半段，塔巴里確實使用了也許可以稱之為官方歷史的資料。這反映了阿拔斯哈里發的政策，他們急於對外宣揚自己身為伊斯蘭軍事支持者的角色。戰士哈里發穆塔希姆似乎曾經委託撰寫他對拜占庭人發動的戰役，內容務求長篇而詳細，特別是八三三年劫掠阿莫里翁，以及他的將領在伊朗北部對抗非穆斯林叛軍的戰役。後來，哈里發穆塔迪德要求他在伊拉克南部對抗贊吉叛軍的戰役也要以同樣詳實而長篇的內容記錄下來。我們也知道，在九世紀後期，將領與各省總督會在信件中描述擊敗叛軍，這些信件會在主麻日禮拜時在清真寺宣讀，塔巴里的大作也使用了裡頭一些書信。總而言之，塔巴里的歷史作品涵蓋了許多面向，反映了他所描寫的社會的多樣性，在這個社會裡，哈里發政府不會試圖去控制或要求知識分子撰寫的內容。

這個時期的歷史作品帶有濃厚的人文主義氣息，也就是說，這些歷史作品在描述事件時，認為事件主要是由人引發，人的性格極具關鍵，而歷史作品也會描述主要歷史人物的缺陷與優點。歷史作品在描述人類事務時，很少提到神的直接干涉。當然，這些歷史作品承認真主會保護一些有德行的人，同樣地，真主也會懲罰一些邪惡的人，但真正決定是否為善為惡的還是人類自己。統治者是好是壞，其衡量的尺度很少依據嚴格的虔誠標準，唯有伍麥亞哈里發歐瑪爾二世被認為是追求宗教目的的統治者，但他在位時間太短，未能產生任何成果。一個好統治者應有的特質是捍衛伊斯蘭教與保護穆斯林、擁有智慧與遠見、行事節制謹慎以及公正地對待每一個人。哈里發與其他統治者無法做到，因為他們犯了愚蠢、虛榮與傲慢的錯誤。這樣的價值衡量，不僅其他人，莎士比亞更是絕對會接受。

哈里發政權下文化的兼容並蓄

哈里發政權下文化活動的一個重要面向就是兼容並蓄。阿拔斯哈里發是一個穆斯林色彩濃厚的政治體；哈里發政權由穆斯林統治，而我們之前提過，哈里發是真主在人世的代表。同時，哈里發政權對於宗教差異十分寬容，幾乎沒有證據顯示他們苛待非穆斯林人口。巴格達城建立時就被當成穆斯林王朝的首都，巴格達的官方名稱「和平之城」顯示了伊斯蘭認同。但是，在這座新城市裡也發展出基督教社群。他們建造教堂與修道院，似乎沒有人妨礙他們。帝國內各基督教教堂的階序都獲得哈里發的承認。一名東方教會牧首提摩太定期進宮覲見哈里發馬赫迪。信仰基督教的行政官員依然可以擔任高級官僚，但人數遠不及穆斯林，而我們之前也提過，基督徒在將希臘文翻譯成阿拉伯文的工作上舉足輕重。

整體而言，教堂與猶太會堂都受到尊重，很少有記載提到有人蓄意攻擊這些崇拜場所。大馬士革的主教座堂被伍麥亞哈里發瓦利德拆除，但這是因為瓦利德想在主教座堂的所在地建造（至今仍存在）清真寺，而基督徒也獲得鉅額現金賠償，同時瓦利德也修復了七十年前穆斯林最初征服時破壞的幾座教堂。埃德薩（今日的烏爾法，位於土耳其南部）的大主教座堂遭到破壞，一些大理石柱子被拿去建造清真寺。在巴格達，我們聽說教堂被暴民攻擊，但這屬於一般民眾的騷亂，而非哈里發政權政策造成的。

沒有人試圖接收或摧毀教堂，同樣地，祆教的拜火神殿也持續存在於伊朗南部法爾斯地區。十世紀時，仍有大量祆教徒在此進行禮拜。事實上，也有一些穆斯林十分重視這些拜火神殿，因為拜火神殿永恆之火產生的古老煤灰可以製作最黑與保存最久的墨水。十一世紀之後，絕大多數拜火神殿都遭到廢棄，因為改信伊斯蘭教的人數增加，意味著拜火神殿再也無法吸引到信眾，但官方並未採取行動關閉這些神殿。

古典時代已經廢棄的神廟或紀念碑經常獲得讚美，雖然這些建築物也可能被當成建材的來源，但它們被摧毀並不是出於意識形態因素。塔巴里針對這些情形記錄了一段有趣的討論，據說這是發生在哈里發曼蘇爾與他的波斯顧問哈立德．巴爾馬克之間的對話，哈立德是負責巴格達建築工作的成員。曼蘇爾建議把附近薩珊波斯國王的舊都泰西封的巨大磚造宮殿拆除，用這些碎石來營建他的新都。哈立德回答說：「喔，信仰者統領，我不認為這是個好主意。」哈里發問他原因，他說：「伊斯蘭為證，奉行伊斯蘭的人深信，百姓雖然各有信仰，但能掃滅不信真主之人的不是此世的力量，而是真主的力量。」哈里發認為哈立德的說法有誤，而且認為哈立德是基於自己的波斯血統才說這種話。

曼蘇爾下令拆除宮殿與附屬部分，但不久就發現，拆除與運送建材的費用遠高於原地翻修。當他再次詢問哈立德該怎麼做時，哈立德認為哈里發必須完成拆除工作，否則民眾會認為他半途而廢。但哈里發再次不聽建言，偉大的泰西封拱門因此得以屹立至今。

我們不能錯誤地以為阿拔斯時代是個平等社會，不同信仰的人可以像一般百姓一樣共同生活。基督徒、猶太人與其他非穆斯林宗教少數族群在幾個方面屬於次等民眾，他們不許攜帶武器或騎馬，至少理論上是如此，這兩項是公眾地位的表徵。在此同時，他們參與了社會的經濟與思想生活，他們的文化貢獻獲得了承認與讚揚，他們成為阿拔斯哈里發政權充滿朝氣的文化融合的重要部分。

記憶中的阿拔斯文化

阿拔斯宮廷文化的輝煌記憶，即使到了衰頹的時代，依然在眾人心中迴盪。當時人物的性格與言行在往後數百年仍是阿拉伯作家與思想家的智識腹地。一個有趣的例子是伊本．薩伊的《哈里發的后妃》。伊本．薩伊（死於一二七六年）生活於巴格達，一二五八年，當蒙古人攻陷巴格達而阿拔斯哈里發被處死時，薩伊實際上人也在城內。他在這場劫難中存活下來，而且還很長壽。《哈里發的后妃》應該是在巴格達被攻陷前寫下的，內容涵蓋三十八則短篇傳記，有些傳記只有短短數行，描述的是哈里發的女性伴侶，表揚她們的機智、財富與虔誠。薩伊撰寫的故事一直到他生活的年代為止，他想呈現當代（十三世紀）阿拔斯宮廷中那些了不起的女性確實繼承了偉大傳統，然而與他同時代的女性雖然過著有德行與樸實的生活，卻只能使用散文。唯有早期阿拔斯時代的女性才有那份才氣與機智，能寫出優美的詩歌。

書中有許多令人難忘的人物，但一開始先讓我們聽聽馬赫布巴的故事，她是哈里發穆塔瓦基爾的愛人。大臣向哈里發獻上四百名女奴，馬赫布巴只是其中之一，但「在穆塔瓦基爾眼中，她卻超越所有的人」。馬赫布巴以機智與即刻應答聞名。一名大臣說了以下的故事：

有一回，穆塔瓦基爾正在飲酒，我隨侍在側。穆塔瓦基爾拿了一顆蘋果給馬赫布巴，蘋果上還噴了麝香。馬赫布巴親吻蘋果，然後告退。之後她底下一名女奴拿著一張紙條交給穆塔瓦基爾。穆塔瓦基爾讀了之後笑了，他把紙條拿給我看。上面是這麼寫的：

「你芬芳的蘋果我帶在身上
你在我身上點燃狂喜的火焰
我哭泣流淚埋怨自己的病症
也哭訴自己痛切的悲傷。
如果蘋果會哭泣，那麼我拿的這顆
將留下惋惜的眼淚
如果你不知道我的靈魂受的苦，
看啊，以我的身體為證。
如果你注視它就能發現，
沒有人能耐得住這樣的苦。」

這首詩配上音樂，成為一首膾炙人口的歌曲。

這名大臣想起另一個場合。

哈里發說：「我去拜訪女詩人卡比哈[7]，發現她用麝香在臉頰上寫下我的名字。我發誓，阿里〔宮廷詩人，坐在哈里發身旁〕，她雪白臉頰上的黑色條紋，那真是我這輩子見過最美的事物。你就以此為題寫一首詩吧！」

馬赫布巴當時就坐在布簾後面聽我們說話，就在等待取來墨水、紙張讓阿里寫下詩句的這段時間，馬赫布巴已經即席想出以下詩句：

「她用麝香將『賈法爾』[8]寫在自己的臉頰上
麝香留下的條紋多麼可愛！
在她的臉上，她只寫了一行字，
但她刺傷更多的卻是我的心。
誰能救得了一個被奴隸宰制的主人，
他的內心卑躬屈膝，但任誰都能看出，
賈法爾祕而不宣的渴望
願他能從你的嘴脣得償所願。」

阿里被這樣搶了風頭，一時驚訝得說不出話來。

另一則故事，也是同一個大臣說的，我們聽到：

穆塔瓦基爾與馬赫布巴爭吵，他發現跟她分開是很困難的事。最後，這對戀人還是和好了。當他們分開時，我去見穆塔瓦基爾。他告訴我他做了一個夢，夢見他們兩人復合了，於是他召來僕人，告訴他：「過去看看她怎麼樣以及她在做什麼。」僕人回來後告訴他，她剛才正在唱歌。

「我在生她的氣，那個女人居然有心情唱歌？」他對我說，「走，我們去看看她都在唱些什麼。」

我們前往她的寢室，以下就是她唱的內容：

「我在皇宮中徘徊，但什麼人也沒見到，
　看起來不會有人聽我訴苦。
　我覺得自己彷彿犯了罪，
一個我能悔改，但永遠無法挽回的罪。

有人願意為我向國王懇求嗎
當他進入夢中，誰能排解我倆的爭吵？
然而當天已破曉，太陽升起，
他再度拋下我，留我孤單一人。」

穆塔瓦基爾顯然深受感動。馬赫布巴發現他在那裡，於是走出房間，我趕緊退到一旁。她告訴穆塔瓦基爾，她做了一個夢，夢裡他來找她，兩人和好了。她因此做了這首詩，譜上曲子並且歌唱。穆塔瓦基爾很感動，他決定留下來跟她一起喝酒。馬赫布巴再三要求穆塔瓦基爾好好獎賞我。

然而麝香與醇酒的美好時光乍然中止，八六一年，哈里發遇刺身亡。馬赫布巴雖然美麗、智慧與擁有財富，但她終究是奴隸。穆塔瓦基爾被殺後，他的奴隸被平分，馬赫布巴歸突厥軍人瓦西夫所有，這個人參與了陰謀刺殺哈里發的行動。

大臣繼續說道：

某天早上，瓦西夫正在喝酒，他下令將穆塔瓦基爾的奴隸帶到他的面前。她們抵達時，每個人都打扮得花枝招展，化妝、噴上香水、穿上色彩明亮的衣服、戴上首飾，只有馬赫布巴穿著白色喪服，脂粉不施。奴隸們唱歌、喝酒，每個人都很盡興，瓦西夫也是。興高采烈的瓦西夫於是命令馬赫布巴唱歌。馬赫布巴拿起魯特琴，一邊啜泣一邊唱道：

「活著對我來說還有什麼甜蜜
當我再也看不到賈法爾？
我親眼看見國王
遭到殺害，滾落到塵土之中。
病人與悲傷之人
他們終能獲得治療與安慰；
但馬赫布巴不是——
如果她看到有人兜售死亡
她會傾囊買下
並且與他在墓中團聚。
對喪失至親之人來說

死去要比活著更甜蜜。」

這首歌吐露了馬赫布巴的心意。瓦西夫在盛怒之下，打算殺死馬赫布巴，此時另一名突厥軍人布格哈剛好在場，他說道：「把她交給我！」布格哈帶走她，給她自由，允許她到任何她想去的地方生活。她離開薩瑪拉，回到巴格達，就此隱遁在城市中，最後悲傷而死。願真主憐憫她，為她竭誠跟隨所愛的主人而獎賞她。

這則故事從各方面看都相當耐人尋味。在燦爛的宮廷文化中，機智與傑出的詩才是通往成功的晉身階；女性的角色，無論公主或奴隸，對宮廷生活的影響雖然短暫卻很重要；四百年後作者寫下的動人墓誌銘，讓人留下鮮明的記憶與辛酸的感受。

阿拔斯朝極盛時期的宮廷文化，有著無與倫比的多樣性，同時也獲得巨大的成功。它讓許多擁有不同才能、來自不同背景的人，能在這裡獲得充分發展。神學領域與《古蘭經》創造說的爭議，我們先前提過，這些爭議不光是思想觀點的不同，也牽涉到政治，但除了這些東西之外，官方並未對其他領域設下應當遵循的界線，也未對其他事物進行檢查監督。正是這種文化蘊涵的純粹活力與多樣性，使阿拔斯哈里發政權成為如此激勵人心且強盛的典範。

然而，儘管阿拔斯文化曾經如此燦爛輝煌，卻很少得到現代人的共鳴，不僅穆斯林社群如此，非穆斯林社群更是如此。在一個被視覺影像支配的世界裡，阿拔斯朝基本上沒有任何素材可以提供。阿拔斯朝治下的巴格達未留下任何遺跡與詳細描述，這意味著我們只能靠想像力來重建。薩瑪拉偉大宮殿的輪廓只能在伊拉克中部的塵土與礫石中繪製，建造這些宮殿所用的泥磚早已瓦解成最初的泥土，至於覆蓋與美化牆壁的灰泥、鑲嵌畫與壁畫則只有極少的部分留存下來。史料持續提到的華美絲綢與錯綜複雜的地毯圖樣，也消失得無影無蹤。曾有大量書籍被製作與閱讀，卻沒有繪有插圖的手稿保留哈里發宮廷的樣貌。伍麥亞哈里發在敘利亞沙漠留下石砌宮殿，至今仍讓我們讚嘆不已。書籍圖畫顯示的中世紀晚期伊朗宮廷，讓人對當時的宮廷生活產生聯想，而鄂圖曼人留下的不只是宮廷生活圖像，還有宮廷與後宮生活往來的宏偉宮殿。然而，這道難以跨越的鴻溝不應該讓我們無視這樣的事實，那就是阿拔斯哈里發的宮廷確實是當時世界上最重要與最富有的文化中心。

第五章 阿拔斯朝後期

布伊朝控制下的哈里發

九四五年之後，布伊朝控制巴格達，阿拔斯哈里發政權的行政體系幾乎完全崩解，有兩個世代的時間完全停擺，許多人因此把阿拔斯政府當成毫無關聯的古代遺跡。歷任哈里發依然住在底格里斯河畔的哈里發皇宮裡，但皇宮絕大部分已成廢墟，哈里發的權威也僅限於高牆之內。哈里發沒有宰相幫他處理國政，因為他已無國政需要處理，他沒有稅金（dīwān）來供養行政官員，因為他底下根本沒有官員，他沒有軍營來容納士兵，因為士兵都已投靠其他主人。他有一名書記與數量堪用的宮廷僕役，他擁有榮銜與古老的家族世系，這就是他的全部。哈里發連自己的人身安全都無法確保：九四四年，穆塔基遭到罷黜而且被刺瞎雙眼，九四九年，穆斯塔克菲被殺，這是他們惹惱軍事「保護者」的結果。

布伊朝完全是哈里發政權世界的外來者。他們來自沒沒無聞的部族，直到十世紀初為止，布伊家族一直是裏海岸邊的漁民。憑藉著膽識與能力，布伊家族利用哈里發政權崩潰的機會，在九四五年成為伊朗西部、伊拉克與巴格達的主人，連阿拔斯的哈里發也向他們俯首稱臣。布伊朝的統治中心設在西菈子、雷伊與巴格達，巴格達人口也許不一定最多，卻是最有威望的首都。布伊朝信奉什葉派，但他們屬於什葉派的哪個教派則不大清楚。這表示他們不像當時其他政治人物與將領一樣對阿拔斯朝懷有敬意。對他們來說，推翻阿拔斯朝與擁戴阿里家族擔任哈里發是再自然不過的事。但他們並沒有這麼做，部分是因為他們選擇的人選在建立權威與獲得民心之後，很可能取代他們的地位，最後甚至會除掉他們。相反地，讓阿拔斯朝繼續存在，反而符合他們的利益。這樣不僅能吸引非什葉派人口支持他們，也能使他們取得建國的正當性。他們以 dawla（國家或政權，指阿拔斯朝）的支持者自居來進行統治，並且取得魯肯．道拉（意思是政權的支柱）與阿杜德．道拉（意思是政權的支持者）等頭銜。每個人都知道這種做法只是客套，因為即使在巴格達也是由布伊朝發號施令，但這種做法卻能達成布伊朝的目的。九六九年，當法蒂瑪朝征服埃及時，布伊朝並不急著與他們締結什葉派同盟，反而繼續以阿拔斯朝的保護者自居。

儘管哈里發已無實權，但在某些場合對布伊統治者依然有用。九八〇年，當開羅的敵對勢力法蒂瑪朝的哈里發派大使前來拜見阿杜德．道拉（也就是當時巴格達的統治者）時，布伊家族為了讓大使留下深刻的印象，特別讓哈里發塔伊出席。大使在引導下，從密密麻麻的軍隊行列中間通過，前去覲見隱藏在紗幕之後的哈里發。當紗幕升起，可以看到哈里發高坐在寶座之上，旁邊圍繞著一百名身穿華麗袍服手持出鞘寶劍的衛兵。哈里發穿著先知的斗篷，手裡拿著權杖。他的面前展示著歐斯曼的《古蘭經》。當大使問這位是誰時，阿杜德．道拉回道，「這位是真主在人世的哈里發。」明確地指責法蒂瑪朝並非正統。阿杜德．道拉大張旗鼓地顯示自己對哈里發的尊敬，居然俯身親吻哈里發的腳，然後再正式被哈里發任命他已經擔任的官職：「除了我個人與私人的財產，我委託你治理真主交付給我在東方與在西方的所有臣民。你願意擔起治理他們的重責大任嗎？」布伊家族謙遜地回道：「真主協助我服從我的主人信仰者統領。」這場儀式的最後是哈里發授予榮譽袍服。[1]阿杜德．道拉故意在眾人面前向哈里發表示尊崇，每個人都知道這是在裝模作樣，但阿拔斯哈里發很快就開始取得新穎而重要的角色，成為巴格達順尼派社群以及廣大伊斯蘭世界的領袖。

在這個時期，巴格達出現了重大發展，與今日有著明顯而令人不安的相似之處。九〇〇年，順尼派與什葉派社群並非截然二分。當時當然存在著少數熱情甚至狂熱到願意犧牲生命的先知家族支持者，但絕大多數穆斯林並非如此，他們都是廣泛共識下的穆斯林社群成員。十世紀時政府的垮台，造成時局動盪，民眾開始尋求看法相近之人的保護。過去只是宗教意見不同，現在卻擴展成政治生活的差異。巴格達劃分出好幾個教派社群，每個社群都劃界自守。什葉派在自己的清真寺進行禮拜，而且發展專屬的節慶，特別是胡姆池慶典，這座池塘位於麥加與麥地那之間，什葉派相信，穆罕默德曾在這裡指定阿里為繼承人。什葉派的對手，我們可以稱為初始順尼派，為了跟什葉派較勁，他們也發展自己的洞穴慶典，穆罕默德與阿布．巴克爾曾為了躲避麥加人的迫害而躲入洞穴。

塗鴉藝術家在牆上寫下標語，咒罵一些早期的哈里發。絕大多數巴格達人可以接受咒罵敘利亞伍麥亞的穆阿維亞，但當咒罵的對象擴大到歐斯曼，甚至更糟的是，延燒到阿布・巴克爾與歐瑪爾（剝奪了阿里的正當繼承權）身上時，憤怒隨即發展成暴力。

布伊朝介入民眾之間的異議，他們通常支持什葉派，藉此動員民眾力量來對抗他們的敵人，而他們的敵人也轉而尋求阿拔斯朝的領導。九八三年，布伊朝最偉大的君主阿杜德・道拉去世，他生前以鐵腕統治巴格達，任何地區出現暴力，他會毫不留情地予以鎮壓：有一次，他將阿里什葉派的領袖與擁護阿拔斯派的領袖一起淹死在底格里斯河，顯示他是公正無私、嚴格執法的人。

阿杜德・道拉死後，繼承者彼此爭鬥奪取繼承權。當布伊朝有繼承權的人因戰爭而彼此削弱力量，還引發財政問題時，布伊朝與阿拔斯朝哈里發之間的平衡開始慢慢出現變化。布伊朝愈來愈需要巴格達的支持，而阿拔斯朝有時能給予協助，哈里發也有愈來愈多的機會公開採取行動。

重新改造的阿拔斯哈里發

九九一年年底，阿拔斯哈里發塔伊接見巴格達新統治者巴哈・道拉。哈里發佩戴典禮用的佩劍，坐在寶座上。布伊朝的統治者趨前，依照禮節，他必須在哈里發面前叩頭，之後在哈里發的允許下坐到哈里發身旁：儘管布伊朝的統治者大權在握，但理論上他仍是阿拔斯朝的臣僕。接下來發生的事肯定讓哈里發料想不到。布伊朝的士兵靠近哈里發，但他們不是來向哈里發叩頭，而是抓住他的劍帶，然後將他從寶座上拉了下來，並且把他當成犯人送往「總督府」（Dār al-Mamlaka），也就是布伊朝在巴格達的權力中心。巴哈．道拉在總督府宣布罷黜塔伊，改由塔伊的堂弟卡迪爾擔任新哈里發，當時卡迪爾正在伊拉克南部邊界避難。

這是對阿拔斯朝公然明確的羞辱（儘管這位被罷黜的哈里發比他的前任幸運，他的前任不是被刺瞎雙眼就是遭到謀殺）。然而，即使當時沒有人看出這件事的意義，但此事卻標誌了哈里發政權的新起點。

有些描述相當詳細，裡面提到卡迪爾如何獲得接受成為哈里發。宣誓效忠的方式有兩種：第一種是阿拔斯家族與哈里發家族成員的私下宣誓（bay'at al-khāssa）；第二種是在一般大眾面前進行公開宣誓（bay'at al-āmma）。接下來的儀式是新任哈里發與他的布伊保護者相互宣示效忠。此外還締結家族協定，巴哈．道拉的女兒將嫁給新任哈里發，不過最後她卻在婚禮前去世。這類聯姻在這個時代日趨重要，外來者建立的王朝如布伊朝與之後的塞爾柱朝可以藉由這種方式與古萊什部族以及阿拔斯朝的家系連結。

在主麻日講道與鑄幣上提到哈里發的名字，在民眾眼裡，這是對哈里發地位的進一步承認。在伍麥亞與阿拔斯哈里發大權在握的時代，這些象徵或多或少被視為理所當然，但到了十世紀末，這些象徵經常引起爭議，因此變得更加重要。然而，駐紮在巴格達的布伊軍隊再次顯示當時的士兵如何野蠻地回應他們的統治者，他們要求除非每個士兵能拿到八十迪拉姆，否則他們不允許在主麻日講道時提到卡迪爾的名字。

雖然講道與鑄幣是哈里發在巴格達以外與巴格達鄰近地區是否被接受的重要指標，但可以料想的是，在什葉派法蒂瑪朝統治的敘利亞與埃及，他們用自己的講道與鑄幣來宣揚自己的哈里發頭銜，這些地區顯然不會向阿拔斯哈里發效忠。伊朗的狀況更加複雜，有些人，特別是布伊家族的其他成員，他們甚至憎恨巴哈・道拉以高壓手段對待前任哈里發。但到了一〇〇〇年，卡迪爾的名字幾乎已獲得舉世承認。一〇〇一年，卡迪爾的兒子被公開承認為繼承人，卡迪爾的地位因此更加鞏固。

錢幣上有哈里發的名字，這對史家來說是非常珍貴的證據。史家可能搞錯發生在很久之前的複雜事件，相較之下，標有年代的錢幣上的刻文則是較為可信的依據。研究這些錢幣，我們可以追溯哈里發獲得承認的程度，並且找出有哪些地方統治者承認他。

那麼，錢幣的刻文究竟顯示哈里發有多少真實權力？從卡迪爾到阿拔斯末代哈里發穆斯塔西姆去世（一二五八年死於蒙古人之手），哈里發在兩方面行使有限的權力。一是，哈里發是順尼派穆斯林社群的領袖，雖然地位模糊且沒有明確界定，但仍具有關鍵意義。絕大多數思想家相信，哈里發的存在可以維護伊斯蘭法與真伊斯蘭教。某方面來說，哈里發有點像十二伊瑪目派隱遁的第十二任伊瑪目，雖然沒有權力，卻是真伊斯蘭教實踐不可或缺的一環，差別只在於哈里發是活生生的人類。從另一方面來說，後期的阿拔斯朝是伊拉克中部一個親王國的統治者，首都是巴格達，在大美索不達米亞的區域政治中逐漸變得舉足輕重，並且在哈里發納希爾（在位時間一一八〇至一二二五）的漫長統治中達到極盛。

卡迪爾可以行使實際權力的一種方式是任命穆斯林法官。地方總督或軍事將領的任命不在哈里發的權限之內，穆斯林法官的認定源自伊斯蘭法，而哈里發有資格擔任伊斯蘭法的守護者。穆斯林法官通常本身就是重要人物，因為他們來自地方上具有影響力的家族。其實，在十一世紀中葉，我們發現穆斯林法官幾乎等同於城鎮的獨立統治者。九九九年，卡迪爾在巴格達地區、瓦西特與位於伊朗北部偏遠的吉蘭任命了幾位穆斯林法官。事實上，卡迪爾不只是任命，他還下達了指令與指導。不可否認，這是一種文化層面的權力，但依然是一種權力。

在巴格達，卡迪爾是城中順尼派社群的領袖。有時他會直接干涉城裡頻繁發生的衝突。舉例來說，一〇〇七年，發生了一起爭端，順尼派被指控焚燒什葉派極為重視的《古蘭經》修訂本。什葉派集結示威，公開辱罵焚燒者，場面甚至惡化到宣稱要向開羅的法蒂瑪哈里發效忠，但卡迪爾採取行動支持順尼派，派出他的家族成員進行協助。最後，事件平息，什葉派領袖向哈里發道歉。

卡迪爾的政策一個更重要的特點是主張哈里發有權決定教義，特別是順尼派的教義，以及其他任何形式的穆斯林信仰。早期的阿拔斯哈里發還不是現代意義下的順尼派。畢竟，阿拔斯家族主張他們有資格擔任哈里發，其理論根據在於他們是先知大家族的一分子，而當時並未清楚界定出可稱為順尼派的信仰體系。面對什葉派對他的保護者布伊朝的同情，以及更具挑戰性的，法蒂瑪朝宣稱是全伊斯蘭世界的合法哈里發，卡迪爾決定明確建立自己在順尼派社群的領袖地位。一〇一七年，卡迪爾要求「革新派」，特別是穆塔奇拉派的法學家（他們運用哲學邏輯來檢驗信仰之謎），要悔改與停止傳布他們的教訓。一〇二九年，卡迪爾更進一步在哈里發宮庭舉行一系列公開典禮，邀請巴格達民間菁英參與，並且在典禮中宣讀文件，解釋何謂正確的信仰，並且攻擊穆塔奇拉派與什葉派。在人生接近終點之時，卡迪爾寫了一份文件，以清晰易懂的方式有系統地陳述順尼派的信念。[2]

卡迪爾書信是一份相對較短的文件，不同於先前討論的瓦利德二世任命繼承人的書信所使用的那種華麗而繁複的語言。事實上，這份文件明顯是寫來供公開流通與傳遞之用。

如我們所預期的，卡迪爾一開始先肯定真主的獨一與永恆，並且表示真主是創造者，是萬事萬物的創造者。接著，卡迪爾抨擊擬人論者將人類的屬性，特別是說話的能力，歸屬於真主：「真主說話，但祂不是用人類使用的器官說話。」卡迪爾也以毫不含糊的話語批評信仰《古蘭經》創造說的人：「主張《古蘭經》無論如何都是被造物的人就是不信仰者，如果要求他為自己的錯誤悔改，而他拒絕，那麼讓他流血就是可允許的。」在規勸人民回歸信仰之後——信仰是沒有終點的，因為沒有人知道真主對每個人做了什麼紀錄——卡迪爾緊接著提出最重要的議題，順尼派與什葉派有何區別：

人必須愛所有的先知門徒。先知之後，就屬他們最為優秀。先知之後，最優秀與最尊貴的是阿布．巴克爾．西迪克，接著是歐瑪爾．賓．哈塔卜、歐斯曼．賓．阿凡以及阿里．賓．阿比．塔利卜。願真主賜福給他們，在天堂與他們為友，並且憐憫先知門徒的靈魂。

然後，卡迪爾提到兩個更具爭議性的人物。第一位是穆罕默德的妻子阿伊莎，她曾在駱駝之戰對抗阿里，她與阿里的敵對關係使她成為什葉派痛恨的人物。「凡是詆毀阿伊莎的人，在伊斯蘭世界沒有立足之地。」最後，卡迪爾提到伍麥亞朝首任哈里發穆阿維亞，「我們應該只說他的好事，不應該介入任何與他有關的爭議。」這種接納穆阿維亞的態度，什葉派無論哪個派別都無法接受。

在公布這份毫不妥協的清單後，卡迪爾懇求穆斯林寬容：「我們應該宣告，除了未依規定禱告，否則沒有人會因為未能符合法律規定而成為不信仰者。」卡迪爾引用先知的話：「忽視禮拜是不信仰，凡是忽視禮拜的人就是不信仰者，除非他悔改而且禮拜。」卡迪爾又說，忽視其他命令不會讓一個人成為不信仰者。這種說法似乎直接否定了哈瓦利吉派以及無疑還有其他派別的主張，這些教派認為罪人（也就是與他們意見不同的人）不是穆斯林，而是異教徒，除非他們悔改，否則真穆斯林必須處死他們：「這樣的教義符合先知行誼與社群。」到了結尾，卡迪爾祈求真主寬恕並且提出一些或許可以作為哈里發角色的指示：「願真主讓我們成為虔誠實踐的捍衛者，願真主寬恕我們與所有的信仰者。」

這是一份有趣且令人印象深刻的文件，文件沒說的與有說的同樣值得重視。舉例來說，文件沒有提到眾人預期的內容，例如使用先知傳統作為法律來源，以及齋戒、朝聖或禁止飲酒。禱告是每個穆斯林絕對要遵守的唯一義務。禱告時是否提到哈里發不是那麼重要，只要適切就好。

書信的公眾性，與書信內容一樣重要。書信在公眾集會上宣讀，副本則被送往各省，卡迪爾的兒子與繼承人卡伊姆日後又以自己的權威再次宣示這封書信。沒有人懷疑卡迪爾擁有權利與負有義務決定與傳達順尼派宗教實踐的基礎。卡迪爾的做法也為哈里發職位的發展增添了一點嶄新而不同的元素。

卡迪爾發表書信之時，整個政治局勢正處於風起雲湧的時刻。一〇一二年，巴哈・道拉的去世令布伊朝陷入一段混亂時期，布伊家族的不同成員企圖爭取領導權與軍隊的效忠。當短命且精力耗盡的爭位者自相殘殺之際，哈里發與他的「保護者」之間的平衡也出現變化。現在的狀況已不是哈里發受布伊朝的控制——先前的狀況是，布伊朝可以取代哈里發，因此可以任意羞辱哈里發——而是布伊朝的爭位者愈來愈需要卡迪爾的支持，而卡迪爾發現，當布伊家族各個成員及其軍隊試圖找到一個穩定的基礎建立政府卻難以成功之時，他可以順理成章地成為他們的仲裁者。在這個時期，哈里發沒有一支可以稱得上屬於自己的軍隊，但他在巴格達政治圈卻愈來愈有影響力。

阿拔斯朝與加茲尼朝素壇的宮廷

在伊朗東部，更重要的改變正在發生。十世紀末，以布哈拉為首都，控制伊朗東部與河中地區（今日的土庫曼與烏茲別克），維持了近百年盛世的薩曼朝侯國，開始分崩離析。薩曼朝的西部領土，也就是伊朗東部與今日阿富汗的北部，被滿懷壯志的奴隸兵塞布克塔金以及他的兒子馬哈穆德占據。他們建立的王朝以首都加茲尼為名，稱為加茲尼朝，加茲尼位於阿富汗東部，在喀布爾與坎達哈之間。這個新朝雖然擁有強有力的君主，但脫離奴隸身分與異教信仰只有一個世代的時間。它需要一個正當性的論述，一個躋身周圍伊斯蘭統治者之列的地位，以及能讓伊朗東部大城的宗教顯貴印象深刻的事物，這些大城，包括乃沙布爾與巴爾赫，如今全在新朝的統治之下。

馬哈穆德認為，與阿拔斯哈里發結盟最能符合他的利益。關於這項政策，有許多值得說明的地方。阿拔斯朝可以為馬哈穆德的頭銜背書，這點任何人都無法取代，但阿拔斯朝與馬哈穆德相距甚遠，而且需要援助；阿拔斯朝諸王之首的地位不會構成馬哈穆德的負擔。此外，這麼做也基於宗教上的理由。加茲尼朝不僅認為自己是穆斯林，而且是順尼派穆斯林。這表示馬哈穆德完全反對什葉派的布伊朝，但他更痛恨的是拉菲迪派、伊斯瑪儀派與伊朗其他受歡迎的什葉派團體。

馬哈穆德的軍事力量使他成為令人畏懼的盟友，也讓卡迪爾越過布伊朝的領袖向他尋求援助。這個盟約也引導出一個重大主題，這個主題對往後哈里發政權的歷史十分重要：突厥人與順尼派哈里發政權的連結。透過馬哈穆德，這個連結首次被建立起來，而塞爾柱人與鄂圖曼人也直接繼承他所建立的模式。要解釋突厥統治者為什麼如此受這些觀點吸引並不容易，有可能只是因為突厥人一開始接觸到的是順尼派，因此便採納他們的信仰而改信。無論理由是什麼，馬哈穆德與重新改造的順尼派阿拔斯哈里發政權建立關係，之後十一、十二世紀的突厥塞爾柱人，與中世紀晚期埃及的突厥馬木路克人也依循相同的模式。突厥人對順尼派伊斯蘭教的認同一直持續至今：今日的土耳其共和國以及中亞突厥語系地區——土庫曼、烏茲別克、哈薩克與吉爾吉斯——無疑都是順尼派。只有在伊朗亞塞拜然我們才能發現有為數不少說突厥語的什葉派人口。

卡迪爾最初的繼承人因自然原因遠早於卡迪爾離世。一〇三〇年，卡迪爾已年過八旬，他指定新的繼承人，稱號是卡伊姆。關於這場冊封繼承人的儀式，有人描述到哈里發已經年老耳聾，聽不清楚儀式的進行，因此只能在儀式前半段坐在布幕後接見他的宿敵，之後再拉開布幕，讓人看見高坐寶座之上的老哈里發。在決定繼承人這件事情上，卡迪爾不需要布伊朝的同意，在巴格達的布伊統治者僅僅收到書面告知，沒有選擇的餘地只能默認；哈里發得以貫徹自己的意志。

在統治近四十年之後，卡迪爾終於在一〇三一年以八十六歲高齡去世。長壽本身就是一件值得稱述的事，而卡迪爾的兒子卡伊姆也接續了長壽的傳統：他在統治了四十四年之後，於一〇七五年去世。這類生物學事件的重要性不僅僅是隨機的。早期阿拔斯朝幾位「偉大的」哈里發沒有人活到六十出頭，許多都在四十幾歲或更早的時候死去。卡迪爾與卡伊姆比同時代的政治人物以及他們的敵人活得都要久：布伊朝諸王與塞爾柱歷任素壇都很快地換人當。只有哈里發長期在位，愈來愈受到重視，也愈來愈受到尊敬。他們長壽的原因並不清楚。節制的生活方式與滴酒不沾可能有影響，但我們沒有證據證明。當然他們長期靜態的生活——父子兩人都未曾遠離巴格達——也無法顯示新鮮空氣與運動是重要因素。話雖如此，這兩位哈里發的長壽與長期統治對於這個時代哈里發權力與聲望的重振至關重要。

卡伊姆承襲父親絕大多數的政策，包括與加茲尼朝結盟。這層關係對兩國的重要性，可以從使節被派往在巴爾赫的加茲尼宮廷，宣布卡伊姆繼位與接受新任加茲尼素壇瑪斯悟德——他在前一年繼承父親的位子——行宣誓禮獲得的接待看出。接待從一〇三一年十二月持續到一〇三二年一月，整個過程被記錄在加茲尼朝大臣與典禮目擊者拜哈基撰寫的波斯史中，典禮在建立正當性方面具有的重要性也獲得詳實的描寫。

在這個時期，加茲尼朝在偉大的馬哈穆德的兒子素壇瑪斯悟德（在位時間一〇三〇至四一年）的統治下，成為伊朗東部與中部最強大的朝，而且從首都加茲尼控制了大部分的印度北部地區。除此之外，加茲尼朝在印度次大陸北部發起聖戰（掠奪與征服的「聖戰」），因而在廣大伊斯蘭世界取得巨大的聲望。加茲尼朝擁有強大且組織完善的軍隊，包括許多戰象，他們的統治核心是一批經驗老道的行政官員，資源基礎則位於富庶的呼羅珊城市。反觀毫無權力的哈里發位於遙遠且已經淪為半廢墟的巴格達，加茲尼朝似乎不大需要哈里發的認可。

然而，這種堅不可摧的表象隱藏了一些重大弱點與值得憂心之處。加茲尼朝雖然擁有強大的軍事力量，而且在印度北部的聖戰扮演著主導角色，但加茲尼朝在政治場景中畢竟是個新來者。一〇三一年，剛即位的瑪斯悟德是掌權的第三代，但伊朗肯定有許多人還記得，他的祖父曾經是來自今日吉爾吉斯偏遠地帶一個突厥部族的奴隸。此外，瑪斯悟德是第一代伊斯蘭教改信者。加茲尼家族既不能主張自己與先知家族或早期伊斯蘭國英雄有任何親族關係，又不願佯裝虔誠；事實上，在宮廷公開而正式地暢飲美酒已是加茲尼風格的一項典型特徵。在這種狀況下，取得哈里發的同意，對加茲尼朝來說至關重要。能夠宣稱自己是阿拔斯哈里發的僕人，由阿拔斯哈里發任命他們統治廣大而人口眾多的東伊斯蘭世界，將使他們獲得莫大的好處。這讓他們在伊斯蘭世界的階序中擁有一個可辨識的位置，即使每個人都知道他們是靠著強取豪奪而取得這樣的地位，但哈里發別無選擇只能接受。

過去，馬哈穆德曾與哈里發卡迪爾建立緊密的關係。他們擁有相互的利益。我們曾經提到，卡迪爾想讓哈里發這個職位具備宗教與意識形態意義，他需要找到強有力的支持者來接受他的想法。加茲尼朝的馬哈穆德在鞏固統治地位之後，發現了這個機會。他自稱是卡迪爾忠實的僕人與保護者，要為卡迪爾對抗「異端」布伊朝，他也對明顯信仰順尼派的哈里發政權宣誓效忠。顯然，馬哈穆德也注意到伊朗西部許多富庶的土地正從日漸衰微的布伊朝親王手中流失。但誰知道呢？也許馬哈穆德心裡盤算著要控制巴格達，讓自己成為哈里發的有力順尼派保護者。不過，馬哈穆德心中可能懷抱的雄心壯志，都在一〇三〇年他去世時終結，而秉持父親意志的兒子瑪斯悟德卻決心尋求與阿拔斯朝結盟。

在其他特定地區，哈里發的支持可以為新任加茲尼統治者帶來好處。當父親在遙遠的加茲尼去世時，瑪斯悟德正率領大軍駐紮在伊朗中部。他同父異母的弟弟穆罕默德控制了首都，想讓自己成為下一任統治者。沒有世襲繼承制或長子繼承制來決定這兩個兄弟誰應該繼承王位，或是否加茲尼領域應該一分為二。穆罕默德暫時被擊敗，遭監禁在加茲尼附近的城堡監牢裡，但他依然擁有為數眾多的支持者，而且很可能圖謀東山再起。哈里發冊封瑪斯悟德，很可能說服了許多搖擺不定的人，使他們相信瑪斯悟德是具有正當性的統治者。

但另外還有一個問題。當薩曼朝瓦解時，加茲尼朝奪取了西部與南部地區的控制權，但河中地區，包括薩曼朝舊都布哈拉，卻被一支突厥游牧群體占據，這個群體稱為喀喇汗國或黑汗。他們改信伊斯蘭教而且以有力的穆斯林統治者自任。他們是加茲尼朝強大的對手，企圖將影響力擴張到大河阿姆河西岸的呼羅珊城市，特別是阿姆河富庶的內陸三角洲地帶，稱為花剌子模，這個地區有自己的君主，名義上屬於加茲尼朝的屬國，但一直小心翼翼地維持自身的自主性。如果加茲尼朝要維持對這些地區的控制，那麼確保哈里發冊封便極為重要，因為這能說服城市居民與地方君主相信加茲尼朝是具有正當性的統治者。然而，新任哈里發也許需要花一點時間說服，他才會將所有的資源投入在加茲尼朝身上。

拜哈基在一開始描述到，哈里發卡迪爾駕崩，他的兒子卡伊姆被選為繼承人[3]。阿拔斯家族、阿里家族與所有巴格達人都已宣誓效忠。使者被派到哈里發政權底下的各省要求地方效忠，其中一個名叫穆罕默德．蘇萊曼尼的使者為此來到呼羅珊。素壇與大臣商議該怎麼做。加茲尼朝成立以來還未遇到哈里發即位的事，因此沒有明確的前例可資遵循。他們確實是在創造一個傳統，不僅可以用來提高哈里發的聲望，也能抬升素壇的地位，而他們了解這是個大好機會可以要求哈里發的政治支持，也能向臣民展示素壇的權力。瑪斯悟德當時人在巴爾赫。加茲尼朝廷就像當時西歐許多國王一樣居無定所，統治者與整個朝廷會在城市與國境內的狩獵場之間移動。巴爾赫，有時被稱為「諸城之母」，它有著古老的歷史，可以上溯到阿契美尼德時代。巴爾赫由一座古老城堡以及環繞在外圍的 shahristan 構成。shahristan 是一座內城，形狀略呈圓形。在 shahristan 中有大清真寺與市集，牆外有菁英的花園與宮殿。瑪斯悟德選擇待在一座花園宮殿裡，這裡有空間駐紮他的軍隊以及供他的政府部門設立臨時辦公地點。

一〇三一年十二月三日星期五，消息傳來，使節已經非常接近，素壇下令由阿里家族的謝里夫（顯貴）與其他社會賢達組成接待團隊，出城護送使節入城。重要的是要派出能說阿拉伯語的人，因為他們不知道使節是不是會說波斯語，加茲尼宮廷有許多人，包括素壇自己，幾乎完全不會說阿拉伯語。十二月十日，在城市顯貴與一千名儀隊護送下，使節進入巴爾赫，並且被帶到位於編籃工巷的一座宮殿居住，「細心準備的食物也隨即奉上」。

使節獲准有三天的時間從旅程的辛苦中恢復元氣，而且可以獲得豐富的娛樂。之後，素壇下令將使節帶到他的面前。在使節抵達之前，瑪斯悟德先與他的重要謀臣私下會商，討論這場會晤該如何安排，宣誓效忠的書信該如何草擬。十二月十九日星期四是伊斯蘭曆（四二三年）的新年元旦。天才剛亮，四千名部隊已經開始遊行，所有人都穿上全套軍禮服，包括腰帶、佩劍、箭袋與弓盒，每個士兵都穿上圖斯塔爾的錦緞大衣，圖斯塔爾是伊朗南部的一座城市，以生產上等織物知名。他們站成兩列，讓使節從他們當中通過，讓使節清楚知道這個國家有能力招募這麼多的士兵，並且讓他們穿上如此華麗的制服。帶領他前往皇宮的行列伴隨著各種類型的鼓號，包括戰象馱背的巨鼓——「眾人會說這彷彿來到了審判日」，穆罕默德．蘇萊曼尼留下深刻的印象，他過去在巴格達哈里發簡樸的宮廷裡從未看過這種景象。

當蘇萊曼尼身穿黑色阿拔斯服裝抵達皇宮時，他看到素壇坐在寶座上，身旁簇擁著群臣，宰相站在他的身旁。他受邀坐下，素壇問他哈里發近來如何。這是暗示他要宣布卡迪爾去世的壞消息與卡伊姆即位的好消息。宰相於是要求蘇萊曼尼呈上帶來的書信，蘇萊曼尼於是起身走向寶座，從黑色絲質袋子裡拿出書信。接著蘇萊曼尼請一名大臣用阿拉伯語宣讀書信內容，然後再將它翻譯成波斯語，讓每個人（包括素壇本人）都能了解。宣讀完畢之後，使節又被以盛大典禮護送回到住處。

次日，為去世的哈里發舉行哀悼儀式。素壇裹上白色頭巾，穿上白袍，白色是喪服的顏色，所有大臣也穿上同樣顏色的服裝。市集關閉，各階層的人成群前來致哀。三天後，哀悼儀式結束，鼓聲響起，宣告重新開市。

典禮的下一個階段是承認新哈里發。典禮舉行的地點在市中心的大清真寺。素壇召來阿里·賓·米卡爾，他是知名的波斯家族成員，也是巴爾赫顯貴會議的主席，這場典禮就由他負責安排。阿里奉命裝飾從宮門通往大清真寺的整條街道。裝飾拱門也被豎立在平台上。阿里找來民眾領袖，一整個星期，從星期一到星期四，他們將整條街改頭換面，「沒有人可以記得巴爾赫曾經有過這個樣子」。他們在星期日晚上熬夜工作，到了星期五黎明時，一切都已準備就緒。

當天早上，素壇上朝並頒布命令，民眾必須秩序井然前來觀看行列，必須小心謹慎不許損壞拱門與其他裝飾，不許喧譁吵鬧，必須等到素壇與使節通過之後才可以開心慶祝。到那時，旁觀者就能盡情歡樂，因為素壇打算從牆外的另一條路回宮。穿著黑袍的侍從奉命確保圍觀民眾保持秩序，讓民眾在這場莊嚴的慶典中扮演好自己的角色。

正午時分，素壇騎上馬。四千名在使節首次進城時擔任衛隊的士兵，由指揮官殿後引領行列前進。在他們身後跟隨著高舉軍旗的素壇侍衛、宮廷裡的王公大臣以及素壇本人。素壇身後則是負責護送使節的宰相與阿里·賓·米卡爾，以及城裡的菁英、法官和學識淵博的宗教學者。民眾極為冷靜而有紀律，除了鼓聲之外，完全聽不見其他聲音，而侍從也命令群眾退後。

他們一抵達清真寺，就發現講道台從上到下完全被金線編織的錦緞覆蓋住。素壇與大臣坐在講道壇底下，海推布（官方的宣講教義者）則在壇上傳道，並且正式提及新哈里發的名字。之後，素壇的財政大臣把裝滿錢幣的錢袋放在講道台旁，首先提及素壇的名字，然後是素壇的兒子與大臣們的名字，直到收集到大量金錢為止。這些錢都將帶到巴格達，交給哈里發卡伊姆。之後，集會解散：素壇與他的近侍返回皇宮，阿里・賓・米卡爾護送使節穿過市集，經過已經擠滿人群的市場攤販，然後回到住處，而各項招待早已準備齊全。在此同時，城裡的居民也熱情地慶賀。

第二天則是處理正事的時間。宰相與其他謀臣起草正式協定（ahd），蘇萊曼尼將把這份協定帶回巴格達讓哈里發簽署。宰相諮詢了群臣之後，便傳召蘇萊曼尼。協商的過程看起來出現激烈的討價還價。素壇願意在一定條件下接受從巴格達帶回來的協定。瑪斯悟德被授予的土地將遠大於目前他所控制的領土範圍。這些土地包括「整個信德與興都（印度）」，以及較具爭議的伊朗高原西部遠至霍爾萬隘口的地區。這將使瑪斯悟德的勢力來到伊拉克平原的邊緣，離巴格達只有很短的距離。哈里發也承諾，他不會與河中地區的喀喇汗國建立任何直接關係，也不會賜予他們任何榮銜或榮譽袍服，而是以加茲尼朝作為中間人。大臣們宣稱，這是加茲尼朝在偉大的馬哈穆德在位期間擁有的地位，現在他們想重新恢復這個地位。此外，哈里發允許加茲尼朝派兵攻打伊朗南部的奇爾曼以及波斯灣對岸的阿曼。巴林的卡爾瑪特派異端也是加茲尼朝可以殲滅的對象。素壇的官員對於他們的動機坦承不諱：「大軍已經聚集，我們需要更多的土地。必須讓軍隊有事可做。」一支無法奪取更多資源的軍隊，對國家來說是無法忍受的負擔。

不僅如此，要不是瑪斯悟德出於對哈里發的尊重，他早就被迫發兵攻打巴格達。事實上，要不是因為父親的死使他必須東歸，「現在我們已經在敘利亞與埃及」。素壇解釋說，雖然他與伊朗中部與西部的布伊朝統治者維持良好關係，但布伊朝必須更加警醒，要尊重哈里發政權，並且讓哈里發政權回復到過去受尊崇的地位。更重要的是，布伊朝必須保護朝聖路線。素壇的臣民接獲指示準備「朝聖」，而且獲得承諾他們將由一名指揮官陪同前往。如果布伊朝無法保護朝聖者，加茲尼朝將「採取強烈行動」。因為他們「對最高的真主負有責任，加諸在他們身上的不只是強大的力量與威望，還有無數全副武裝的軍隊準備採取行動」。宗教虔誠的理由明顯夾雜著軍事威脅。蘇萊曼尼同意所有條件聽起來公平而合理，素壇的官員前去告知當時不在場的蘇萊曼尼，所有條件都已經獲得同意。

協定擬定完成，使節該動身離開。幾名重臣聚集起來，向哈里發效忠的文件先是以阿拉伯文撰寫，之後再翻譯成波斯文，「宛如拜占庭織錦那樣精細」。阿拉伯文版本與波斯文譯本呈到蘇萊曼尼面前，他宣讀兩種版本，並且同意波斯文是原文的精確譯文，他會向信仰者統領稱揚這版本。然後素壇極為流暢地宣讀了波斯文版本：作者告訴我們：「在這個朝的歷代諸王中，我從未看過有人能像他一樣如此朗讀與書寫波斯文。」素壇宣讀完畢，侍從端上墨水架，素壇在阿拉伯文與波斯文版本底下簽了自己的名字。然後在場的宰相與官員也簽下自己的名字作為見證。突厥軍事將領貝格圖格迪不認識字，所以由大臣為他代簽。

然後，蘇萊曼尼要帶回巴格達的禮物引發了質疑。宰相一邊回答一邊或許還擺出相當驚訝的神情，他表示，送給哈里發與大臣的大量靛青是傳統禮物，不過他是從何得知這項傳統則並未說明。當然，除此之外，使節也將帶走在清真寺陳列的所有禮品。宰相也追溯了前例。他說他已閱讀了歷史文獻，一百五十年前，也就是八七九年，哈里發穆塔米德派使節參加薩法爾家族的阿姆爾．賓．萊斯的即位儀式，使節帶回價值十萬迪拉姆的禮物。當使節從哈里發那裡返回，帶來象徵冊封阿姆爾的旗幟（liwā）與文書時，使節與他的隨行人員被賜予了七十萬迪拉姆。這個前例將被遵循；蘇萊曼尼在這個階段將獲贈十萬迪拉姆，但當他帶著哈里發的簽名返回時，他將獲得素壇認為適合的一切禮物。素壇同意這麼做是合情合理。

接著，有一份列了更多禮物的清單：慷慨是顯示統治者富強的一項表徵。一百件珍貴華服，其中十件以金線縫製而成，五十箱麝香，一百錠樟腦，二百捆頂級亞麻，五十把印度寶劍，一只盛滿珍珠的黃金高腳杯，二十枚產自巴達赫尚（位於阿富汗東北部，當時是素壇領地的一部分）的上等紅寶石，十枚藍寶石，十匹呼羅珊駿馬，披上綢緞做的馬衣與馬頭罩，還有五名昂貴的突厥奴隸。這份禮物清單蒐羅了各類型的寶物，這麼說一點也不誇張。

然後，蘇萊曼尼個人也獲贈禮物，包括坐騎、裝備以及供他個人使用的十萬迪拉姆。一〇三二年一月九日，在巴爾赫停留約三個星期之後，蘇萊曼尼終於動身返國。瑪斯悟德宮廷施展了典型的伎倆，他們派一名間諜混進蘇萊曼尼的侍從之中，將所有的事一一回報。

在長篇描述的最後，拜哈基補充了當時來往的書信內容。說這些書信充滿誇大陳述，可能過於低估這些書信的價值；這些書信堪稱是古典阿拉伯文書信體修辭的大師級作品。在此同時，書信的實質內容與細節則乏善可陳。哈里發一開頭用長篇的虔誠引言說明真主對穆罕默德與歷代哈里發的恩寵，也談到命運的必然性。他的父親與前任哈里發卡迪爾是蒙福之人。最後，哈里發解釋他因為父親的指定而成為哈里發。於是他在宮廷裡召集了所有人，朝廷的重臣、朝的支持者、宗教人士、法官、宗教律師以及朝廷見證者，全伸出他們的手宣誓效忠。最後，哈里發讚揚瑪斯悟德的人品與他的服從，並且要求他透過使節蘇萊曼尼公開宣誓效忠，而後哈里發祈求所有相關人士獲得真主的賜福。

素壇的回應同樣浮誇，充滿優美的詞句，但並未傳達明確的訊息。他宣誓自己會真誠而堅定地效忠他的主人（sayyid）哈里發，不過他並未明言要為主人做什麼。當然，他的誓詞並未具體提到軍事或財政援助。如預期般，素壇以《古蘭經》宣誓，但他同時也以猶太教的《妥拉》、基督教的《福音書》與大衛的《詩篇》起誓，並且在最後列出一段範圍廣泛的賠償條款。他表示，如果他違反誓詞，他的所有財產，包括奴隸，都應施捨給窮人，而他擁有或將要迎娶的妻妾，則應就此離異不得反悔。最後，他會到麥加朝聖三十次，而且是以步行的方式而非騎馬。

素壇接受哈里發以傳統方式進行冊封儀式，並且讓自己的所有臣民都能目睹這場典禮。然而，儘管哈里發的儀式與旗幟對加茲尼朝產生重大意義，卻無法挽救瑪斯悟德的命運。典禮進行到一半，有消息傳來，說是東部邊疆沙漠地區的土庫曼人入侵，參加典禮的士兵許多人奉命前往迎敵。

這是大事即將發生的前兆。不到十年的時間，加茲尼朝的軍隊被塞爾柱統治者領導的土庫曼人擊敗並且被逐出呼羅珊，素壇去世，他的繼承者的權力被限縮在阿富汗北部與東部的狹小區域。哈里發雖然話說得好聽，但此時既無意願也無實力幫助素壇，當加茲尼朝面對突厥游牧民族野蠻的軍事力量時，哈里發的冊封根本起不了任何作用。

阿拔斯哈里發與塞爾柱素壇

卡迪爾與卡伊姆時代的哈里發政權標誌著一個時刻，當時阿拔斯哈里發不斷主張自己是伊斯蘭世界的精神領袖。卡迪爾的書信試圖將順尼派信仰、穆斯林法官的任命以及對地方領袖——例如加茲尼的瑪斯悟德——的冊封予以法典化，這些書信的頒布是哈里發政權的地位表徵，卻無法作為軍事實力的表徵。

從一〇七五年卡伊姆去世到一二五八年蒙古人征服巴格達這將近二個世紀的時間裡，接續的幾任哈里發在這個極其複雜的政治世界努力地維持自身的地位。一〇五八年到一〇五九年，卡伊姆在一場試圖攻占巴格達的行動中倖免於難，這起事件是由一名軍事冒險家以埃及法蒂瑪哈里發的名義發起的，而這也是歷史上唯一一次，巴格達的講道壇公開頌揚一名什葉派的哈里發。突厥塞爾柱統治者信奉順尼派伊斯蘭教，明顯敵視法蒂瑪朝，他們的到來結束了這場危機，但塞爾柱人也可能是難以滿足的保護者。對阿拔斯朝來說慶幸的是，塞爾柱人並未尋求以巴格達作為他們的首都，而是傾向於在伊朗城市如伊斯法罕、乃沙布爾與梅爾夫進行統治，但塞爾柱人確實想控制巴格達與限制哈里發的權力。

一〇九二年，塞爾柱素壇馬利克·夏赫與他的強大的宰相尼札姆·穆爾克去世，塞爾柱朝陷入內戰，戰亂幾乎持續了整個十二世紀，也摧毀他們原本強大的國家。逐漸地，就像布伊朝一樣，塞爾柱各方勢力反而需要阿拔斯朝的支持，而非阿拔斯朝仰賴他們的支持。哈里發可以授權其中一名親王，而取消對另一名親王的授權。哈里發也控制了巴格達，在整個十二世紀於伊拉克南部實際建立了獨立國家，範圍從提克里特延伸到波斯灣頭。在巴格達，雖然界線不是很清楚，但統治權威大致上一分為二，一個是哈里發宮廷，另一個是塞爾柱軍事總督府。逐漸地，阿拔斯哈里發開始再次取得他們的祖先曾經擁有過的部分世俗權威。哈里發再次擁有宰相來統率人數增加的文武百官，而在一一二五年，哈里發穆斯塔爾希德（在位時間一一一八至三六年）率軍在戰場上對抗一名具有威脅性的希拉親王，這名親王是什葉派的支持者。哈里發穆科塔菲運用增加的國庫收入建立一支新軍，新軍的組成來源不再是突厥人，而是改信伊斯蘭教的希臘人與亞美尼亞人。哈里發經常以巴格達和巴格達人的保護者自居，對抗化整為零的突厥軍隊。哈里發在巴格達也居於道德的制高點，他們支持順尼派對抗什葉派，並且關閉酒鋪，這些酒鋪通常是由塞爾柱親王的代理商經營的。

哈里發在國際舞台上也有所進展。一〇八六年，剛被卡斯提爾國王阿方索六世重創的穆斯林西班牙與西北非新任穆拉比特朝統治者尤蘇夫．賓．塔什芬，得到了宗教律師的建言：「你的權威應來自於哈里發，才能讓所有的人服從你。」於是他派遣使者前去拜見信仰者統領哈里發穆斯塔齊爾，使者攜帶了大量禮物與書信，他在書信中提到，真主（藉由他的手）征服了法蘭克人的領土，以及他努力為伊斯蘭教贏得勝利，而他也要求哈里發冊封，使他能統治自己的土地。哈里發的文書大臣如他所願發了一份文書，他被授予（新設的）穆斯林統領頭銜。他也獲賜榮譽袍服，並因此大為歡喜。[4] 一二一九年，德里的統治者伊勒杜迷失向哈里發穆斯坦綏爾（在位時間一二二六至四二年）請求冊封。他獲得了大素壇的頭銜，而且領地也獲得確認。冊封文件在大庭廣眾下莊嚴宣讀，此後，伊勒杜迷失便開始在自己的錢幣上鑄印哈里發的名字。他的繼任者也依循他的做法。[5] 值得一提的是，無論是西班牙、北非西部，還是印度北部，在阿拔斯朝全盛時期都未曾被阿拔斯朝統治過。

一〇九七年，第一次十字軍，穆斯林稱他們為法蘭克人，從法國與西歐其他地區出發，來到了中東地區。一〇九九年，十字軍征服耶路撒冷，耶路撒冷不僅是基督徒與猶太教徒的聖地，也是穆斯林的聖城，十字軍讓耶路撒冷成為拉丁基督教王國的首都。往後數十年間，其他十字軍親王國陸續在的黎波里、敘利亞北部的安提阿，乃至於更遙遠的埃德薩（土耳其南部的烏爾法）建立，直到整個地中海東岸都被這些異教入侵者統治為止。將近兩百年的時間裡，法蘭克的軍事力量據守在敘利亞與巴勒斯坦的沿海地區，也就是說，有一批異教徒居住在伊斯蘭世界的核心地帶。這對阿拔斯哈里發來說似乎是個大好機會，他可以掌握主動權並且領導或至少協調穆斯林做出回應。當時的穆斯林當然這麼想，一些來自被占領城市的難民動身前往巴格達，希望爭取哈里發的支持。結果，沒有任何一位哈里發主動或涉險遠從巴格達參戰。似乎沒有任何一位哈里發準備好要扛起領導穆斯林的重任，或擔負起傳統哈里發的角色，捍衛伊斯蘭對抗非穆斯林敵人。以後見之明來看，我們或許可以說阿拔斯朝錯失了恢復哈里發早年的地位與聲望的機會。哈里發僅僅只是給予想與入侵者對抗的軍事領袖祝福。偉大的薩拉丁——穆斯林敘利亞與埃及的統治者，在位時間從一一七四年到他於一一九三年去世為止——宣布他將以哈里發納希爾的僕人身分，率領穆斯林發動聖戰，但他與哈里發的關係卻冷淡而謹慎，雙方都小心翼翼地避免與對方敵對，而且從未有過任何有意義的合作。在薩拉丁寫給神聖羅馬帝國皇帝腓特烈·巴巴羅薩的信中，當薩拉丁得知腓特烈加入第三次十字軍東征時，他威脅說：「如果我們通知巴格達哈里發，願真主保佑他，請求他加入我們，他將從高聳的帝國寶座起身，他將前來幫助我們」[6]——但他是「從大地的深處呼召精靈」：哈里發只是紋風不動。

西歐人也在十字軍東征期間開始聽到關於哈里發的事，於是哈里發一詞開始出現在拉丁文與古法文中。作者們試圖比較哈里發與教宗對拉丁教會的權威。阿拉伯史家伊本·瓦希爾在十三世紀初曾在義大利南部的霍亨斯陶芬宮廷待過一段時間，他評論說：「根據他們〔法蘭克人〕的說法，羅馬教宗是彌賽亞的哈里發，是代理彌賽亞之人。他有禁止與允許的權利……他為國王加冕與任命國王。沒有教宗的同意，誰也不許更動他們的神聖律法（相當於伊斯蘭法）。教宗必須由神職人員出任。」[7]哈里發與教宗有一些類似之處。兩者都統治著一個小國，教宗在羅馬而哈里發在巴格達，但兩者都渴望成為更廣大地區的精神領袖。哈里發與教宗都能藉由冊封讓新統治者取得正當性，如穆斯塔齊爾冊封穆拉比朝的賓・塔什芬，與額我略七世於一〇八〇年冊封士瓦本的魯道夫。但哈里發與教宗有著更多的差異。從額我略七世到依諾增爵四世（在位時間一〇七三至一二一六年），歷任教宗對西方教會建立了領導權威，使他們能召開宗教會議、決定教義以及對整個西歐的主教任命具有重大的影響力。相較之下，哈里發對於教義並無任何權威，對於巴格達以外以及巴格達鄰近地區的穆斯林法官或其他宗教領袖的任命則幾乎毫無影響力。

一方面，十二世紀確實看到了哈里發理論上的權威在擴大。一一七一年，薩拉丁征服埃及，終結了法蒂瑪朝，之後他立即安排開羅的講台宣布阿拔斯哈里發的君主地位。巴格達順尼派阿拔斯朝與開羅什葉派法蒂瑪朝長年在伊斯蘭世界爭奪權力與影響力，至此終於結束：如今只剩一個哈里發政權，阿拔斯朝可以聲稱具有普世的權威——即使實際上並非如此。

十二世紀的哈里發既無機會也缺乏雄才大略來發展早期阿拔斯朝偉大統治者——如曼蘇爾、哈倫・拉希德或馬蒙——的威望，但其中一些人至少在巴格達周邊他們擁有的地區建立起好政府的名聲。關於穆斯塔齊爾（死於一一一八年）有著這樣的記載：

他（願真主悅納他）的性格溫和高尚。他喜愛施惠行善。他急於展現虔誠與善行。他的努力廣受讚揚，而他也有求必應。

他用人不疑，不聽信讒言，也不理會詆毀者。他絕不善變，決心也不因為特定人士的勸說而動搖。

他統治期間是臣民的幸福時光，就像節慶日一樣歡樂。當他得知臣民過得幸福，他感到欣慰。如果素壇或他的代理人傷害任何人，他會盡力譴責與阻止。

他寫得一手好字，他記錄的文書非常完美。在這方面沒有人及得上他，顯示他有著豐富的文化涵養與廣博的學識。[8]

他也是一名詩人，這在當時的統治者來說是相當罕見的：

當我伸手正式道別，
激昂的情感融化了我冷若冰霜的心。
望著這條橫越愛情深淵的繩索，
我要如何堅苦卓絕地度過？
我的命運已實現承諾，

我愛的新月卻背棄誓言。
如果我的心違背愛的盟約，
那麼願我再也無法得見他的身影。

思索哈里發與其他菁英在詩中表露的情意是一件有趣的事。哈里發顯然不可能寫詩給一名女性自由人。早期阿拔斯朝的大臣與統治者可以向不自由的歌女表達愛意，這些歌女可能是奴隸，但在這個詩的國度裡，她們卻可以賣弄風情任意拒絕主人的追求。在十二世紀較為樸素與兵馬倥傯的世界裡，歌女早已成為遙遠的記憶。唯有俊美的年輕男性才是哈里發施展熱情時適當合宜的目標。

我們在伊本・朱拜爾的遊記中看到一段具啟發性的描述，提到一一八四年阿拔斯哈里發在一名外國訪客眼中的樣子。[9]伊本・朱拜爾是安達魯斯人（來自穆斯林西班牙），是一名虔誠且敏銳的觀察者。他從遙遠的家鄉從事朝聖，在完成朝聖之後又周遊各地，前往伊拉克、敘利亞與十字軍國家，之後在阿卡搭乘義大利船返回家鄉。身為穆瓦希德朝的書記，一般可能認為伊本・朱拜爾會貶損阿拔斯哈里發政權。事實上，他對於阿拔斯朝感興趣而且尊重，不過他也對當時正準備與十字軍進行大戰的薩拉丁保留了真實的讚美。

伊本・朱拜爾描述巴格達城有部分已形同廢墟，但依然擁有無數的浴場與集會的清真寺，包括曼蘇爾興建的清真寺，雖然古老卻還在使用。此外，民眾搭乘無數船隻渡河，因為船隻搭建的浮橋已被洪水沖走。伊本·朱拜爾也提到「著名的巴格達醫院」：

這間醫院位於底格里斯河畔，每逢星期一與星期四，醫師會到醫院檢視病人的狀況，並且依照他們的需要給予處方。在他們的指示下，準備食物與藥物。醫院本身是一座巨大宮殿，有許多房間與皇室住處的附屬物。水源則來自於底格里斯河。

他頌揚阿里——「願真主恩寵他」——子孫的墳墓，以及偉大的順尼派法學家阿布·哈尼法與艾哈邁德·賓·罕百里的墳墓。他記錄而且不妄加判斷，他甚至提到自己造訪著名的十世紀初神祕主義者哈拉吉的墳墓，哈拉吉因為被認定為異端而被當時還未當上哈里發的穆克塔迪爾下令處死：

所有的阿拔斯哈里發都在宮殿裡過著奢華而幽禁的生活，他們既不外出，也不出現在人民面前，並且享有固定的津貼。這些宮殿絕大部分都由哈里發自己使用，他擁有高聳的陽台、華麗的大廳與賞心悅目的花園。如今哈里發沒有宰相，只有一名官員稱為代理宰相，他會主持處理哈里發財產的會議，並且保管簿計與控制財務。哈里發有一名監督官，負責管理所有宮殿，還有一名總管（amīn），負責管理後宮，後宮不僅有哈里發自己的妻妾，還包括從哈里發的父親與祖父留下來的人。哈里發很少出現在公開場合，他忙著處理宮裡的事，包括宮殿的守衛、門禁與早晚的巡視檢查……

有一天，我們看到哈里發外出，他前後簇擁著由突厥人、德萊木人與其他民族的人組成的軍隊軍官，他的四周圍繞著五十名亮著刀劍的侍衛……他在底格里斯河畔有宮殿與陽台。哈里發有時被人看見在底格里斯河上搭乘船隻，有時則到沙漠狩獵。他外出時盡量輕裝簡從，為的是隱藏身分，但他愈這麼做，他的名聲愈響亮。儘管如此，哈里發喜愛接觸民眾，並且表現出對民眾的關心。民眾慶幸自己能有這樣良善的哈里發，因為在他統治的時期，民眾安居樂業，享有公平正義，因此百姓無論貧富，都為哈里發祈禱祝福。我們在陽台西側看到這位哈里發艾哈邁德．納希爾，他的家系可以追溯到穆克塔迪爾乃至於他的祖先（阿拔斯）歷代哈里發，願真主施予恩惠。哈里發從陽台下來，乘船沿河而上，前往位於東岸的宮殿。他是個年輕人，多年來一直留著短而濃密的鬍子，他的鬍子十分好看，賞心悅目，他的皮膚白皙，身材中等，一表人才。他年約二十五歲。穿著像長袖禮服的白色服裝，上面繡著金線，他的頭上戴著鍍金的 qalansuwa（見第三章），qalansuwa 圍著一圈用來搭配皇家服飾昂貴而珍稀的黑色皮草，例如貂皮或更好的獸皮。他穿突厥服飾是為了隱藏自己，但太陽就算披上了罩紗也無法被隱藏。這是伊斯蘭曆色法爾月六日（一一八四年五月二十日）晚上的事，在下一個星期日，我們再次看到他從西岸的陽台向下望。就在我們住的地方附近。

伊本・朱拜爾接著描述在宮殿旁的哈里發清真寺，這座清真寺很大，而且有完善的淨禮設施。此外還有素壇（指塞爾柱統治者）的清真寺，素壇清真寺位於城牆外，素壇的宮殿也在那個地方。塞爾柱人過去控制了哈里發的一切事務，但現在已無這樣的影響力。在盧薩法還有另一座清真寺，阿拔斯歷代哈里發的陵寢位於此處，「願真主憐憫他們的靈魂」。伊本・朱拜爾在末尾對巴格達消逝的榮耀做了詩意的反思：

這座城市的現狀非筆墨所能形容。但是啊，現在的巴格達與過去的巴格達何止天壤之別！

今日，我們只能用愛人的話來形容巴格達：

「妳已不再是妳，房舍已非我昔日所見的房舍。」

伊本・朱拜爾指出哈里發的統治為巴格達帶來繁榮，而他完全未提到任何塞爾柱的官員：他們已成為過去的事物。當伊本・朱拜爾與返鄉的朝聖者一起離開巴格達時，他們獲得哈里發軍隊的陪同護送，以免他們遭受貝都因人的襲擊。哈里發因此盡到了——至少部分是如此——古代哈里發保護朝聖者的職責。另一方面，伊本・朱拜爾完全沒提到哈里發參與清真寺的主麻日禮拜，即使清真寺就在皇宮的隔壁，也沒有提到哈里發公開接見任何人。伊本・朱拜爾知道哈里發的事，無疑是因為他問了許多問題，而他也從遠處看見哈里發，但他絕無可能接近哈里發或謁見哈里發。

阿拔斯哈里發政權的白銀時代在納希爾（在位時間一一八〇至一二二五年）的長期統治中達到鼎盛，伊本・朱拜爾看到他時他還是個年輕人。納希爾在伊拉克中部與南部建立強大的國家，讓阿拔斯哈里發政權成為重要的地區強權。而這已是阿拔斯哈里發政權的極限。法蒂瑪朝無法再對阿拔斯朝提出什葉派的挑戰，而伊斯瑪儀派則局限在敘利亞沿海地區與伊朗北部的山區據點。復興的哈里發政權無法再主張自己是普世強權或擁有廣大的宗教權威，阿拔斯哈里發只是試圖在肥沃月彎擴張勢力的其中一個王朝統治者，而且還不一定是最強大的。

災難：一二五八年蒙古人的征服

納希爾統治晚期，一股新興勢力開始威脅西亞的整個政治秩序：蒙古人的入侵。從十二世紀末起，蒙古的勢力在東亞持續增長，到了一二〇六年，成吉思汗統治的游牧帝國支配中國長城以北的整個大草原。蒙古人原本對伊斯蘭世界並不構成威脅，但到了一二一七年，伊朗東部一個地方統治者做出愚蠢的挑釁，成吉思汗因此對伊朗發動了毀滅性的攻擊。伊斯蘭文明的重鎮如撒馬爾罕、梅爾夫與乃沙布爾遭到摧毀，當地居民不是遭到屠殺，就是淪為難民被驅逐到西方。大概有一個世代的時間，征服陷入停頓，之後，從一二五六年開始，成吉思汗的孫子旭烈兀再度揮師西征。他的意圖是確保蒙古控制整個伊朗與伊拉克。有兩個群體對蒙古的支配提出挑戰。一個是伊朗北部伊斯瑪儀的暗殺派，他們曾經成功抵抗塞爾柱突厥人的鎮壓，另一個就是巴格達的阿拔斯哈里發。

兩個世紀前，來自東方的塞爾柱突厥人對阿拔斯哈里發造成危險，但也帶來機會，因為塞爾柱突厥人至少名義上改信了伊斯蘭，他們的統治者想融入穆斯林政治世界。阿拔斯哈里發可以而且也確實與塞爾柱突厥人進行交流。但蒙古人則是另一回事。蒙古人不是穆斯林，他們尋求的是支配，而非融入。對蒙古人來說，阿拔斯哈里發自稱是全穆斯林社群的領袖，因此是必須剷除的威脅。所以，一二五七年，旭烈兀率軍攻打巴格達。

一二五八年一月底，在歷經一個多月的圍城後，巴格達城被攻陷，哈里發穆斯塔西姆淪為階下囚，並且被帶到旭烈兀的營地。接下來發生的事成了傳說的題材，或者應該說是好幾個傳說的題材。當時留下極少數的阿拉伯文與波斯文記載，各自指責了哈里發的什葉派宰相背叛，或哈里發的搖擺不定與吝嗇小氣，但沒有任何記載詳細描述這起可怕事件的過程。流傳下來最早的敘事出自法國人讓．德．茹維爾，他參加路易九世的第一次十字軍東征，當他人在黎凡特時聽到了出自馬可．波羅的傳聞。十三世紀末，馬可．波羅在中東旅行，因此哈里發的死訊很快傳到了西方。

所有的西方敘事本質上都傳達了相同的道德寓意。哈里發被帶到旭烈兀面前，旭烈兀向他展示從他的寶庫裡找到的金盤銀盤。旭烈兀告訴他，他必須吃掉他所珍愛的這些財寶。當哈里發拒絕吃掉這些根本不能吃的東西時，旭烈兀反問，為什麼當初他不用這些財寶來賄賂他停止進攻，或用這些財寶招募更多的士兵來防守巴格達城。接著，哈里發被關進牢裡，他的身旁堆滿他的金銀財寶，最終他被活活餓死。

這則關於貪婪與吝嗇的教化故事，並未成為穆斯林的傳統說法。關於這起事件，最早而且完整的阿拉伯文史料是伊本·弗拉特於十四世紀末在開羅撰寫的。此時離事件發生的時間已經超過一個世紀，但阿拔斯宮廷的倖存者逃到了開羅，他們很可能留下這起事件的真實記憶。根據這份阿拉伯文史料的說法，旭烈兀確實在飢餓的哈里發面前端出了金盤與珠寶，並且提出了質問，但處決的過程則是將哈里發與他的兒子們裝進袋子裡，然後踐踏至死。在蒙古人的價值觀中，殺死一個人而不留一滴血，是一種尊敬的表現。然而，當旭烈兀的戰馬踩死穆斯塔西姆時，這位阿拔斯朝第三十七任同時也是末代哈里發可能至死都不明白這個處決的意義。

巴格達的陷落與哈里發遭野蠻處決，就某個層面來說只是這個時代發生的另一起殘酷事件，同時代還發生過更大規模的屠殺與殺戮。我們曾經提過，當時的伊斯蘭世界對於這些事件並未引發廣泛而立即的震撼或哀悼。但往後的世代在回顧這些事件時才明瞭這些事件標誌著一段漫長歷史的終結。哈里發政權從此再也無法成為政治獨立的實體；我們將會看到，哈里發政權將從屬於馬木路克或鄂圖曼統治者，從此不再居於首要地位。反觀羅馬教廷雖然有時要仰人鼻息，但仍保有政治上的獨立地位，哈里發政權則是在一二五八年完全喪失獨立，從此未再恢復。隨著政治獨立的喪失，哈里發政權也完全放棄追求與自身利益無關的領袖地位。

第六章　探討哈里發政權的三位作家

哈里發政權有數世紀的時間幾乎陷入失權的狀態，這種現象在知識分子與政治思想家之間引發了不安與深切的反思。除了少數哈瓦利吉派分子，所有人都同意穆斯林社群需要哈里發來統治眾人，使人不致誤入歧途。當然，哈里發的一項重要職責就是維持法律與秩序，必要時還要動用武力，如此才能讓穆斯林過著和平又和諧的日子。哈里發這個職位也帶有宗教面向。有一句流傳很久的話，據說可以追溯到伊斯蘭初期，這句話說哈里發是「我們信仰的鉚釘」。穆斯林需要哈里發支撐起整個伊斯蘭法。一般認為，所有穆斯林法官與傳道者的終極權威是哈里發。沒有哈里發，婚姻無法生效，契約無法執行，人將失去精神的指引。

然而這個想法存在著嚴重的問題。阿拔斯哈里發本身缺乏權力與權威來有效執行這份工作。該怎麼做？該如何改革或重新定位體制，使哈里發有資格與能力承擔穆斯林社群要他負起的重任？許多學者投入這場辯論，但在本章中我將只集中討論其中三名最具影響力的參與者：馬瓦爾迪（死於一〇五八年）、糾為尼（死於一〇八五年）與嘎札利（死於一一一一年）。

馬瓦爾迪

在這些學者中，第一位或許是其中最具影響力的馬瓦爾迪。他的論著《政府與宗教的治理原則》與其他一些作品一樣，試圖對哈里發主張的含糊地位做出清楚的解釋。[1]從某個層面來說，哈里發是真主在人間的代表或真主先知的繼承者，所有人都應該服從他，從另一個層面來說，哈里發是毫無權力的古代職位繼承者，沒有軍隊，生殺大權完全掌握在地方軍人手裡。馬瓦爾迪是這方面的權威。他不是毫無實務經驗的學院人士，相反地，他曾為哈里發卡伊姆從事外交工作。一〇三一年，馬瓦爾迪被交付一項棘手的任務，他要前往西菈子讓強大的布伊朝君主阿布・卡利賈爾向哈里發行效忠禮，而或許歸功於他的外交手腕，馬瓦爾迪不僅成功返回，還表示自己受到對方的熱情款待。之後，我們得知馬瓦爾迪奉哈里發之命在布伊朝各親王之間進行協商；一〇四三年，他最後的任務是與布伊朝最後一任有影響力的君主賈拉勒・道拉以及剛剛嶄露頭角的塞爾柱領袖圖格里爾・貝格進行協商。他因此對當時的政治現實有很深刻的認識。

從許多方面來說，馬瓦爾迪的文章總結了伊斯蘭政府的實際運作，絕大部分內容與徵稅的細節、法官的權力以及諸如此類的事務有關。但在前三章，馬瓦爾迪直接針對哈里發的推舉以及哈里發的權力問題進行說明。

馬瓦爾迪一開始先討論穆斯林社群擁有伊瑪目／哈里發（對馬瓦爾迪來說，這兩個詞是可以互換的）的必要性。他認為這個論點有兩個正當理由，一個是基於理性，人需要接受統治以避免混亂，另一個是基於宗教，因為這是來自《古蘭經》與傳統權威。提出這項論點之後，馬瓦爾迪接著討論哈里發的選拔問題。他列出候選人明顯必須具備的特質，正義感、知識、身體素質等等，最後他認為哈里發必須是古萊什部族的後裔。與他絕大多數的主張一樣，馬瓦爾迪提到哈里發的人選時援引了正統哈里發的言行作為證明。對他而言，引用先知話語的阿布・巴克爾堅持唯有古萊什部族才有資格擔任哈里發，光是這點就足以作為理由。

馬瓦爾迪寫道，哈里發可以透過選舉或前任指定產生，但他問道，如果哈里發由選舉產生，那麼誰是選舉人？有些人表示應由所有的穆斯林選舉產生，但馬瓦爾迪以正統哈里發的選舉來反駁這個觀點。阿布・巴克爾是由一小群人選出的，歐瑪爾規定諮詢會議由六人組成，由諮詢會議選出他的繼承人。阿里則只由一名選舉人阿拔斯（先知的叔父與阿拔斯朝的祖先）選出，阿拔斯說道，「給我你的雙手，讓我向你效忠，讓人說：『真主使者的叔父，願真主祝福他，賜予他救贖，他指定由真主使者的堂弟繼承。』反對你的人不到兩個。」[2]

然而，如果出現兩名同樣優秀的候選人，馬爾瓦迪認為，此時應視情況而定。如果當時穆斯林正遭受攻擊，那麼英勇作戰的特質應視為優先；如果民眾懶散怠惰，加上異端邪說橫行，那麼聰明才智就成了比較重要的特質。兩名候選人條件相同時，年齡可以作為選擇的標準，但年長本身並非決定性的資格。排行不應該用在決定繼承人上。一旦選舉人做了決定而候選人也同意了，那麼除非當選人辭職，否則決定不能推翻。如果不同的城市選出兩名候選人，那麼首先被選出的有優先權。

接下來馬瓦爾迪談到提名。這裡的爭議是被指定的繼承人是否需要得到選舉人的同意。一般而言，答案是否定的，然而有些人認為，萬一被提名人是前任哈里發的兒子，或者不大可能發生的狀況，是哈里發的父親時，那麼同意是需要的。

下一項爭議是任命兩名繼承人，由其中一位繼承另一位，這種做法是否可以允許。這是伍麥亞朝與阿拔斯朝早期普遍的做法，但也是造成這些政權爭端與暴力的根源。然而，馬瓦爾迪認為選擇兩名繼承人是有效的，他類推先知自己的行為，先知在晚年曾經最少派了三名指揮官，一個接替一個地前往敘利亞的穆塔進行軍事遠征。

一旦獲選，哈里發的身分與頭銜就要對外公布。在這裡，馬瓦爾迪處理了一項惱人的爭議，那就是哈里發是真主的代表還是真主先知的繼承人。與幾乎所有後世的法學家一樣，馬爾瓦迪堅定認為哈里發是先知的繼承人，他以阿布·巴克爾拒絕接受真主的哈里發頭銜作為決定性的證據。

馬瓦爾迪處理的最後一項爭議，如果哈里發為惡或不適任，是否能罷黜哈里發。馬爾瓦迪考慮了三個可能的情況。首先是哈里發不公義或淪為異端。在這種狀況下，哈里發必須自行退位或予以罷黜。對於這個最困難的爭議，馬瓦爾迪說得十分簡略，似乎是想一筆帶過。馬瓦爾迪花了較多篇幅說明身體失能沒有資格擔任哈里發的情況，例如眼盲或肢體殘缺，但他卻認為閹人可以擔任哈里發，儘管沒有紀錄顯示哈里發政權歷史上曾有這樣的例子。最後一種不適任的狀況是哈里發被俘，無論是被穆斯林還是非穆斯林俘擄，這裡的答案取決於被俘的性質以及獲釋的可能。

在討論了哈里發的資格與哈里發的選拔方式之後，馬瓦爾迪在第二章談到宰相的任命。他觀察兩種不同的類型。第一種是委任授權（tafwid），哈里發實質上將自身的職權完全委託給宰相，由宰相全權代表哈里發。在這裡，馬瓦爾迪針對哈里發的實質權力被官員篡奪的現象提出了法律框架，例如當時的布伊朝君主。第二種是哈里發單純任命宰相執行他的命令（tanfīdh），宰相的角色因此就像一般認定的首相，與阿拔斯朝早期，哈里發享有實質權力那時沒有不同。在第三章，馬瓦爾迪把注意力放在各省總督的任命上。他在這裡也區分了兩種任命。第一種狀況，哈里發可以決定任命人選，也可以將任職的官員免職。這是伍麥亞朝與阿拔斯朝早期的狀況。第二種狀況是馬瓦爾迪說的，透過篡奪或強制手段獲得的任命。在這種狀況下，哈里發不得不承認已經自行奪取權力的地方總督。馬瓦爾迪藉此提出一個法律構想，藉由這種方式讓哈里發維持統治政治分裂的伊斯蘭世界的理論權威。從宰相與總督的討論可以看出，馬瓦爾迪設想了一套政治體制，在變遷的時代保障哈里發的地位。他的理論對隨後許多關於哈里發政權的討論有著極大影響。

糾為尼

阿卜杜－馬利克・糾為尼的出身背景與馬瓦爾迪大不相同。他的家族來自伊朗東部小鎮糾瓦因，一〇一六年，糾為尼的父親前往乃沙布爾一所伊斯蘭學校任職。年輕的糾為尼在學術環境中成長，才十九歲就接替父親的職位。一〇五三年，糾為尼離開乃沙布爾前往巴格達，巴格達當時仍是伊斯蘭世界最重要的思想中心。糾為尼可能在巴格達見到了馬瓦爾迪，而且肯定讀了他的《政府與宗教的治理原則》。糾為尼也許也見到了哈里發卡伊姆，當時卡伊姆正與剛崛起的塞爾柱素壇協商建立關係。糾為尼在麥地那與麥加研究與教學了四年。一〇六三年，他在尼札姆·穆爾克的邀請下回到呼羅珊。當時尼札姆·穆爾克正致力鞏固自己身為塞爾柱素壇阿爾普·阿爾斯蘭的宰相的地位，又在乃沙布爾建立尼札米亞經學院，並且任命糾為尼擔任該校教授，糾為尼一直在當地任教直到去世為止。

從一〇七二年到一〇八五年，糾為尼撰寫了政治論文《國家的救助》，這段期間伊斯蘭世界東部的政治由塞爾柱素壇馬利克·夏赫與權傾一時的宰相尼札姆·穆爾克掌控。塞爾柱人擁有龐大的政治影響力，但他們需要哈里發的承認而且希望更進一步地延伸他們的支配領域。更重要的是，塞爾柱人想建立一個結合哈里發政權與素壇國的朝，也就是說，同時具有宗教與世俗面向的伊斯蘭政府。為了達成這個目標，阿拔斯哈里發穆克塔迪娶了馬利克·夏赫的女兒並且生下一子名叫賈法爾，馬利克·夏赫決心讓賈法爾成為信仰者統領。一〇九二年，馬利克·夏赫命令在位的哈里發退位並離開巴格達，讓賈法爾繼位。然而，馬利克·夏赫英年早逝而尼札姆·穆爾克遇刺身亡，塞爾柱各個親王與支持者為了繼承權而彼此交戰，計畫因此未能實現。

此時離糾為尼去世已經過了七年，但他的論著依然為塞爾柱人的計畫提供思想依據。在哈里發的角色上，糾為尼的看法與馬瓦爾迪南轅北轍。馬瓦爾迪在巴格達接受教育與從事活動，對他來說，阿拔斯家族是哈里發政權的關鍵要素。他認為必須恢復哈里發政權的尊嚴與建立制度，讓所有素壇與君主都能臣服於哈里發，即使平日的權力都掌握在素壇與君主手中。然而，對於成長於伊朗東部的糾為尼來說，阿拔斯家族說好聽一點與哈里發一職毫無關聯，說難聽一點則是偏離正道，他認為阿拔斯家族擔任哈里發無法有效統治穆斯林社群。哈里發應該從穆斯林中最強大與最有權力的人選出，而不應該考慮家世背景。無論哈里發政權還是素壇國都應該統一在這位強有力的新哈里發的統治之下：也就是說，有沒有先知家族的血統並不重要。

糾為尼檢視馬瓦爾迪提出的許多論點，卻往往得出不同的結論。他在一開始的討論提到哈里發的資格，他通常以伊瑪目來稱呼哈里發，並且反對什葉派說的哈里發由真主指定；什葉派以先知傳統來支持他們的主張，但糾為尼認為先知傳統是偽造的，因為先知傳統若是真的，順尼派也會接受什葉派的看法。糾為尼的觀點使他傾向於排行。選舉人必須是自由人，而且要有法律、政府與行政經驗。與馬瓦爾迪一樣，糾為尼可以接受只由一名選舉人選出哈里發，但對他來說，這名選舉人的關鍵資格是必須擁有權力與權威，糾為尼稱之為 shawkat。雖然糾為尼沒有明說，但他的主張卻隱含這樣的可能：強大的塞爾柱統治者完全可以合法地任命哈里發。

糾為尼接著檢視哈里發必備的特質：首先，哈里發必須身心健全，擁有各方有力者都一致同意的特徵。談到古萊什部族，糾為尼認為引用先知傳統來支持古萊什部族並無說服力，他認定古萊什部族的血統並非擔任哈里發的核心條件。雖然哈里發理想上應該精通法律才能做出決定給予指引，但就算哈里發不懂法律，他也能仰賴宗教學者並且與他們合作。糾為尼強調，領導能力與權威是哈里發的必要特質，有了這些特質，哈里發才能維持穆斯林社群的統一、組織軍隊與捍衛邊疆。糾為尼在這裡提出了全新主張：這些特質並非成為哈里發的結果，而是擔任哈里發的條件。重要的現代學者，鑽研伊斯蘭律法的瓦宜勒．哈拉克表示：

在糾為尼的觀點中，軍事與政治力量的重要性遠超過其他考量，因為唯有權力才能讓哈里發恰如其分地掌管穆斯林社群事務。沒有權力的統治者勢必會被擁有權力的統治者取代：「如果伊瑪目失去權力，而群眾無故拒絕接受他……如果他的支持者背棄他」……他必須遭到罷黜，他的國度必須交由另一位人民服從的伊瑪目來治理」。[3]

哈里發與素壇的角色將結合在這名強大的領導人身上。糾為尼明白指出，他心裡那位沒有權力的統治者，指的就是阿拔斯哈里發卡伊姆。

糾為尼的主張隱約有鼓勵塞爾柱宰相尼札姆．穆爾克接管哈里發政權的意思。這顯然嚴重偏離傳統與穆斯林社群的做法，但糾為尼對此提出合理化的解釋。他讚賞塞爾柱人的角色、他們的政府組織以及他們在聖戰中表現的領導風範，他認為一個擁有權力與具備領導穆斯林社群資格的僭主，理應獲得民眾接受。糾為尼表示，這樣的統治者也應讓宗教學者進入政府，因為他們是先知的繼承者與伊斯蘭法的守護者。

糾為尼針對哈里發的資格與選拔提出的看法極具革命性。從他的主張推導出來的結論可以看出，糾為尼認為軍事力量與真實信仰是唯一能決定哈里發的有意義條件，哈里發並非真主任命的統治者，而是最有力量的軍事領袖，他的統治地位來自於穆斯林社群的共識。掌管世俗事務，以及真實維持宗教與伊斯蘭法，這兩項權威都應歸屬於哈里發。

糾為尼的觀念不僅是時代的產物，也源自於他和塞爾柱人以及尼札姆．穆爾克之間密切的關係。一〇八五年，糾為尼未能看見他的想法付諸實行便與世長辭。之後，馬利克．夏赫與他的宰相的死帶來了災難，改變了阿拔斯哈里發與塞爾柱未來素壇之間的權力平衡。當塞爾柱各個親王為了爭奪素壇之位而陷入內戰時，阿拔斯哈里發趁這個機會慢慢取回了控制權。

嘎札利

第三位作家不僅最受歡迎，其著作也獲得廣泛閱讀。嘎札利是糾為尼的弟子，與糾為尼一樣來自伊朗東部。他也獲得尼札姆．穆爾克的支持，一〇九一年，也就是尼札姆去世前一年，他被任命擔任巴格達尼札米亞伊斯蘭學校的重要教職。一〇九五年，嘎札利經歷了一場所謂的精神危機。他放棄成功的學術事業，返回故鄉呼羅珊，潛心研究蘇非主義與靈性寫作，而後於一一一一年在當地過世。

嘎札利的作品包羅萬象，對哈里發政權的討論——不一定前後一貫——散見於許多作品之中，但我要集中討論其中一部作品，《穆斯塔齊爾書》。這部作品完成於一〇九五年初，當時嘎札利還在巴格達任職，如書名所示，他將這部作品獻給當時的阿拔斯哈里發穆斯塔齊爾（在位時間一〇九四至一一一八年）。嘎札利解釋說，哈里發委託他撰寫一本書，反駁什葉派伊斯瑪儀派有權擔任哈里發的主張。這是個具有急迫重要性的議題：馬利克・夏赫與尼札姆・穆爾克已經去世，塞爾柱人分崩離析，埃及的伊斯瑪儀派法蒂瑪朝與伊朗北部的伊斯瑪儀暗殺派則是好整以暇地想利用這場混亂。

在作品中，嘎札利首先挑戰伊斯瑪儀派的哈里發政權觀念。對伊斯瑪儀派來說，哈里發是真主的代表，只有他才有資格詮釋真主的啟示；伊斯蘭法的問題只能由哈里發而非法學家來決定。唯有埃及法蒂瑪朝才有資格擔任哈里發，所有人都必須服從哈里發。

嘎札利反駁這些觀念，並且提出其他論點為阿拔斯哈里發樹立正當性。他主張必須由哈里發來執行伊斯蘭法：他是真主的哈里發與公義的源頭。少了哈里發，所有政府職能將會停擺，伊斯蘭法的整個結構將會瀕臨崩潰。這個論點的基礎來自於穆斯林社群的共識；門徒的行動（他們在先知死後立刻選出哈里發來守護社群的統一與未來）；以及世上只可以有一個哈里發，這是避免混亂的唯一方法，而非諮詢會議。

下一個問題是如何選舉哈里發。在駁斥了什葉派由真主任命哈里發的理論之後，嘎札利開始討論推舉機制。他反對公眾參與，甚至也不同意由品德高尚廉潔正直的人進行選舉，相反地，他認為只需要一名選舉人，這名選舉人的核心條件是擁有權力與權威，如此才能使哈里發的統治生效。嘎札利採用了糾為尼使用的 shawkat 概念，這個概念結合了力量與敬畏的意涵。shawkat 是讓臣民服從的核心條件，一個不能讓臣民服從的哈里發，對任何人都毫無用處。提供與維持 shawkat 的是真主，真主透過 shawkat 來表達祂對選舉出來的哈里發的支持。

這個論點的意涵是深遠的，它非常近似於主張「強權即公理」——因政治權力獲得真主的確認。具體而言，在嘎札利的時代，如果塞爾柱素壇擁有 shawkat，那麼塞爾柱素壇指定的哈里發就完全合法。當然，一旦缺乏這樣的人物，哈里發的產生就會出現問題。嘎札利並未處理這個問題，而是建議由二到三個人聯合起來，在一定程度上可以產生足夠的 shawkat 讓他們選擇的哈里發具備權威。當馬利克．夏赫擔任素壇而他的全能宰相尼札姆．穆爾克（糾為尼曾經希望由他擔任哈里發）擁有所需的 shawkat 時，這樣的制度似乎是可行的。一〇九二年，馬利克．夏赫與尼札姆．穆爾克去世，過了三年，嘎札利才寫下《穆斯塔齊爾之書》這部作品。雖然嘎札利相信而且希望有後繼者出現，但實際上沒有任何人可以取代馬利克．夏赫與尼札姆．穆爾克。

嘎札利接著又討論哈里發必須具備的特質。有些特質沒有爭議，例如身心健全與具備男子氣概（這裡不做討論），但嘎札利也堅持哈里發必須由古萊什部族出任，這點與馬瓦爾迪相同，而與糾為尼相左。然後嘎札利描述一連串特質，這些特質並非先天具有，而要靠後天取得。第一項特質他稱之為najda，也就是展現力量：

提供大量的裝備，尋求軍隊的協助，繫上旗幟與軍旗，擁有能力，在團隊與追隨者的支持下，打擊叛軍與惡棍，對抗異教徒與桀驁不馴之人，定紛止爭，不讓民眾的苦情累積，避免邪惡趁虛而入造成更大的傷害。這就是najda。

譯者卡羅爾．希倫布蘭德指出，[4]這段文字充滿了比喻與修飾，但基本的意義很清楚：對嘎札利來說，無法履行這些職務的哈里發就不是真正的哈里發。在長篇的附記中，嘎札利解釋了當時作為軍隊主體的突厥人帶來如此多的衝突與不服從，為何能成為穆斯塔齊爾哈里發政權展現力量的來源。

哈里發必須具備的最後三個特質是能力（kifāya）、虔信（wara）與知識（ilm）。虔信很難與權力的行使結合，而且是取決於對公義的恪守。就知識面來說，哈里發不需要是一名傑出的學者，因為他可以尋求宗教學者的建言與意見。這個主張與伊斯瑪儀派的哈里發概念形成強烈的對比，後者認為哈里發可以獨自仰賴神的啟示做出法律決定，而且不會出錯。

嘎札利念茲在茲的是創立一個強大的哈里發政權，確保順尼派世界的穩定與統一，以抵抗伊斯瑪儀派什葉派的攻擊。與他的贊助者尼札姆．穆爾克一樣，嘎札利打從內心憎恨伊斯瑪儀派什葉派。為了達到這個目的，嘎札利必須建立一個讓哈里發與突厥軍隊能夠合作的框架，即使突厥人有時（事實上，愈來愈常是這個樣子）本身就是國家的亂源。

這三位作者都必須面對如何協調哈里發政權和伊瑪目權力範圍的理論主張與當時政治權力現實之間的衝突問題。阿拔斯哈里發政權的崩潰使人對於哈里發的屬性產生深刻的質疑。三位作者都同意要維持穆斯林社群的適當秩序，哈里發是不可或缺的。但這三位虔誠而聰明的穆斯林卻從這個前提推演出非常不同的結論。對馬瓦爾迪來說，重點是恢復阿拔斯哈里發政權的權力與威望，糾為尼則認為阿拔斯朝是個不合時宜的產物，如果要讓哈里發政權順利運作，必須由當時最有軍事實力與最有影響力的統治者擔任哈里發，當然，這個人必須是虔誠的穆斯林。嘎札利想找到折衷方案，將軍事力量與精神領導結合起來。我們從這個討論得到的重點是，早在十一與十二世紀，這些重要的順尼派穆斯林知識分子，對於哈里發政權能是什麼與該是什麼，就已經出現重大差異。其中不存在最終的答案或模式。

第七章 什葉哈里發政權

到目前為止我們討論的哈里發政權，如正統哈里發政權、伍麥亞哈里發政權與阿拔斯哈里發政權，要不是屬於順尼派主流伊斯蘭教，就是被順尼派主流伊斯蘭教所接受。但還有另一個傳統的哈里發政權，同樣重要且多元，我們也許可以將其定義為什葉派哈里發政權。

什葉派傳統認定的伊斯蘭領袖，可以稱為哈里發，也可以稱為伊瑪目。我們之前曾經提過，伊瑪目一詞在伊斯蘭社會的討論有著非常多元的意義。在本書的脈絡下，伊瑪目實際上是哈里發的同義詞，是穆斯林的宗教與政治領袖。十二伊瑪目派什葉派產生伊瑪目，但除了第一任伊瑪目阿里外，沒有任何人擔任過哈里發；他們明確認為，在未來的某個階段，在真主的幫助與什葉派的支持下，這些伊瑪目也將成為哈里發。結果他們的期望並未實現，伊瑪目也隱沒消失。

什葉派經常被形容為異端，這裡值得花一點時間說明什葉派這個觀念在伊斯蘭教代表的意義。在基督教、伊斯蘭教與猶太教中，異端指在宗教上相信錯誤的事物。異端是正教或正信的相反詞。沒有人會主張自己是異端，因為沒有人會誇耀自己相信錯誤的事物，每個人都認為唯有自己是正教。對於什葉派各宗派來說，順尼派才是異端。在古代基督教裡，異端與神學爭議有關，特別是三位一體中三個位格之間的關係以及基督道成肉身的性質。這些抽象、實際上難以理解的問題激起了劇烈的情緒，在伊斯蘭教興起前的三個世紀，出現了大量論戰，而辯論也造成大量流血事件。十一世紀之後，西方教會因為另一種異端的興起而分裂，一切源自於與羅馬教廷權威有關的辯論。這場爭議最終讓西方教會由上到下分裂，並且導致十六世紀的宗教改革。

相同的爭議至今依然在教會間產生分歧。根本的問題出在教宗在定義真實信仰上的角色。對天主教徒來說，顯而易見上帝的恩寵使教宗擁有決定信仰爭議的權威，這個觀點在十九世紀成為官方教義「教宗無誤論」，也就是說，教宗針對基督教信仰問題所做的任何宣示不會有誤。另一方面，新教徒則認為他們看到的一切並非教宗權威，而是教宗獨裁，新教徒相信教義問題應交由精通教義之人進行辯論，但最終的決定者還是個人與各個教會。最終而言，關鍵點還是個別信仰者與上帝之間的關係。

伊斯蘭教免除了許多關於三位一體與道成肉身的爭議，因為在伊斯蘭教中，真主的獨一性居於最重要且無可爭議的地位；事實上，穆斯林把自己定義為反對多神崇拜的人。然而，還是有兩個方面讓思辨神學中出現了「異端」。

第一個爭議是《古蘭經》的性質。所有穆斯林都同意《古蘭經》是真主的話語；相反地，雖然不是全部，但絕大多數基督徒除了相信《聖經》裡有神的話語，也相信《聖經》有許多內容例如歷史、諺語等明顯出自人類創作。如果你不接受《古蘭經》是真主的話語，你就無法成為穆斯林。從一個問題可以看出順尼派與什葉派的不同：《古蘭經》是否與真主一樣永恆存在，或《古蘭經》是不是真主在人類歷史的某個時刻所作，然後透露給穆罕默德。

第二個造成穆斯林分裂的思辨爭議是擬人論，擬人論相信真主擁有人類（男性）的形體，只是體格較大更趨完美。也就是說，真主擁有手臂與雙腿，確確實實端坐在寶座之上，而且像我們一樣開口說話。實際上沒有人真的主張自己是擬人論者，但擬人論卻成了一種指控，用來針對與「真正信徒」想法不同的穆斯林，馬格里布的穆瓦希德朝也用擬人論來指控他們的敵人穆拉比王朝的觀點。

這些爭議在當時雖然重要，但規模有限，持續時間也不長。真正造成穆斯林社群分裂而且分裂至今的爭議，是穆斯林社群的權威問題。這個問題有點類似基督徒因為教宗權威而引發的爭端，而這個爭端也同樣造成基督徒的分裂。

阿拉伯文 shīʻa 原意是指「一群支持者」構成的「群體」。從 shīʻa 衍生出阿拉伯文 shīʻī，指這類黨派的個別成員，然後 shīʻī 又衍生出英文 Shi'ite（什葉派），也就是我在本書使用的詞彙。在早期伊斯蘭政治論述中，有好幾種 shīʻa，例如歐斯曼的 shīʻa 或阿拔斯朝的 shīʻa。但到了十世紀，shīʻa 成為阿里支持者或先知家族支持者的通稱。

什葉派抱持的一個基本信念是先知家族在穆斯林社群中擁有特殊地位。這個觀念本身沒有爭議或異議。至少在近世，絕大多數順尼派穆斯林也同意先知家族成員應該受到禮遇，或許還應該給予他們供養或津貼。什葉派真正不同的地方在於，什葉派相信先知家族——而且唯有先知家族——擁有真主賦予的權利來領導穆斯林社群，只能由他們擔任哈里發或伊瑪目，而他們也有權對伊斯蘭法做出裁斷。

即使接受這個信念，也會產生一連串的問題。究竟誰是先知家族的成員？顯然，先知家族的成員包括穆罕默德的直系子孫，也就是穆罕默德的女兒與她的丈夫阿里．賓．阿比．塔利卜以及他們的兩個兒子哈珊與胡笙的後代。但是，這當中是否包括阿里的兄長賈法爾的後裔，或先知的叔父阿拔斯的子孫，而阿拔斯正是阿拔斯朝的祖先？然後是後代子孫的問題。哈珊與胡笙的後裔都有資格領導穆斯林社群嗎？若是如此，經過幾世紀後，將會產生數量龐大的候選人——事實上，人數會多到難以找到適當人選。但是，如果要限制先知家族成員的資格，該由誰來決定以及如何決定？即使限定從伊瑪目的兒子中挑選，是否長子必然有資格繼承，還是說應該由最有能力與最適合的兒子繼承？如果法定繼承人，願真主不會讓這樣的事發生，剛愎自用做出違反伊斯蘭教的事時，該怎麼辦？這是否意味著，他應該遭到罷黜，並且由另一名明顯較適任的人接替，或者意味著真主的決定並非凡人所能理解，因此無論實際狀況如何都必須遵守？

接下來的問題是，真主賦予的權威意味著什麼。基本上所有什葉派信眾都相信，在真主賦予權威下，伊瑪目可以詮釋《古蘭經》中不確定與有爭議的經文，而唯有伊瑪目而非先知傳統的學者有足夠知識這麼做。什葉派的伊斯蘭法應由伊瑪目裁決，而非由宗教學者或穆斯林社群的共識決定。

有些人甚至進一步推論，認為伊瑪目既然擁有優越的判斷力，自然可以更改或甚至廢除伊斯蘭法。

所有這些問題都相當重要而且困難，而這些問題的答案對於穆斯林社群領袖的形成也有著重大影響，因此針對這些問題產生了大量討論文獻也就不令人意外。有些文獻走向了異端學，或者是針對所有新興教派做論述。這些教派的數量達到了七十三個，每個教派都以真實或虛構的創立者為名，各自對上述問題提出自己的解答。這些教派中有些規模較大，有些則僅靠一人不斷宣揚古怪的理念。

這類團體不斷增生繁衍，予人一種分裂再分裂的混亂印象，有些還讓人有小題大作的感覺，但絕大多數教派都是為了回應真主指引的統治者這個觀念所產生的重大問題。要了解這些複雜發展，我們必須把這些教派想成是一群虔信、誠實與聰明的人，他們試圖對穆斯林環境中信仰與權威所造成的根本難題提出了有意義的解答。

還有其他比較世俗的因素可以解釋為什麼什葉派內部會有這麼多團體興起。有時候民眾信仰什葉派是社會關係緊張所致。我們已解釋過，早期伊斯蘭時代伊拉克對阿里與其子孫的熱情，主要源自於當地民眾覺得自己遭到遺棄，同時對自己被當成次等人民感到憤憤不平。此外，地區之間也存在差異。這一點之前也曾提過，從非常早的時期，對阿里家族的支持一直與伊拉克憎恨敘利亞的支配息息相關，這種支持甚至構成憎恨的一環。往後幾個世紀，我們發現在什葉派統治的伊斯蘭世界邊緣地帶，例如伊朗北部山區或葉門，什葉派成為當地民眾情感的依託，現代伊朗的官方什葉派更成為伊朗民族認同不可或缺的一部分。

什葉派內部分成許多不同的教派，但主要有三大派。第一是伊瑪目派或十二伊瑪目派，他們是現今人數最多的教派，主要由現代伊拉克與伊朗的什葉派構成；第二個是柴迪派，目前只活動於葉門北部，但這個教派有著悠久而有趣的歷史；第三個是伊斯瑪儀派，這個教派在埃及建立了法蒂瑪朝（九六九至一一七一年），如今教徒離散於世界各地，他們當中許多人以阿迦汗作為他們的領袖。

伊瑪目派或十二伊瑪目派什葉派

伊瑪目派或十二伊瑪目派什葉派因承認阿里與他的兒子胡笙的後裔擔任的十二名伊瑪目而得名。除了阿里之外，這些伊瑪目沒有人當過哈里發或取得任何重要的政治權力，但他們的追隨者顯然認為他們應該擁有這樣的地位或權力。六八〇年，胡笙試圖從伍麥亞朝奪取權力失敗，並且死於卡爾巴拉。之後，他的兒子阿里（死於七一二年），十二伊瑪目派稱他為宰因·阿比丁（信仰者的裝飾品），從此過著退隱的生活。雖然後世撰寫的早期伊瑪目傳記給人一種第二個阿里仍持續活動的印象，但沒有證據顯示他在當時的政壇擁有任何地位，或因為受人尊敬而在宗教問題上擁有任何權威。阿里的兒子穆罕默德·巴基爾（約死於七三五年）大體來說也是如此。伊拉克發生了幾次什葉派叛亂，其中最著名的是七四〇年柴迪·賓·阿里在庫法的亂事，但十二伊瑪目這個家系卻與這些叛亂毫無關聯。有些記載提到，阿拔斯革命時，在庫法組織阿拔斯運動的阿布・薩拉瑪試圖遊說當時的伊瑪目賈法爾・薩迪克（死於七六五年）支持阿拔斯哈里發政權，但賈法爾明智地回絕了。賈法爾不願參與這場紛爭，最後阿布・薩拉瑪也在行動中丟了性命。

儘管如此，賈法爾卻是十二伊瑪目中第一位不只是徒具伊瑪目名號的人物。他的地位顯然受到後世什葉派作家的稱美甚至渲染，但據說他確實是一名傑出的法律裁決者，並且吸引許多人遵從他的判決。這些人之所以遵從不只是因為他博學多聞，更重要的是，他是阿里與先知的直系子孫。賈法爾曾明確表示，信仰先知家族精神權威的信徒不需要公開發起叛亂。這表示接受什葉派伊瑪目為精神領袖，並不必然要對阿拔斯哈里發政權發起暴力抗爭，而可以是一種私人信仰。賈法爾的時代發展出隱藏信仰（taqiyya）這種特殊的什葉派教義。這主張一個人如果覺得公開自己的宗教信仰可能危及自己的生命，那麼隱瞞自己的信仰不僅完全合法，也不應該受到責難。也就是說，雖然可以主張什葉派伊瑪目才是合法的穆斯林領袖，而且應該由他擔任理想世界的哈里發，但這不表示必須起而反抗既有的統治當局並且採取暴力行動。

許多人認為賈法爾是受神啟示的伊瑪目，也是學問淵博的權威，而他或許也這麼看待自己。但是有些人——阿拉伯傳統稱這些人為 ghulāt，大致可以翻譯成極端主義分子——卻相信賈法爾與其他伊瑪目，甚至不可思議地認為同時代的阿拔斯哈里發曼蘇爾，是救世主與彌賽亞。他們主張伊瑪目的意見不會有錯，生活也無可指摘。學者與彌賽亞這兩種特質，就某種意義來說是矛盾的，但之後卻共同構成伊瑪目形象的一部分。

到了賈法爾的兒子，眾所公認的繼承人穆薩．卡齊姆時代，十二伊瑪目派什葉派才開始組織政治運動。穆薩有一群為他工作的下屬，他們向穆薩的追隨者收取金錢，為穆薩爭取政治權力做準備。穆薩是巴格達卡濟邁因什葉派清真寺紀念的兩名伊瑪目之一，充分顯示他在信眾心目中的地位。穆薩由他的兒子阿里．里達繼承，阿里．里達這個名字的意思是天選之人，阿里．里達還有另外一個名字叫 Reza，這是 Ridā 的波斯文拼法，Reza 是伊朗男子常見的名字，波斯最後兩任國王也叫這個名字。阿里是十二伊瑪目中最接近政治權力的人，當時為了重新統一先知家族的各個分支與急需爭取伊拉克的政治支持，阿里曾短暫被阿拔斯哈里發馬蒙選為繼承人。然而，阿里卻比哈里發早死，有人說因為他成了政治絆腳石所以才遭人毒死。他的陵寢位於伊朗東北部的馬什哈德，陵寢周遭蓋了清真寺，是什葉派最大與最富麗堂皇的朝聖地。

阿里．里達的繼承人是一名男孩，而往後幾任伊瑪目也多少受到阿拔斯當局的軟禁。當最後一任眾人公認的伊瑪目於八七四年去世時，他年幼的兒子——如果真的存在的話——也消失無蹤。他的追隨者認為他藏匿起來：ghayba，這個阿拉伯文可以翻譯成英文的 occultation（隱遁），但這樣的翻譯很容易造成混淆。

對十二伊瑪目派什葉派來說，伊瑪目的隱遁意味著——至今仍是如此——世上一直存在著伊瑪目，事實上，世上必須有伊瑪目，否則伊斯蘭教就無法存在，只是伊瑪目藏匿了起來。人不可能與伊瑪目直接取得聯繫，伊瑪目也不可能發布任何教令。任何決定只能由學問淵博之人根據阿里與已知的伊瑪目頒布的教令來進行裁決。這使得十二伊瑪目派什葉派學者擁有極大權威，從十九世紀以降，最重要的學者被稱為阿亞圖拉或「真主的跡象」，因為他們的地位不僅仰賴他們的學問（如順尼派的學者），也來自於他們代表了「隱遁的伊瑪目」。因此，「隱遁的伊瑪目」的存在沒有留下任何空間給同時代的哈里發：也就是說，不存在伊瑪目懸缺的問題。這是為什麼十二伊瑪目派與其他什葉派人士絕不接受現代有人自稱有資格擔任哈里發。十世紀晚期與十一世紀初期統治伊拉克的十二伊瑪目派布伊朝從未任命任何先知家族成員擔任哈里發，而伊朗強大的薩法維朝統治者也只能取得古代伊朗的國王稱號，從未以哈里發自居。

柴迪派

柴迪派與強調和平的十二伊瑪目派傳統形成強烈對比。柴迪派的信仰於九、十世紀成形，其核心觀念是哈里發必須由阿里與法蒂瑪的子孫擔任，哈里發必須起而對抗那些否認先知家族權利的不公義統治。先知家族的所有男性子孫都有資格挺身而出，冒生命危險來擔負這個任務。但實際上，柴迪派到了後期，領導人由幾個家族世襲，與最初的原則並不相同。

從政治行動的角度來看，早期柴迪派要比十二伊瑪目派激進得多。換言之，柴迪派其實更接近順尼派主流。十二伊瑪目派是拉菲迪派，也就是說，他們認為最初三位哈里發阿布・巴克爾、歐瑪爾與歐斯曼篡奪了理應屬於阿里的哈里發之位。不過，也有一些柴迪派願意承認最初兩位哈里發的正當性（即使這兩位哈里發顯然比不上阿里），他們認為真正出問題的是歐斯曼。無疑地，伍麥亞朝與阿拔斯朝完全沒有正當性，因此真正的柴迪派信徒必須以暴力推翻這兩個王朝。一個待在家裡將智慧傳布給少數和平追隨者的伊瑪目不算是伊瑪目，對任何人毫無用處。

柴迪派伊瑪目除了必須是阿里的子孫並具備勇氣，還必須具有學識。柴迪派曾討論由先知子孫擔任的伊瑪目，其學識是否與一般人不同，或者就跟一般人一樣，只是更為淵博。伊瑪目因此能裁決伊斯蘭法的問題，而一名完全合格的柴迪派哈里發不需要諮詢宗教學者。

柴迪派的名稱源自於柴迪・賓・阿里，他是十二伊瑪目中第四任伊瑪目的次子。當他的兄長穆罕默德・巴基爾待在家中，之後被十二伊瑪目派承認為真正的伊瑪目時，柴迪於七四〇年在庫法發動叛亂反對伍麥亞朝。與阿里家族的許多次叛亂一樣，這次亂事從實際的角度來看完全失敗。庫法人不再群起反對伍麥亞朝的統治，柴迪很快就被剿滅，而且被總督派來的軍隊殺死。然而，這場亂事的確揭櫫了什葉派傳統最早的政治口號。柴迪要求追隨者承認他是哈里發，因為他是先知家族的成員，而他也提出了實踐的綱領。身為哈里發，他將恢復庫法人領取薪水與津貼的權利，這些權利都是他的祖先阿里保障的，之後卻被伍麥亞朝奪走。他留下的演說內容提到柴迪派的理念，即是柴迪派將作為撥亂反正者與被剝奪者的後盾。

柴迪的死不代表他的理念就此終結。他的兒子伊薩繼承他的遺志，在庫法率領一小群祕密信眾。他們雖然一直受到伍麥亞朝與阿拔斯朝治安人員的騷擾，但依然守住革命之火不熄滅，在早期伊斯蘭時代成為初期什葉派一次大叛亂的支持核心。穆罕默德・賓・阿卜杜拉，又稱為「聖潔者」，不同於十二伊瑪目，他並非胡笙的後裔，而是胡笙的兄長哈珊的子孫。他以他的祖先先知穆罕默德之名取名，並且住在先知之城麥地那。阿拔斯哈里發政權建立後不久，穆罕默德便開始著手準備叛亂。他打算讓伊斯蘭社群回復到先知時代與最早期穆斯林時期的狀態。麥地那遠離穆斯林權力與人口中心，糧食也仰賴埃及進口，是最不適合進行這項計畫的地方。但這不是重點：麥地那是先知之城，先知在此與伊斯蘭教之敵對抗，這才是最重要的。這是個虔誠而浪漫的願景，必須以勇氣來追求，以深具說服力的言詞來捍衛。

我們對於他的計畫知之甚詳，因為在叛亂失敗後，有位歐瑪爾・賓・沙巴將這些重要敘事蒐集起來，這些記載不只保留在什葉派史料，也記錄在堅定的順尼派史家塔巴里的偉大著作《先知與國王的歷史》中。這是一段英雄式的描述，不斷引用先知立下的典範，強調叛軍（穆罕默德・賓・阿卜杜拉在聖城起事）與對手阿拔斯哈里發曼蘇爾之間的類似之處，雙方都認為自己有權領導穆斯林社群。到最後，政府軍一如預期地獲勝。哈里發的堂弟率領一支人數不多的職業軍隊攻打聖城。穆罕默德仿效先知的做法，挖掘壕溝阻擋敵人，但並無效果，最後穆罕默德在奮戰中犧牲。

阿里家族在經歷這次與之後數起的軍事叛亂失敗後，許多支持者選擇逃亡以躲避不可避免的懲罰。其中有兩名逃亡者對於伊斯蘭世界的宗教區塊造成深遠的影響，使先知家族與遠離權力及人口中心地區的穆斯林產生連結。

其中一個地區是今日的摩洛哥。七〇〇年，這個地區名義上被穆斯林征服，但穆斯林的人口與政府卻集中在直布羅陀海峽對岸的安達魯斯，當地的柏柏人實際上幾乎未曾受到伊斯蘭的影響。這裡正是伊德里斯・賓・阿卜杜拉為了逃避阿拔斯當局追捕而來到的地方。伊德里斯順利建立起聖人與先知子孫的聲望，吸引了柏柏人追隨，卻無法逃過阿拔斯朝的懲罰。據說，他被哈里發送來的有毒牙籤毒死。伊德里斯的子孫被稱為伊德里斯家族，他們未能建立持續而穩定的國家，但他們在這個地區樹立了統治模式，並且至今仍握有權力，先知經由伊德里斯傳承的子孫（當今的摩洛哥國王聲稱是先知與伊德里斯的子孫）透過這個模式而享有獨特的政治聲望。在此同時，伊德里斯家族的思想嚴格來說並不屬於什葉派，因為他們不認為自己擁有真主賦予的權力或智慧。儘管如此，結合宗教與政治領導的哈里發觀念依然持續，而且至今仍是馬格里布政治論述的重要部分。

柴迪派信仰也傳布到裏海南端的山區省分：我們可以這麼說，有些無法被伊斯蘭世界核心地區廣大平原與大城市接納的觀念，往往以山區作為避難所。長達八個世紀的時間，這個地區成為各種什葉派社群的家園，例如柴迪派與伊斯瑪儀派。柴迪派作為一個獨立團體，一直持續到十六世紀才被薩法維朝的伊斯瑪儀什葉派吸收，從此在歷史上消失。

持續較久的是葉門的柴迪派伊瑪目國。柴迪派伊瑪目國建立於九世紀晚期，它成功抵禦了幾次入侵——十二世紀埃宥比朝的入侵，以及十六世紀與十九世紀末鄂圖曼人的兩次入侵——一直掌權到一九六二年末代伊瑪目被政變推翻為止。柴迪派的據點位於葉門北部山區的薩達附近，他們對於古都閃阿與南方的控制則十分薄弱。目前以北部地區為根據地的胡塞派是柴迪派的一支，他們正在爭奪葉門的控制權。與柴迪派一樣，胡塞派未來一定會掌握攻擊的主動權，並且重新建立哈里發政權。

柴迪派伊瑪目國一直是葉門特有的現象。某方面來說，柴迪派伊瑪目不屬於部族。他們是仲裁者、出謀劃策者、學者與率領葉門人對抗入侵者的領導者，但他們不是統治者，他們對於法律、習慣與日常生活並無絕對的控制權：這些都掌握在部族與部族首領手中。許多世紀以來，這種權威模式在葉門運作良好，卻無法輸出到世界其他地方。

早期的伊斯瑪儀派

最後一個我們必須考量的什葉派重要派別是伊斯瑪儀派。伊斯瑪儀派的重要性在於伊斯瑪儀信仰有不同類型的支派（卡爾瑪特派、法蒂瑪派、暗殺派），他們分布的地理區域十分廣大（從突尼西亞到塔吉克，之後又傳到印度），他們存續的時間也很悠久（伊斯瑪儀派興起於九世紀晚期，至今仍活躍於穆斯林社群）。

從我們的角度來看，伊斯瑪儀派的重要特徵在於他們建立了最重要的什葉派哈里發政權，我們可以從他們的身上看到——我們無法從別的地方得知這一點——一名由真主從先知家族中揀選的哈里發可能帶來什麼樣的好處與問題。伊瑪目派願意以先知家族之名建立一個統治全伊斯蘭世界的哈里發政權，但他們的努力並未獲得任何成果。柴迪派的確產生了實際的統治者，其中有些人還取得哈里發的稱號，例如現代早期的葉門柴迪派伊瑪目，但他們的影響力一直局限在伊斯蘭世界的邊陲與貧困地區。伊斯瑪儀派則不同：法蒂瑪朝哈里發統治埃及與敘利亞大部分地區，他們的權威甚至一度獲得巴格達當局承認，法蒂瑪傳教士與代理人活動的地方甚至遠至東方的阿富汗。我們要問的一個根本問題是：什葉派哈里發的定義與目的在多大程度上，以及在何種面向上與順尼派哈里發有所區別？什葉派哈里發是否屬於完全不同的模式，或者本質上與順尼派哈里發相同，只是表面看起來不同？

伊斯瑪儀派是在九世紀初伊拉克的伊瑪目派什葉派環境下產生的。伊斯瑪儀派源自於伊瑪目賈法爾．薩迪克（死於七六五年）的繼承爭議，以及他的長子為什麼無法繼承他的理由。這場爭議的根源並不清楚：不是伊斯瑪儀比他的父親早死，就是伊斯瑪儀被認為不適任，因此繼承人的地位遭到剝奪。無論如何，伊斯瑪儀並未當上伊瑪目，但據說他留下一個兒子穆罕默德，穆罕默德是第七任也是最後一任伊瑪目（因此伊斯瑪儀派有時也被稱為七伊瑪目派，與十二伊瑪目派相區別）。

這場繼承爭議觸及什葉派伊瑪目觀點的核心。對某些人來說，無論基於什麼理由，伊斯瑪儀無法繼承意謂他的繼承資格是無效的。然而對其他人來說，伊斯瑪儀是真主指定的繼承人。如果他在道德上有缺失，那是因為眾人無法了解真主的旨意：如果他比他的父親早死，那也是真主的旨意，應該由他的兒子來繼承。

話雖如此，伊斯瑪儀或他的繼承人真正為人所知卻要等到一個世紀之後，當時伊拉克南方的村落開始流傳伊斯瑪儀的子孫才是先知家族真正繼承人的說法。當然，這也是第十二任伊瑪目隱遁之後的事，這可能是什葉派面對這種情形時做出的回應，他們希望有個真實存在的領袖可以追隨。在接近九〇〇年時，一個住在敘利亞中部小城薩拉米亞名叫烏拜德·阿拉的男子，宣稱自己是伊斯瑪儀的後代，認為眾人應該向他這位在世的伊瑪目宣誓效忠。不是所有的伊斯瑪儀派都同意這種說法，有一群人認為應該等待真正的伊瑪目，仍在隱遁的穆罕默德·伊斯瑪儀歸來。這些人稱為卡爾瑪特派（Qarāmita，或西方的拼法 Carmathians），他們在阿拉伯半島東部建立一個新國家，專門掠奪朝聖隊伍，我們曾經提過，他們甚至偷走卡巴的黑石。但卡爾瑪特派並未建立哈里發政權，他們的領袖也未冠上哈里發的稱號。

然而，烏拜德·阿拉依然以領袖自居，但敘利亞不是適合發動叛亂的據點。沙漠中的貝都因人有自己的想法，而巴格達與埃及當局的力量依然強大，足以阻止他取得任何一座城市。烏拜德·阿拉於是派出人員到伊斯蘭世界的邊陲地帶，看看是否有機會吸引當地民眾支持。葉門與北非東半部（今日的突尼西亞）是他選擇的地方。

烏拜德．阿拉派出的阿布．阿卜杜拉．什葉派於八九三年抵達突尼西亞開始傳教，但他不前往蓋拉萬與突尼斯，而是到位於今日阿爾及利亞西部的卡比爾山區。這裡的庫塔瑪柏柏人部族對於蓋拉萬阿格拉布朝的統治懷恨已久，阿布．阿卜杜拉因此找到現成的聽眾。庫塔瑪柏柏人成為法蒂瑪哈里發政權的軍事骨幹，就像阿拔斯朝的呼羅珊人一樣，這種狀況一直維持到九六九年征服埃及之後。阿布．阿卜杜拉初獲成功後不久，九〇九年，烏拜德．阿拉前來與他會合，他們征服了古都蓋拉萬，宣布建立哈里發政權。

法蒂瑪哈里發政權

這是第一次，什葉派哈里發政權在先知家族成員領導下，在伊斯蘭世界建立權力基礎。這是一起重大事件，但也意謂過去許多待解的問題現在必須一一解決。這個新哈里發政權與過去建立的穆斯林政府是否完全不同，還是說這個新哈里發政權依然是個舊式國家，只是管理的方式不同？當我們談到真主所指引、不可能犯錯的伊瑪目時，如果這樣的人僅存在於夢境之中，倒也還好，然而一旦這個人是個實際存在真正握有大權的人時，該如何是好？當牽扯到世俗事務，要維持秩序並且向不甘願的納稅人徵稅時，該如何面對民眾內心產生的幻滅感？用阿拉伯文的說法就是，這是從da‘wa（傳教活動）走向dawla（國家），從神蹟時代走向政府統治的嚴酷現實。

烏拜德．阿拉決心迅速建立自己的權力基礎。傳教士阿布．阿卜杜拉在傳教工作上居功厥偉，他順利動員庫塔瑪部族為法蒂瑪哈里發政權而戰，卻被烏拜德．阿拉處死，就像阿拔斯哈里發曼蘇爾處死阿布．穆斯林一樣。權威的中心只有一個。

新哈里發取得象徵彌賽亞的稱號馬赫迪，並且宣稱自己是先知家族真正的領導人。他與他的子孫自稱而且眾人也稱他們是法蒂瑪家族，這是為了強調他們是法蒂瑪的後代，因此也是先知的後代。所以，他們是具有正當性的先知繼承人，而這是阿拔斯朝無法主張的。然而，馬赫迪不僅是地方的領袖：法蒂瑪朝是真正的哈里發，更是整個伊斯蘭世界的統治者。但不是每個人都接受這種說法。不同於十二伊瑪目，十二伊瑪目的家系就連順尼派與其他敵對的教派都願意承認，反觀法蒂瑪朝的家系就存在許多漏洞。烏拜德．阿拉與穆罕默德．賓．伊斯瑪儀的確切關係是什麼？早在烏拜德．阿拉出現前一個世紀，伊斯瑪儀就已經死去，兩人之間的傳承究竟是哪些人？這項弱點使法蒂瑪朝遭到敵人的質疑。他們的權力基礎在於他們是先知的後代。如果他們不是先知的後代，或僅僅有點不合事實，那麼整個王朝將成為一場騙局。

為了落實他們的主張，法蒂瑪朝必須動用武力。庫塔瑪部族被編組成正規軍，發給薪餉，另外招募希臘與斯拉夫奴兵與庫塔瑪部族協同作戰，海軍也隨之建立。這些做法非常類似伍麥亞與阿拔斯統治者創立的傳統穆斯林國家體制。

法蒂瑪朝抓住時機入侵埃及，卻以失敗收場。九二〇年之後，法蒂瑪哈里發政權開始發展成以突尼西亞為中心的地方政權。他們在地中海沿岸建立新都，取名為馬赫迪亞。這座都城的遺跡存續至今，供人憑弔，這是一座堡壘化的海港，不僅能遠眺地中海，還能往東望向埃及。與巴格達和日後的開羅相比，馬赫迪亞的規模顯然不大，但在這座都城的新清真寺裡誦唸都城之名與祈禱文，卻能充分顯示這是新哈里發政權營建的第一座首都。

也就是在這個時期，法蒂瑪朝與其非什葉派臣民之間有了些新約定。突尼西亞絕大多數人口，特別是在聖城蓋拉萬，依然維持順尼派的信仰，法蒂瑪朝無意讓他們改信伊斯瑪儀派。但新首都則屬於伊斯瑪儀派的地盤，而且凡是想在軍隊與政府擔任高位的人都必須承認哈里發是受真主指引的馬赫迪。從實際運作狀況來看，這種方式相當成功。法蒂瑪朝不強制改信，因此幾乎沒有人公開反對他們的統治。只要他們能維持法律與秩序，保護人民不受外來攻擊，允許商人賺錢，在徵稅上不過於專橫，那麼民眾就不會公然反對他們。新王朝的哈里發不久就被迫做出能與政治權力相搭配的棘手決定與妥協，甚至連他們最親近的崇拜者都因此感到困惑，是否哈里發真的如他們所宣稱的純淨無罪與不可能犯錯，但對絕大多數民眾來說，只要是好政府就已足夠。

九六九年，法蒂瑪將領，來自希臘的前奴隸賈烏哈爾，率軍征服埃及，法蒂瑪哈里發政權於是從地方政權一躍成為世界強權。這場征服並非暴力與毀滅性的軍事入侵。在阿拔斯朝之後建立的伊赫希德政權雖然遭到推翻，但在此之前早已失去民心：尼羅河下游一連串的水災導致嚴重的饑荒，而法蒂瑪朝派出的人員也預先做好準備，他們向埃及社會各階層保證，法蒂瑪朝的接管將符合各界利益。結果，這場征服即使並非全然和平，卻未遭到絕大多數民眾群起反抗。當賈烏哈爾率領大約十萬大軍（絕大多數是柏柏人）接近埃及時，政府的領導人物與福斯塔特（舊開羅）的穆斯林大法官決定與賈烏哈爾達成協議，舊政權的軍隊於是輕易遭到擊敗。七月，禮拜文在埃及精神生活的中心，崇高神聖的阿姆爾清真寺宣讀，而且是以法蒂瑪哈里發穆伊茲而非阿拔斯哈里發卡迪爾之名進行，先知家族對伊斯蘭世界廣大地區的統治才正要開始。

九七〇年，賈烏哈爾首先採取的一項最重要行動是建立新都城開羅（阿拉伯文 Qahira，意思是「勝利」）。埃及最早的伊斯蘭都城是福斯塔特，現在通常稱為舊開羅，福斯塔特剛好位於古羅馬堡壘城牆外，這座堡壘是這個地區最初的屯墾中心。這座新法蒂瑪城市與福斯塔特中間隔著開放的空間與花園，並且單獨構成一座城市，周遭圍繞著城牆與城門。這座城市在設計時十分謹慎，並且在仔細觀察星相之後才開始興建。城市的中心有兩座巨大的宮殿，分別位於南北向大街的兩側。這兩座宮殿早已消失，但這條大街至今仍稱為 Bayn al-Qasrayn（兩座宮殿之間）。為了進行伊斯瑪儀儀式，於是興建了新清真寺，這座清真寺至今仍是阿茲哈爾清真寺的核心部分。

這是一座政府城市，是哈里發的華麗居所，哈里發是真主在人世的代表，是先知穆罕默德的直系子孫。這不是個卑微的住處：真主讓所有人親眼目睹祂的恩典，祂對統治者的慷慨，讓他享有財富與顯赫的地位。這座城市與曼蘇爾的圓形城市巴格達有許多共通點，唯一的不同是城市的中心是宮殿而非清真寺。城外的非法蒂瑪政府人員生活如常，沒有太大變動。福斯塔特依然是商業活動的中心與基督徒和猶太社群的居住地。在舊阿姆爾清真寺，福斯塔特的穆斯林法官仍坐鎮此地以順尼派律法治理順尼派人口。我們可以說，法蒂瑪哈里發政權實行的是一國兩制。

這個二元體制是法蒂瑪朝成功的原因之一。如果法蒂瑪朝將柏柏士兵安置在舊城，將不可避免造成緊張、暴動與騷亂。如果他們強迫不順從的居民接受他們的教義，他們將會遭遇頑強的抵抗，就像當初阿拔斯朝被迫撤回《古蘭經》創造說一樣。

今日，阿茲哈爾清真寺以作為全伊斯蘭世界順尼派宗教學術重鎮而聞名於世，但一開始並非如此。從許多方面來看，法蒂瑪哈里發政權可說是一項思想計畫。從九〇九年建國以來，歷任哈里發與他們的謀臣便努力為政權提供意識形態基礎。為了正當化哈里發政權對埃及以及其他地區的統治，也因為早期法蒂瑪哈里發決心將他們的權威擴展到整個伊斯蘭世界，這項基礎至關重要。埃及只是起點與基地。他們在東方的伊拉克與伊朗建立了達伊（dāʿī，傳教士）網絡，針對不滿的穆斯林進行傳教。一方面，有些傳教士奉命從開羅出發，另一方面，其他地區的伊斯瑪儀派信徒前來開羅覲見哈里發，瞻仰哈里發的威儀，之後便返鄉傳布教義。這個網絡需要清楚的訊息與信仰體系，才能維繫傳教士的工作。在開羅，伊斯瑪儀派教義與律法統一由官方傳授，稱為知識會，每個星期舉辦兩次，也就是每星期四與星期五。伍麥亞與阿拔斯哈里發從未以這種系統性的方式教導他們的臣民。

最能充分說明這種意識形態的是穆斯林法官努阿曼（死於九七四年）的大作《伊斯蘭之柱》。

這本書完成於法蒂瑪朝征服埃及之前，瓦達德・卡迪認為它「清楚而有組織地陳述了伊斯瑪儀派實定法的教義內容」。[1]第一卷提到敬拜神的七功（職責義務），根據伊斯瑪儀派的說法，這七功指奉獻伊瑪目、證信、禮拜、天課（濟貧）、齋戒、朝聖與吉哈德（聖戰或個人奮鬥）。第二卷討論較為實際的法律內容，例如買賣、誓約、飲食、結婚、離婚、竊盜、證言等等。努阿曼有系統地處理主題，將每一章分成數節，每一節依照《古蘭經》經文，以及先知、阿里・賓・阿比・塔利卜與阿里之後的前五任伊瑪目（也就是直到伊斯瑪儀的父親賈法爾・薩迪克）留下的傳統，記錄相關的法律判決。

在絕大多數狀況下，伊斯瑪儀派實定法與順尼派和十二伊瑪目派的一般做法差異不大。在努阿曼的伊斯蘭七功中，除了奉獻伊瑪目與證信外，其他都屬於伊斯蘭教的五功（five pillars of Islam）。然而，有一項非常重要的初始差異，使伊斯瑪儀派實定法與順尼派的律法大不相同，這項差異來自於伊斯瑪儀派使用的原典。當然，《古蘭經》是伊斯瑪儀派的基礎，此外先知傳統也是什葉派教義遵循的來源。接下來則是阿里與阿里之後歷任伊瑪目立下的傳統。他們的話語具有權威性。不過，什葉派完全不採納先知門徒傳統，當然也不引用順尼派法學家沙菲儀（死於八二〇年）與罕百里（死於八五五年）的學說。唯有先知及其家族才能決定法律，穆斯林社群與法學家無權這麼做。

《伊斯蘭之柱》的第二個決定性特徵是它成為官方手冊，獲得法蒂瑪哈里發與政府的認可與支持。事實上，它成為法蒂瑪哈里發政權的法律。即使是最強大與最偉大的伍麥亞與阿拔斯哈里發阿卜杜－馬利克或曼蘇爾，也未曾擅自頒布官方的法律書。法蒂瑪哈里發認可《伊斯蘭之柱》，對他們來說，困難的裁決都必須參考這本書。如果說阿拔斯朝在控制伊斯蘭法的鬥爭上輸給了宗教學者，那麼法蒂瑪朝顯然是大獲全勝。

新成立的法蒂瑪哈里發政權面臨較為政治性的問題。法蒂瑪朝的政策目標依然是接管整個伊斯蘭世界，但這顯然是一項長期計畫。比較急迫的是敘利亞與巴勒斯坦的政府爭議。敘利亞與巴勒斯坦或多或少曾實際受到突倫朝與伊赫希德朝的統治，這兩個王朝都曾在法蒂瑪朝之前統治過埃及，因此法蒂瑪哈里發理所當然地認為這兩個地區也該歸他治理。此外，敘利亞與巴勒斯坦還有其他值得關切的問題。

首先是經濟問題。當然，埃及的糧食供應仰賴尼羅河的洪水。洪水的高度年年不同，但絕大多數時間洪水都能帶來充足的水量與淤泥供農業使用，因此能餵養埃及及當地人口。沒有洪水的年份，農民缺乏水源來灌溉農田。如《聖經》描述的，在法老時代，沒有洪水可能導致嚴重的饑荒，基本上遇到這種情況，無論是法老還是哈里發都無計可施。另一方面，敘利亞的農業仰賴地中海西風帶來的雨水。當然，雨水的多寡也會變動，因此存在著豐年與荒年，但敘利亞豐年荒年的週期與埃及不同，除非運氣不佳，否則埃及與敘利亞的豐年與荒年通常會錯開。糧食安全因此成為法蒂瑪朝急於控制敘利亞或至少部分地區的重要原因。

其次，控制敘利亞可以讓法蒂瑪朝直接接觸拜占庭，拜占庭帝國從先知時代以來一直是穆斯林政府的仇敵。對拜占庭的戰爭是阿拔斯哈里發唯一參與過的戰爭，也是阿拔斯哈里發唯一親自領兵的戰爭。九世紀上半葉，阿拔斯哈里發未能保護邊疆地區的穆斯林，這成為阿拔斯哈里發喪失民心的原因之一。

控制敘利亞的問題變得十分急迫。十世紀中葉，由於阿拔斯哈里發積弱不振，拜占庭人開始大舉入侵穆斯林領土。九六九年，法蒂瑪朝在開羅建國，就在這一年，拜占庭人攻下古城安提阿（位於今日土耳其境內）。穆斯林被趕出家園，清真寺也被改成馬廄。法蒂瑪朝正急於在廣大伊斯蘭世界建立自己的哈里發地位，因此收復失土既是他們的責任，也是他們的機會。如果民眾看見法蒂瑪哈里發保護穆斯林不受異教徒的欺凌——這是穆斯林領袖最基本的責任，也是阿拔斯哈里發明顯未能盡到的義務，那麼他們的威望將大為提升。

在保護與領導朝聖上，法蒂瑪朝也從顢頇的阿拔斯哈里發手中奪取主動權：無論是伍麥亞還是阿拔斯哈里發都非常重視朝聖。我們曾經提過，除了領導聖戰外，朝聖也是哈里發或他們的家族成員展現身為穆斯林社群真正領袖的一個公開表演場域。阿拔斯哈里發在這方面顯然怠忽職守。在哈倫·拉希德之後，再也沒有任何一個阿拔斯哈里發親自做過朝聖。九世紀晚期之後，橫越阿拉伯沙漠這段漫長而無水的朝聖旅程經常受到貝都因人攻擊，朝聖者遭到搶劫或淪為俘虜，婦女則成為奴隸。這些攻擊的高潮是經常與法蒂瑪朝衝突的卡爾瑪特派搶走了卡巴的黑石。最後是靠著據點仍在突尼西亞的法蒂瑪哈里發出面協商，讓卡爾瑪特派將黑石歸還給麥加，使朝聖者得以繼續他們的儀式。

現在既然法蒂瑪朝已經統治埃及，他們於是安撫貝都因人使他們放棄攻擊，朝聖因此得到保護。此後，「官方的」朝聖不再從伊拉克出發，而是從埃及與敘利亞啟程。這條朝聖之路行經漢志，沿阿拉伯半島西岸南下，或上溯尼羅河，到了古斯轉而向東前往紅海港口，朝聖者可以在此搭船前往賈爾或吉達。來自伊斯蘭世界各地的朝聖者將目睹法蒂瑪哈里發的威嚴，在他的旗幟保護下旅行，並聽見麥加與麥地兩座聖城的講道壇正呼喊他的名號。

法蒂瑪哈里發統治時期也是埃及的繁盛時期，埃及取代伊拉克成為伊斯蘭世界最富庶的省分。印度洋海上貿易改為沿紅海而上直到埃及，而不再沿波斯灣而上直到巴斯拉與伊拉克南部。義大利商人開始從阿瑪菲與其他港口來到亞歷山卓購買印度洋香料，如胡椒、肉桂與丁香，這些都是西歐日漸富有的菁英階級珍視的商品。

法蒂瑪哈里發是這一連串有利條件的受益者，但他們也為國家的繁榮做出貢獻，特別是提供安全保護以及鑄造優質的錢幣。同樣地，法蒂瑪朝在這方面也接收了阿拔斯朝一項重要的哈里發象徵。金幣的鑄造顯然連結著哈里發的地位。九二九年，當阿卜杜拉赫曼三世在哥多華自封為哈里發時，他首先採取的行動就是鑄造金幣。在此同時，阿拔斯朝則無力鑄造金幣，他們的保護者布伊朝只能發行粗劣破損的舊銀幣迪拉姆。相較之下，法蒂瑪第納爾則是有史以來最優質與最美麗的伊斯蘭錢幣，用來向世界宣揚什葉派哈里發政權有多燦爛輝煌。

法蒂瑪朝使開羅成為向民眾展示權力的中心，其規模是伊斯蘭世界前所未有的。我們對於伍麥亞與阿拔斯哈里發政權的公開表演所知甚少。我們聽說過集會（majlis），也就是任命大臣、接見使節與朗誦詩歌的地方。伍麥亞哈里發也許曾造訪過大馬士革那幾座以他們的姓名命名的清真寺，但我們從未聽說過集會的內容。我們知道曼蘇爾曾在巴格達的清真寺講道，但我們不清楚他的後繼者是否也曾這麼做。導致穆塔瓦基爾於八六一年死亡的一個直接原因，就是他改變了主麻日前往清真寺的遊行順序，這麼做等於廢除了蒙塔希爾的繼承人地位，而這也是我們唯一可以得知遊行行列是阿拔斯哈里發政權公共生活一部分的指標。

反之，法蒂瑪朝發展的是一套全新的公共儀式語言。他們把一些慶祝活動，例如為了防範尼羅河水患而興築的堤防的啟用典禮，轉變成公共性質的活動，由哈里發本人或他的家族成員來主持落成儀式。哈里發因此被營造出一種民眾守護者的形象，並且表現出他對民眾福祉的關心。

我們可以從納希里．胡斯洛的遊記看到法蒂瑪哈里發對他們的人民與其他地區穆斯林的影響。[2]胡斯洛是伊斯瑪儀派信徒，他的故鄉位於今日的塔吉克境內，這個地方無論在過去還是現在都是伊斯蘭世界偏遠之地。一〇四五年，這名哲學家知識分子旅行到了埃及，訪問了法蒂瑪朝廷。胡斯洛是文筆最生動且最具魅力的穆斯林旅行作家，他的作品充滿鮮明的第一手陳述與個人見聞。他對於自己在開羅看到的一切印象深刻，他發現這座城市很富裕，哈里發的官員立場堅定但態度親切。他不斷比較埃及的繁榮與他的故鄉伊朗的貧困。當然，胡斯洛的說法是一種後見之明，為的是讓他的同胞相信（他的作品使用的是波斯文而非阿拉伯文）伊斯瑪儀派統治的卓越，但他的描繪看起來確實有可信之處，或者至少給予我們一種合於現實的感受。

在生動而流暢地描述開羅之後，包括提到開羅市集之豐饒與清真寺數量之多與外觀之宏偉，胡斯洛轉而討論哈里發的角色，在書中他通常把哈里發稱為素壇。

一〇四七年，素壇下令全國人民慶賀他的兒子誕生。城市市集張燈結綵，如果真要描述的話，實在難以相信布商與兌錢商的店鋪會用黃金、珠寶、錢幣與金線編織的布料與亞麻將所有地方裝飾得滿滿都是，讓人沒有地方可以坐下。

在素壇統治下，民眾安心，沒有人擔心他會派出密探或布置線人，民眾仰賴他，他既不會行不義之事，也不圖謀任何人的財產。我看到民眾的財富，若真要描述的話，波斯百姓怎麼樣都不會相信。此地民眾的家產無窮無盡，人民安居樂業，不擔心財產遭到侵奪，這是在任何地方都看不到的景象。

我看到一名男子，他是基督徒，也是全埃及最富有的人，據說他擁有的船隻、財富與財產難以計數。簡單地說，有一年，尼羅河枯竭，糧價暴漲，素壇的宰相召見這名基督徒，他說道，「時值荒年，素壇有照顧萬民的重任。無論是出售還是出借，你能拿出多少糧食？」基督徒回道：「託素壇與宰相之福，我有足夠的現成穀物，足以保證埃及有六年的麵包可吃」……人民何等幸運，統治者何等公義，才能解此倒懸之苦。統治者不行不義之事，人民無須隱匿財富，這才是真正的國富民強！

之後胡斯洛又說：「埃及民眾享有安全與福祉，布商、兌錢商與珠寶商甚至不用為自己的店鋪上鎖：他們只是在店面上蓋上網子，沒有人因此損失財物。」當然，我們應該對他的陳述有所保留，但他傳達的訊息很清楚：哈里發認為自己對人民的福祉負有責任，而宗教不應該成為參與社會的藩籬。

胡斯洛也提到法蒂瑪哈里發扮演的公共角色，他在清真寺禮拜，在尼羅河洪汛期主持灌溉溝渠的落成典禮。他曾親眼看見哈里發本人：

一個體格健壯、鬍子剃得乾乾淨淨、頭髮剪短的年輕人，阿里的兒子胡笙的子孫。他騎在駱駝上，素淨的馬鞍與轡頭毫無金銀裝飾，他依照阿拉伯國家的習慣身穿白襯衫，繫上寬大的腰帶。據說光是這條腰帶的價值就有一萬迪拉姆。他的頭上纏著同樣材質的頭巾，手中握著一條昂貴的長鞭。三百名德萊木人走在他的前面，他們穿著拜占庭金線縫製的衣服，繫著腰帶，寬鬆的衣袖是當時埃及的風尚。他們手持長矛，攜帶弓箭，腳上打著綁腿。素壇身旁的駱駝騎士手中拿著一把大陽傘，頭上纏著黃金裝飾的頭巾，身上的衣服價值一萬第納爾。他手中拿的大陽傘極為華麗，裝飾著寶石與珍珠……他左右兩邊是捧香爐的人，香爐裡燒著龍涎香與蘆薈。這裡的習俗是，素壇經過時，民眾必須俯臥在地並且誦唸祈禱文。

這是個強調「表演」的君主制度：統治者是先知的子孫，是真主在人世的代表，是國家繁榮的保障者，他在公開場合展示自己，供萬民觀看。

與伍麥亞和阿拔斯哈里發不同，法蒂瑪統治者慷慨地款待他的人民：

依照慣例，素壇每年會在兩個節日大擺宴席（一個是開齋節，代表齋戒月的結束，另一個是朝聖時期的宰牲節）並且召集菁英階層與一般民眾前來，素壇會親自接見菁英階層，至於一般民眾則在其他的大廳與會場。我很想親眼目睹宴席的盛況，於是我向先前結識並且結為好友的素壇書記求助，我說自己過去曾經看過波斯素壇加茲尼的馬哈穆德以及他的兒子瑪斯悟德的宮廷，這兩位偉大君主的生活奢華，現在我也想見識信仰者統領的宮廷。書記於是把我的話轉告給宮廷大臣。

伊斯蘭曆四四〇年齋戒月最後一天（一〇四九年三月八日），大廳正為了隔天開齋節進行裝飾，素壇在當天禮拜結束後會過來主持宴席。我的朋友帶我進宮，當我走進大廳時，看到整棟建築物、長廊與門廊，真是琳瑯滿目，不知從何說起。有十二座正方形的「宮殿」，一座接著一座，一座比一座更令人目眩……描繪著狩獵與競技的景象，還有以美麗書法寫下的銘文。地毯與枕頭全是拜占庭織錦與 buqalamun〔一種滿滿都是刺繡的織物〕，每一件都擺放得恰到好處。牆邊則是無法形容的黃金格子細工。據說為了準備素壇的宴席，一共買了五萬蒙德（maunds，重量單位）的糖。在宴席桌上，我看到一座像柳橙樹的糕點，每一根樹枝每一片葉子都是用糖做的，還有數千個糖製人偶。素壇的廚房位於宮殿外，五十名奴隸寸步不離地在裡面準備。宮殿與廚房之間有地下通道連接。每天都有十四頭駱駝馱著冰塊供皇家廚房使用。絕大多數埃米爾與素壇的隨從都在這裡領取津貼，如果城市民眾因為受苦而提出請求，也會獲得賜予。無論城市民眾需要什麼食物或藥品，後宮都會發放，就算是藥膏與香脂也不是問題。

九七三年，賈烏哈爾攻下開羅建立法蒂瑪朝統治已經四年，哈里發穆伊茲首次親臨埃及，還把整個宮廷與祖先的棺木全帶來，定居此地。五月，穆伊茲在亞歷山卓燈塔之下建立朝廷，亞歷山卓燈塔在穆斯林統治時獲得修復，到了穆伊茲時代仍大體維持舊觀。穆伊茲在這裡接見福斯塔特的民間菁英領袖與貝都因部族首領。他哄騙他們說，他來這裡只是為了發動反對異教徒的聖戰，保障通往麥加的朝聖之路。這兩件事公認是哈里發的職責，因此沒有任何穆斯林反對。

在這兩項職責中，維護朝聖比較容易。九七五年，朝聖隊伍成功經由陸路抵達麥加，兩聖城的講道壇宣讀了法蒂瑪哈里發的名號。法蒂瑪朝並未接管麥加的政治權威，當地的控制權依然掌握在阿里家族謝里夫手中，就這樣一直持續到二十世紀初，但法蒂瑪統治者卻在來自伊斯蘭世界各地的朝聖者面前被稱呼為哈里發。法蒂瑪哈里發資助朝聖與提供 kiswa（用來覆蓋卡巴的巨大布幔，每年須更換一次），與阿拔斯朝不同的是，他們從未親自領導朝聖。

反對拜占庭人的聖戰要困難得多，而且必須投入大量資源。其中一個問題當然是拜占庭的軍力。拜占庭帝國正處於中世紀權力的顛峰時期，十一世紀上半葉，拜占庭皇帝巴西爾二世及其後繼者甚至親自率軍長驅直入敘利亞，控制了阿勒坡與周邊地區。然而，法蒂瑪朝在敘利亞真正的敵人卻不是拜占庭人，而是貝都因部族。貝都因人愈來愈具有侵略性，他們入侵屯墾地區，摧毀農業與掠奪城市。法蒂瑪哈里發政權投入所有軍事資源才讓貝都因人停止入侵，即便如此，法蒂瑪朝的軍隊也只能取得零星的勝利。另一方面，法蒂瑪朝與拜占庭人很少出現直接衝突，雙方一直維持長期友好的外交關係，這一點令一些法蒂瑪穆斯林民眾深感不滿。

法蒂瑪哈里發招募士兵，支付軍隊薪餉，任命將領領導軍隊，但自己從未親自率軍出征。哈里發待在開羅，他們是遠征軍名義上的統帥，有時也實際策畫，但從未親身參與。法蒂瑪朝的軍隊最初是由庫塔瑪柏柏人構成，他們大體上忠於哈里發政權，宗教上則信仰伊斯瑪儀派。他們不是可以輕易駕馭的軍隊，而且經常與敘利亞當地城市如大馬士革的居民發生衝突。為了制衡柏柏人，法蒂瑪朝開始從伊斯蘭世界東部招募大量突厥軍人。舉例來說，十一世紀上半葉最重要的法蒂瑪將領阿努什塔金．迪茲巴里就是來自今日塔吉克境內的胡塔爾小親王國。迪茲巴里在家鄉被奴隸販子抓住，帶到今日中國西部的穆斯林貿易大城喀什出售。他從喀什逃到布哈拉，然後被賣給了巴格達的主人，之後抵達大馬士革，被法蒂瑪總督看中，獻給了哈里發。

迪茲巴里的生平顯示軍事奴隸帶來社會流動的機會，而哈里發總是不斷尋找有才能的年輕人，無論他們的出身背景如何。這名來自伊斯蘭東部偏遠地區的卑微男孩，最後晉升到法蒂瑪哈里發政權的第二把交椅，僅次於哈里發。迪茲巴里並未被當成穆斯林撫養長大，年輕時也未改信伊斯蘭教，他也沒有伊斯瑪儀派的背景。但迪茲巴里無疑接受哈里發是先知家族成員的統治主張。與他的許多突厥同胞一樣，迪茲巴里效忠的是身為強人領袖的哈里發，而非精神領袖哈里發。隨著愈來愈多突厥人到來，法蒂瑪哈里發政權逐漸喪失最初的革命色彩，反而愈來愈像傳統的中東國家。

法蒂瑪朝推動他們的宗教政策。在埃及，他們偶爾強制舉行標準的什葉派儀式，如哈里發穆伊茲剛抵達開羅時，強迫順尼派所在的福斯塔特的店家要在穆哈蘭姆月十日休息一天以紀念胡笙的死。穆伊茲也下令宣禮必須以什葉派的規定進行，宣禮詞必須包括「快來走正道之路！」然而這大概已經是公開宣揚新信仰的極限。哈里發哈基姆（在位時間九九六至一〇二一年）每隔一段時間就會浮現強烈的宗教熱忱，他下令公開詛咒薩拉夫（第一代穆斯林），包括前三任哈里發阿布．巴克爾、歐瑪爾與歐斯曼以及阿伊莎，因為他們都不承認阿里的優越地位。對薩拉夫的詛咒極具挑釁意味，因此不可避免地在當時的巴格達引發流血衝突。除了侮辱外，哈基姆更變本加厲下令將詛咒的言語用金字寫在公共建築物的牆上。就像哈基姆其他窒礙難行的法令一樣，兩年後，哈基姆自己又向全國頒布寬容詔令，特別是規定那些冒犯的詛咒必須予以塗銷。

伊斯瑪儀派是人數寡少的統治菁英，因此需要在埃及人當中尋找盟友。他們與非穆斯林社群建立緊密的連結，這些人包括科普特基督徒與猶太人，他們或許構成了埃及的絕大多數人口。政府的高層職位，特別是最重要的財政機構，法蒂瑪哈里發總是希望由基督徒而非順尼派穆斯林擔任。基督徒官員也對哈里發鞠躬盡瘁，以作為回報。我們可以從開傑格尼亞（Cairo Geniza）的資料發現這種多文化社會的獨特之處。開傑格尼亞是舊開羅猶太會堂的儲藏室，猶太人社群將廢棄的莎草紙與其他紙類文書堆置在這裡。猶太人認為任何紙張只要寫有上帝的名字就不可以隨意丟棄，由於絕大多數書信、敘述都寫有上帝名字，他們只好從文字優美的法蒂瑪皇家法令——由最高法院發布，後來因為法律文件與書信失效而重新回收使用——到尋常的購物清單或寫給其他社群成員的便條紙，全都予以保留。猶太人社群有許多跨國通訊，有些最有趣的信件與遠地貿易有關，但絕大多數的文件提及的主要還是法蒂瑪朝統治下猶太人的日常生活。這些文件反映了好日子與壞日子，以及偶爾與當局關係陷入困難，但從中得到的普遍印象是法蒂瑪朝是一個寬容的社會，溫和的政府允許不同的社群各行其是。當局顯然未曾有系統地迫害猶太人，或試圖讓他們改信伊斯蘭教。

在埃及以外地區，法蒂瑪朝則是大力地推廣他們的宗教觀。法蒂瑪朝的到來帶有意圖與期望，他們想征服整個伊斯蘭世界，將其置於先知家族政府的統治之下。結果，這些目標因為棘手的敘利亞問題與隨後興起的塞爾柱人而無法實現，但 da'wa（伊斯瑪儀派傳教組織）在伊拉克與伊朗這些地區持續活躍，當時許多優秀的伊斯瑪儀派作家都出自這個傳教士階層。

哈基姆是最著名或者說是最惡名昭彰的法蒂瑪哈里發。九九六年，父親阿濟茲去世，十一歲的哈基姆繼承王位。十五歲時，哈基姆下令處死自己的導師巴爾朱萬，初次嘗到了絕對權力的滋味。哈基姆在年紀尚輕時就發現自己可以任意殺人不受制裁，此後他的專制欲望就更加不受限制。他下令處決許多伊斯蘭瑪儀派高層，包括為法蒂瑪朝盡心盡力的穆斯林法官努阿曼家族，一時人心惶惶，許多人開始要求哈基姆保證他們的安全，如果未來某個時候出了錯，可以讓他們免受無妄之災。

哈基姆耐人尋味的地方在於，他把真主指引的哈里發這個理念發揮到極致。他完全透過自己的意志頒布法令創制新法，既不採納建言，也不理會傳統與前例。無論是順尼派還是什葉派傳統的哈里發，沒有人像他一樣以這種方式創造新法。事實上，他完全是突發奇想就制定新的法律，而他的法律有些確實相當怪異。當時與現代的史家都試圖探求他的行為背後的一致性與目的。保羅．沃克將他的行為分成四大類：「飲食禁令；嚴格的道德規範；對宗教儀式的限制與修改；他面對公眾時各種不同的表現方式以及期望得到的反應。」

在第一類中，我們看到嚴格的禁酒令，即使基督徒也不許在聖餐禮中使用酒。這項禁令與公認的伊斯蘭教規範一致，但哈基姆也禁止販售與食用某些綠色蔬菜或沒有鱗的魚，這些措施在伊斯蘭律法中找不到根據，也違反常識。

第二類最重要的是嚴格限制婦女參與公共活動的法律。

第三類涉及哈里發政權內與非穆斯林民眾的關係。還是一樣，哈基姆政策中最引人注目的特徵就是他的不可預測性。他下令基督徒與猶太人必須穿著特定服裝與騎乘較劣等的牲口。他發起毀壞教堂與猶太會堂運動，包括最著名的耶路撒冷聖墓教堂。到了統治末期，哈基姆廢除這些政策，他甚至允許已經被強迫改信伊斯蘭教的人恢復舊信仰，而且這些人不會被視為叛教者。

在統治後期，哈基姆愈來愈少在公眾面前出現，他放棄了法蒂瑪朝重視的奢華展示，反而騎著驢，身上穿著破爛衣服。他的結局就跟他過去的人生一樣不可解。一〇二一年的某一天，哈基姆騎著驢子前往開羅東部的穆卡塔姆丘陵，就此消失無蹤。他的消失之謎不免引發了揣測，大家懷疑哈基姆並未真的死亡，而是像第十二任伊瑪目一樣隱遁；甚至有人宣稱哈基姆其實是真主在人世的體現，絕不會死亡。從這些人當中衍生出德魯茲派信仰，一開始出現在開羅，之後傳到黎巴嫩與敘利亞南部，至今仍有許多人信仰德魯茲派。但德魯茲派並未建立哈里發政權，因此他們的歷史不在本書討論之列。

哈基姆的詭異行徑在埃及伊斯瑪儀派社群引發危機，此時一個名叫奇爾瑪尼的伊拉克傳教士來到開羅，他說服眾人相信異象依然存在，法蒂瑪哈里發依然能將整個伊斯蘭世界統一於治下。在十一世紀中葉，整個情勢一度讓人覺得這個想法確實可能實現。敘利亞與伊拉克重要的阿拉伯部族領袖都在主麻日傳道時於領地內宣揚法蒂瑪哈里發的名號，揚棄了衰弱的阿拔斯哈里發，一〇五八年到一〇五九年，一個名叫巴薩希里的冒險家甚至以法蒂瑪朝之名攻下巴格達。然而這些成果並非來自征服或實際權力，而是仰賴瞬息萬變的短暫結盟。一〇五〇年代晚期之後，堅定信仰順尼派的塞爾柱突厥人一出現，這些勢力隨即土崩瓦解。在僅剩的一百年間，從一〇七〇年到一一七一年，法蒂瑪哈里發不斷與塞爾柱人及其保護的阿拔斯哈里發競逐正統地位。逐漸地，法蒂瑪哈里發政權獨特的什葉派色彩開始褪去，雙方的鬥爭演變成純粹的強權政治，而與哈里發政權本質的差異無關。一〇九七年，當十字軍來到東方時，法蒂瑪朝第一個反應竟是把他們視為對抗塞爾柱人的潛在盟友。

最後，一一七一年，當薩拉丁廢除法蒂瑪哈里發政權，並且在開羅講道壇上宣揚阿拔斯哈里發的名號時，什葉派哈里發政權也壽終正寢。這是一場想把整個伊斯蘭世界置於先知家族哈里發統治之下的大膽實驗。但實驗最後還是失敗了，因為當凡人試圖扮演真主在人世不會犯錯的代表，相信自己的行為完全來自神明的啟示時，其中的矛盾是不可避免的。政府面臨的困境與危機使許多人對於哈里發是真主在人世的代表的概念幻滅。法蒂瑪朝淪為地區性的政權。根據地設在埃及，法蒂瑪哈里發政權本質上是埃及帝國，代表了埃及人的利益，因此無暇顧及伊拉克與伊朗的穆斯林。

即便在埃及，伊斯瑪儀派什葉派社群也隨著哈里發政權的廢除而消失，剩下的伊斯瑪儀派社群僅殘存在敘利亞北部與伊朗北部的暗殺派裡。但暗殺派沒有哈里發。隨著法蒂瑪朝的消失，由神明啟示的先知家族領導的哈里發政權夢想終於破滅。

第八章　哥多華的後伍麥亞朝

正當阿拔斯朝與法蒂瑪朝爭搶伊斯蘭社群領導地位之時，在安達魯斯也建立了第三個哈里發政權。此地位於遙遠的伊斯蘭世界西部地區：穆斯林統治下的西班牙與葡萄牙。七一一年到七一六年，穆斯林軍隊征服伊比利半島的大部分地區，只剩下幾個貧瘠孤立之地如坎塔布里亞與庇里牛斯山區仍在基督徒的掌握之下。成群的穆斯林掠奪者深入法國，往東沿隆河而上，往西則穿過亞奎丹，幾乎遠及羅亞爾河流域。七三二年，安達魯斯總督阿卜杜拉赫曼・嘎菲奇率領的一支掠奪隊伍遭鐵鎚查理率領的法蘭克軍隊擊敗。這次敗仗雖然不是重大的軍事災難，但阿拉伯穆斯林往中西歐的擴張卻就此結束，此後便展開一段鞏固權力時期。穆斯林菁英無法輕易從掠奪中獲得財政資源，只好開始發展徵稅制度與建立地方政府。

起初，安達魯斯屬於伍麥亞朝的一部分，大馬士革的統治仍具有驚人的影響力。總督的任免相當頻繁，幾年就要換人，但安達魯斯當地其實並不平靜。征服者當中有柏柏人，也有家族來自阿拉伯半島說阿拉伯語的阿拉伯人後裔，這些人絕大多數來自南方葉門的定居者，但在埃及居住幾個世代之後，便參與到馬格里布的遠征。他們雖然說阿拉伯語，但整體而言，並非游牧的貝都因人，他們習慣在城市與農業的環境裡生活。柏柏人數量超過阿拉伯人。柏柏人是西北非的原住民，有自己的語言，不同於阿拉伯人，他們絕大多數是農牧民族，生活在馬格里布為數甚少的城鎮之外。在安達魯斯，柏柏人傾向於居住在半島的高地與農耕地區。

阿拉伯人也過定居生活，但彼此之間因效忠的部族不同而互相對立。與今日的葉門一樣，居住在小鎮與村落，不表示部族關係已不再重要，正好相反。部族間的敵對主導了安達魯斯的政治，當掠奪收入逐漸枯竭時，這樣的對立也變得更加激烈。七四一年，安達魯斯的穆斯林人口出現根本的轉變。七四〇年，北非柏柏部族反抗在蓋拉萬的伍麥亞總督。當局徵收土地稅，強徵人民為奴，特別是女性，到東方為哈里發家族及其支持者工作，引發廣泛民怨。偉大的阿拔斯哈里發曼蘇爾，以及安達魯斯首位伍麥亞統治者阿卜杜拉赫曼·賓·穆阿維亞，他們的母親都是柏柏人。

為了鎮壓叛亂，當局在敘利亞招募大軍派往西方。許多士兵來自敘利亞當地的阿拉伯部族，這些人是伍麥亞軍隊的骨幹，但有為數甚多的人是伍麥亞家族的 mawāli（附庸者），也就是說，他們血統上不是阿拉伯人，只是改信了伊斯蘭教並且以軍人或文官身分為伍麥亞家族服務。他們效忠的不是自己的部族或廣大的穆斯林社群，而是供養他們的伍麥亞家族。戰事並不順利，許多敘利亞軍隊被柏柏人圍困在邱塔，與西班牙僅隔著直布羅陀海峽。在西班牙，柏柏人也蠢蠢欲動，總督只好勉為其難地允許邱塔的敘利亞人渡過海峽協助平亂。任務完成後，許多敘利亞人依照所屬的 jund

在安達魯斯南部定居，jund是軍事編組單位，起源於這些人的故鄉。不用說，敘利亞軍隊內部很快就出現衝突，就連敘利亞軍隊與第一次征服以來在此長期定居的阿拉伯人也爭端不斷。

哥多華的伍麥亞侯國

以上是七四七年到七五〇年阿拔斯軍隊由東往西擊敗敘利亞伍麥亞哈里發政權時，西班牙的大致情勢。阿拔斯朝殘酷地根除伍麥亞家族，許多人當場遭到屠殺或是在追捕中死亡。倖存的極少數人包括伍麥亞末代哈里發希夏姆的孫子阿卜杜拉赫曼・賓・穆阿維亞。經過一段絕望的逃亡過程，包括為了擺脫追捕而游泳橫渡幼發拉底河，阿卜杜拉赫曼終於來到北非，他可能在此投靠母親的部族，並且終於逃離阿拔斯人的追殺。

阿拔斯哈里發沒有積極征服安達魯斯的念頭。安達魯斯地處偏遠，而阿拔斯朝當下還有更急迫的問題。但這不表示安達魯斯局勢可保持平靜，相反地，激烈的內爭仍在持續。在此同時，阿卜杜拉赫曼想在北非建立政權的構想因當地部族對立而受到阻礙，於是他派出 mawali 前往安達魯斯與當地的伍麥亞家族舊部聯繫。經過協商之後，七五五年，阿卜杜拉赫曼渡過地中海來到小港口穆涅卡爾。在伍麥亞 mawali——據說有兩千人——與依然忠於伍麥亞家族的敘利亞阿拉伯人支持下，七五七年五月，阿卜杜拉赫曼進入哥多華，並且被擁戴為統領（Amir）。

伍麥亞統領為了控制安達魯斯桀敖不馴的穆斯林而進行長期鬥爭，這段歷史不在本書討論之列，但有些重點必須提及。直到九二九年為止，伍麥亞朝是以統領的頭銜進行統治，他們並未使用哈里發頭銜。人人都知道他們是古萊什部族的後裔，有資格擔任哈里發，也知道他們是大馬士革偉大的伍麥亞哈里發的子孫；他們自稱是「哈里發的後裔」，這吸引了許多敘利亞人的效忠，這些敘利亞人的祖地與故鄉在阿拔斯統治者的壓迫下陷入貧困之境。

後伍麥亞朝不使用哈里發頭銜，有部分原因是此舉將構成對阿拔斯朝的公然挑戰，而至少直到八世紀末為止，阿拔斯朝在北非東半部（現在的利比亞）仍維持強大軍力。事實上，阿拔斯朝從未對安達魯斯發動遠征，他們的敵對行動頂多只是一些恐嚇信，到了九世紀，阿拔斯朝已不構成真正的威脅。安達魯斯的後伍麥亞朝也可能基於共識而不使用哈里發這個頭銜，因為伊斯蘭世界只能有一個哈里發，而顯然他們沒有能力進軍巴格達推翻阿拔斯哈里發政權。所以伍麥亞朝仍低調地維持統領頭銜，但統領本身也可能構成問題。至少在理論上，「統領」（emir）是哈里發任命的指揮官或總督。為了具備正當性，後伍麥亞朝統治者必須取得首都發放的任命狀或象徵官職的旗幟。我們曾經提過，即使阿拔斯朝的軍力與權力都已衰微很長一段時間，這些形式性的物件仍然非常重要。顯然，阿拔斯朝不會承認後伍麥亞統治者，儘管他們地處其領地的邊陲。所以哈里發這個頭銜一直缺乏合法性。

這些考量並未阻礙安達魯斯的後伍麥亞朝發展成強大且具影響力的政權，他們或許比東方那些在阿拔斯朝瓦解後成立的侯國更加富強，國祚也更長久。伍麥亞朝能夠如此，不是因為他們擁有常備軍，而在於他們有日漸完善的政府與鑄幣。伊比利半島由地方總督統治，這些總督通常由哥多華的統領任免。伍麥亞朝的權力也反映在建築上。哥多華大清真寺由阿卜杜拉赫曼興建，到九世紀時，又由阿卜杜拉赫曼二世擴建，規模與華麗程度與同時期的巴格達或薩瑪拉建築物相比毫不遜色。哥多華大清真寺的設計與磚石結構顯然受到敘利亞伍麥亞風格的影響。清真寺旁有一座奢華的宮廷，這座宮殿今日已無遺跡留下，而在盧薩法（以伍麥亞哈里發希夏姆在敘利亞的宮殿命名）則有一座擁有精美壁飾的避暑宮殿。

儘管阿拔斯朝與伍麥亞朝因意識形態的差異而彼此敵視，但九世紀的哥多華宮殿的皇家風格裝飾總是刻意模仿巴格達宮殿。到了九世紀中葉，統領住在奢華的宮殿裡，與世隔絕，他被女奴與宦官所圍繞。八一一年到八一四年，阿敏與馬蒙在巴格達的內戰所造成的災難，與緊接而來的無政府狀態，強化了伍麥亞朝與巴格達的關係。許多知識分子與詩人離開巴格達到安達魯斯尋找機會。當中一位阿里·賓·納菲阿，又名吉爾亞卜，他來自伊拉克，曾是阿拔斯宮廷最顯赫的詩人與文化領袖伊斯哈格·毛西里的弟子。在北非待了一段時間之後，吉爾亞卜於八二二年抵達安達魯斯，並且很快建立名聲，成為服飾風格與文化品味的權威以及美食家。阿卜杜拉赫曼二世對藝術與科學都有濃厚興趣，他獎掖詩人與學者，其中包括古怪的科學家阿拔斯·賓·菲爾納斯，他曾為自己製作翅膀，嘗試飛行。

伍麥亞朝是自豪的統治者，他們統治的是伊斯蘭世界最強大的國家之一。他們的首都人口與福斯塔特（開羅前身）相當，他們的宮廷與巴格達一樣奢華，但直到阿卜杜拉赫曼三世統治時，後伍麥亞統治者從未想取得哈里發的稱號。

阿卜杜拉赫曼三世於九一二年繼承權位，他即位時，安達魯斯統治者的權力受地方穆斯林領主的挑戰已有很長一段時間，情勢曾一度惡化到後伍麥亞朝的政權可能面臨終結。但這位年輕的新統領循序漸進地藉由每年發動戰爭將他的威權加諸在這些桀驁不馴的臣民身上。到了九二九年，他終於重新獲得幾乎整個安達魯斯的控制權。

哥多華的盛世：阿卜杜拉赫曼三世與哈卡姆二世的哈里發政權

此時，在哥多華大清真寺，當大法官阿赫瑪德．賓．巴基主持主麻日布道時，阿卜杜拉赫曼三世開始以哈里發與信仰者統領自居。他向各省宣達他的新頭銜。他不要求他人同意他的頭銜，也不接受任何人的指派。這頭銜也不是靠選舉取得，完全是靠自己的力量得到的。是什麼促使他為自己冠上哈里發頭銜，成為哈里發之後，又有什麼變化？

要了解這個變化，我們必須從廣大伊斯蘭世界的政治與發展脈絡觀察之。首先最明顯的是，在穆克塔迪爾（在位時間九〇八至三二年）統治時期，阿拔斯哈里發政權開始式微，這讓阿拔斯朝自認為是唯一的哈里發與穆斯林社群唯一領袖的主張愈來愈不合實情，甚至有點荒謬。儘管哥多華與巴格達相距甚遠，安達魯斯的民眾卻對東方發生的事情知之甚詳（不過東方的作家卻不認為遙遠的安達魯斯發生的事件有任何重要性）。其實，關於穆克塔迪爾統治時期的複雜歷史，可以從一份重要史料獲知。這是由一名安達魯斯人撰寫的，這個人名叫阿里布・賓・薩阿德・古爾圖比（哥多華人）。據我們所知，他從未去過伊斯蘭世界，卻對當地發生的事情非常清楚。他把續寫塔巴里的大阿拉伯歷史視為自己的責任，塔巴里的阿拔斯朝歷史止於九一〇年，這部歷史著作應該在當時哥多華的圖書館可以找到。古爾圖比以近乎日記般的精確，記錄了巴格達的事件與哈里發政權的崩潰。阿拔斯朝的動亂是公開的資訊，這讓阿卜杜拉赫曼三世有機會宣稱哈里發。

還有一個改變使哈里發頭銜的取得成為可能且更為迫切。九〇九年，就在阿卜杜拉赫曼三世成為哥多華統領的三年前，法蒂瑪朝首位統治者在蓋拉萬即位為哈里發，這是個重大發展。當然，在此之前也有什葉派僭稱者與叛軍自稱是哈里發，但這些人最後都失敗收場，他們的哈里發頭銜並未帶來任何改變。然而這次完全不同。阿拔斯朝甚至沒有能力考慮進攻北非東半部與摧毀這個新哈里發政權。顯然，新哈里發政權已成定局。而這也表示不能同時存在兩個哈里發的想法已經過時。再者，如果可以有兩個哈里發，為什麼不能有三個？顯而易見的是，順尼派的安達魯斯穆斯林絕不可能承認什葉派哈里發的權力，更不可能向他效忠。

還有更實際的問題需要考慮。法蒂瑪朝與伍麥亞朝很快在爭取西馬格里布（突尼西亞以西境域，大致是今日的摩洛哥）柏柏人部族的效忠上成為對手。顯然，如果演變成這種競爭，哥多華伍麥亞統治者勢必要鞏固自己的意識形態盔甲，才能與法蒂瑪哈里發分庭抗禮。至少當柏柏人部族領袖爭論要向誰效忠時，他們是在兩個哈里發之間做選擇，而非一個哈里發與一個統領。

後伍麥亞哈里發政權有過去從未出現的面貌。伍麥亞朝沒有主張自己是阿拔斯朝或法蒂瑪朝的繼承者。就我們所知，伍麥亞朝在宣稱自己是哈里發的同時，並未詛咒阿拔斯朝或質疑他們統治的權力。不同於同時期的阿拔斯朝與法蒂瑪朝等其他哈里發政權，哥多華的伍麥亞朝沒有主張自己是整個穆斯林社群的統治者或領導者。他們的哈里發政權的疆界範圍雖然沒有正式劃定，但一般都認為是包含了安達魯斯與馬格里布這些接受他們統治的區域。

伍麥亞朝認為他們的正當性首先來自於他們是先知後代。從他們的姓氏可以看出，他們毫無疑問是先知的部族古萊什人的成員，而他們家系的真實性也早已獲得普遍承認。相較之下，法蒂瑪朝主張自己是伊斯瑪儀的子孫，因此是先知穆罕默德女兒法蒂瑪的後裔，這項主張本身有許多疑點。哥多華伍麥亞朝不僅是古萊什部族成員，也是舊伍麥亞朝哈里發的後裔。其主張深具說服力，但沒有證據顯示哥多華伍麥亞朝要重振或恢復整個舊伍麥亞朝哈里發政權及昔日的廣大疆域。

後伍麥亞哈里發政權建立的另一個正當性，在於他們在安達魯斯發動聖戰時扮演的領導角色。伍麥亞朝是公認對抗基督教王國與北方國家的穆斯林領袖，阿卜杜拉赫曼三世在擔任統領時就一直維持與宣傳這個角色。九二〇年，他首次親自率領穆斯林出征。他往北通過托雷多，在這裡接受半獨立地方領袖盧布・賓・塔爾比夏的效忠，然後轉往東北抵達梅迪納塞利，占領戈爾馬茲的聖伊斯提班與今日已經廢棄的城市克盧尼亞。之後他繼續推進到厄波羅河上游的圖德拉，進入基督教王國納瓦拉的核心地區，在潘普洛納附近擊敗納瓦拉軍隊與雷昂聯軍。九二四年，阿卜杜拉赫曼三世再度出征，他沿安達魯斯東岸北上，在洛爾卡與莫夕亞接受當地穆斯林領主的效忠。然後再次進入厄波羅河流域，入侵納瓦拉，劫掠潘普洛納與燒毀大教堂。

這些動作與其他幾次遠征有三重目的。首先最明顯的目的是確保穆斯林的安全，使其不受潘普洛納與雷昂這些愈來愈具有威脅性且強大的基督教國王的攻擊，但值得注意的是，這些遠征並未真正取得新的領土供穆斯林定居。其次是親自會見與確保地方穆斯林領主的效忠，如托雷多、莫夕亞與薩拉戈薩等地的領主，這些人在九世紀末與十世紀初的動盪時期開始取得半獨立的地位。阿卜杜拉赫曼三世親率大軍對抗北方異教徒，使得地方領主無法拒絕他的要求。這些頑強的貴族面對的不僅是具正統的統領提出的要求，更糟的是，如果拒絕，他們還要背上破壞穆斯林軍事遠征的罪名。最後結果顯示，統治者光靠自己即能領導全安達魯斯的穆斯林對抗非穆斯林，以此可清楚確認阿卜杜拉赫曼三世是伊比利半島所有穆斯林的領袖。不僅如此，此時，拜占庭人開始步步進逼伊斯蘭世界的敘利亞邊區，並且在九三四年攻占馬拉蒂亞。阿拔斯哈里發從未親率軍隊發動聖戰，其軍隊也未能保護穆斯林人民，相較之下，安達魯斯的統領卻公開且成功地履行自己的職責，這樣的差異人民都看在眼裡。另一項哈里發帶領保護朝聖團的職責，由於聖城遠在哥多華統治者勢力範圍外，因此不能說阿卜杜拉赫曼三世在這方面有什麼嚴重缺失。

此外重要的是，伍麥亞朝不需要向其他強權效忠，因此沒有任何勢力有立場反對伍麥亞朝的哈里發稱號。後伍麥亞哈里發也不認為自己需要得到臣民的承認，事實上，他們甚至連推舉的形式也沒有。他們只是宣布，主麻日布道以哈里發之名進行，並且向各省布達。透過如此特別的方式，哈里發權力建立了，並且存續了一個世紀，贏得了伊斯蘭世界與後世的尊敬。

下一個問題是，阿卜杜拉赫曼三世在取得新稱號之後，統治風格是否有所改變。首先最明顯的改變是他改了自己的名號。與大馬士革的伍麥亞哈里發一樣，哥多華的伍麥亞統領在成為哈里發之前仍繼續使用自己的名字，但阿拔斯朝從統治之初就冠上了正式稱號（曼蘇爾、馬赫迪等等），並且使用在官方文件與歷史紀錄上。突尼西亞的法蒂瑪哈里發仿效這種做法，阿卜杜拉赫曼三世及其後繼者也是如此。阿卜杜拉赫曼三世成為納希爾・里丁・阿拉（真主信仰的常勝者）。

另一個顯而易見的外在變化是金幣的鑄造。在東方，許多從阿拔斯朝取得權力的世襲統治者以自己的名號鑄造銀幣，這些銀幣的品質參差不齊，但沒有人鑄造金幣。無疑地，部分原因是這些統治者無法取得數量充足的黃金來鑄幣，但也有部分原因是一般認為鑄造金幣屬於哈里發的特權。唯一的例外是埃及的法蒂瑪哈里發，我們曾經提過他們鑄造品質優良的金幣以彰顯他們的崇高地位。跨越撒哈拉沙漠商路的開啟，使哥多華的伍麥亞朝（經由北非的連結）與埃及的法蒂瑪朝能夠取得黃金與新發現的財富。

哈里發政權的建立讓安達魯斯社會出現巨大變化。我們無法確定數量，但九世紀晚期與十世紀，伊比利半島改信伊斯蘭教的比例逐漸增加，愈來愈多當地人想加入穆斯林社群。到了阿卜杜拉赫曼三世建立哈里發政權的時候，很可能絕大多數人已經是穆斯林。哈里發政權的建立，顯示阿卜杜拉赫曼三世不是以統領的身分統治少數穆斯林菁英，而是以哈里發的身分統治幾乎全是穆斯林的社會。當然，在這樣的社會裡仍有許多差異與分歧。不僅有古老部族與忠於地方的勢力存在，也常在阿拉伯人與柏柏人後裔的穆斯林，以及穆瓦拉頓（已經改信伊斯蘭教的入侵前基督徒與猶太人後裔）之間出現摩擦。在最初兩任哈里發統治期間（九一二至七六年），對部族與地方的忠誠轉變為對哈里發與日漸強大的國家體制效忠，因此阿拉伯人、柏柏人與穆瓦拉頓之間的區別也愈來愈無關緊要。

將近五十年的長期統治，阿卜杜拉赫曼三世的統治方式有著巨大的變化與演進。我們提過，他能成為哈里發，背後支撐的權力與威望來自於他領導聖戰對抗北方的基督徒。在他當上哈里發的第一個十年（九二九至三九年），他繼續親自征討，勸誘與說服邊疆地區（例如厄波羅河流域）領主加入他的穆斯林事業。然而，九三九年，他遭遇嚴重的挫折。那年，他率軍對抗雷昂的基督教國王拉米羅二世。與前幾年一樣，阿卜杜拉赫曼三世經過厄波羅河流域，徵召薩拉戈薩與威斯卡心存疑慮的領主加入。他圍攻西曼卡斯城堡，但軍隊士氣低落，最後未能攻下城池。之後，他率軍往南通過一處崎嶇的地區，想從這裡返回穆斯林的領土。就在這個阿拉伯人稱為「溝壕」（khandaq）的不知名地帶，他遭遇了一支基督教非正規軍。穆斯林軍隊大敗，許多人陣亡，有些人被俘。遭遇戰敗恥辱的哈里發率領殘存的軍隊往南撤退到安全的穆斯林城市瓜達拉哈拉。

這場敗仗的主因是厄波羅河流域的領主對於哈里發試圖控制他們心懷不滿，因此在關鍵時刻脫離戰場，留下阿卜杜拉赫曼三世獨自應戰。這次失敗徹底改變了他的統治方針。戰役結束後，阿卜杜拉赫曼三世馬上逮捕並且處死威斯卡領主佛爾敦．賓．穆罕默德，這個人是背叛他的領主之一，但其他背叛的領主權力卻未遭到削減。阿卜杜拉赫曼三世此後再也沒有發動北征，往後二十二年統治期間，他也未再領導穆斯林發起聖戰。相反地，他選擇在哥多華過著隱退生活，而在三年前，也就是九三六年，他開始在哥多華城外的札赫拉城建築龐大的宮殿群。他在巨大宮城中展現奢華的哈里發風格，這座宮殿的遺跡至今依然可見，有花園、庭院與池塘，還有裝飾了鑲嵌藝術與大理石的華麗王座廳。他在這裡接見訪客，利用這座壯觀的建築來彰顯哈里發政權的強盛。阿卜杜拉赫曼三世的宮廷展現的奢華與文化吸引半島各地領主與北非的柏柏人首領前來，特別是在開齋節與宰牲節的慶祝活動。阿卜杜拉赫曼三世不再巡迴各地，而是建立固定的宮庭，吸引各地顯貴前來，讓他們想定居此地，並且讓他們的兒子在這裡接受教育。幾個世紀之後，這個模式被路易十四採用並在凡爾賽建立宮殿與宮廷：透過吸引力而非赤裸裸的武力來建立專制統治。

這個富庶而穩定的國家在當時獲得許多讚揚，而且從那時起，對於安達魯斯失落盛世的懷舊之情便成為阿拉伯文化中一個非主流但長久的主題。事實上，近年來，特別在西方，重新燃起了對

convivencia 這個概念的興趣。convivencia 是西班牙文，意思是「一起生活」，這個詞通常用來表示安達魯斯在哈里發政權時期的狀況，當時三大一神教的信徒，穆斯林、基督徒與猶太人，全和諧地生活在一起，而且至少在某種程度上擁有共同的文化。紐約與華府發生九一一攻擊事件之後，有些評論者認為安達魯斯可以作為歷史例證，甚至可以作為一種典範，顯示信仰之間的敵視並非不可避免，耶魯大學羅莎·瑪麗亞·梅諾寇的作品提出極具說服力的觀點。[1]但不是每個人都同意這種說法：對伍薩瑪·賓·拉登與蓋達組織來說，安達魯斯的歷史是個恐怖的借鏡。穆斯林寬容基督徒與猶太人，讓他們擁有權利與地位。結果顯而易見：穆斯林最後被逐出他們自己的國家，伊斯蘭世界永遠失去了伊比利半島。

真實的歷史比較是好壞參半。的確，安達魯斯的基督徒很少遭到嚴重迫害，他們可以繼續在教堂與修道院做禮拜，而基督教的主教在基督徒的治理上也扮演著重要角色。哈里發納希爾派基督徒雷切蒙多到亞琛與君士坦丁堡擔任大使，而在下個世紀，格拉納達王國的政府治理則多半委託給掌權的猶太官員。

信仰關係是流動的。九世紀時，有些人反對穆斯林的統治。所謂的「哥多華殉教者」是一群虔誠的基督徒，他們藉由侮辱先知穆罕默德與伊斯蘭信仰來求死。儘管強力反對這項運動的哥多華主教出面干涉，穆斯林當局也試圖說服他們撤回言論，但還是有一些人被處死。十世紀初，西班牙南部山區的叛軍領袖伊本·哈夫孫宣稱自己是基督徒的領袖，號召大家支持。然而在哈里發統治時代，我們卻沒有發現任何叛亂的記載。

在這個時期，沒有任何資料提到基督徒或猶太人的反抗或任何迫害。現實可能是隨著改信伊斯蘭教的人口比例愈來愈高，不管是基督徒或是猶太人都變得愈來愈不重要，威脅也愈來愈小。到了十一世紀，情勢出現變化，來自雷昂、卡斯提爾與納瓦拉的基督教軍事壓力與日俱增，意味著基督徒有可能被視為敵方間諜，而在十二世紀初在穆拉比朝的統治下，許多基督徒離開前往北方。雖然convivencia（一起生活）意味著和平共存，卻不表示彼此之間地位平等。基督徒與猶太人是二等公民，和平共存只有在他們接受次等地位時才有可能實現。當現實不再是這種狀況，而穆斯林又覺得受到威脅時，convivencia 便注定行不通。

不只是讓穆斯林前往哥多華向哈里發致上敬意，然後留下深刻的印象，納希爾也推動「外交政策」，這確實符合他的哈里發身分。九五〇年左右，納希爾開始與西歐最強大的統治者德意志皇帝歐托一世（在位時間九三八至七三年）互派大使。歐托希望與哈里發合作，共同對抗穆斯林海盜。穆斯林海盜奪取了法國南部城市弗黑朱，並以這座城市作為基地，脅迫鄰近地區與掠奪船隻。阿拉伯史料沒有記載這項任務，但我們從一份介紹德意志大使修道院院長戈爾茲的約翰生平的拉丁文資料得知這件事，這份資料從外部視角介紹了華麗的哈里發宮庭。[2]約翰是一名沒有外交手腕的大使，他決定既不催促也不採取威嚇手段，因此任務的進展極為緩慢。當他提到當地基督徒為了在穆斯林統治下的哥多華生存而做出妥協時，他對當地基督教主教流露出極為鄙視的態度。最後，阿卜杜拉赫曼三世派了一名大使前往亞琛。這名大使是摩札拉布（阿拉伯化的基督徒），他的拉丁文名字是雷切蒙多，阿拉伯文名字是拉比阿·賓·柴迪。終於，在哥多華等待三年之後，約翰獲得接見。

關於這場會面的描述是由隨行的僧侶記錄的，這是唯一以伊斯蘭世界外的觀點看待近代哈里發的第一手報告。在與哈里發（文中稱哈里發為 rex，也就是國王）見面之前，約翰為了讓自己在「國王面前看起來得體，於是理髮、沐浴、換上乾淨衣物」。即使哈里發送他十磅錢幣打理自己，約翰也予以婉拒，他感謝哈里發的贈禮，但他建議把這些錢送給窮人。「我不是瞧不起國王的贈禮，」他在回應時寫道，「但僧侶不許穿戴與平日不同的衣物。」最後，哈里發讓步，他說道，「就算他穿著麻袋過來，我也很樂意見他。」

覲見哈里發當天，約翰親眼見證了哈里發的威儀：

從住處到市中心，再從市中心到皇宮的路上，擠滿一排又一排的人（他們可能是在札赫拉宮見面，因此要從城裡沿著塵土飛揚的道路步行前往）。步兵豎立著長矛，直挺挺地站著；接下來這群人揮舞著長槍，擺出瞄準彼此的動作；然後是一群人騎著騾子，身上穿著輕甲；然後是一群騎士，他們用馬刺驅策他們胯下的駿馬做出騰躍的動作。透過這種令人驚訝的方式，摩爾人希望他們做的各種軍事展示能讓我們感到恐懼，而這一切確實讓我們感到新奇。約翰一行人沿著一條塵土飛揚的道路被引領入宮，這個季節的乾燥讓道路揚起塵土（此時正值夏至）。高級官員過來接見，皇宮外圍的步道全鋪上最昂貴的地毯與布罩。

但約翰抵達會客大廳時，只見哈里發一個人坐著，就像無人可以靠近的神。約翰看到所有物品都垂蓋著最珍奇的布套，地上的磁磚平整地延伸到牆邊。哈里發斜躺在一張裝飾得十分華麗的躺椅上。他們不像其他國家的人那樣坐在寶座或椅子上，他們聊天或吃飯時都是斜躺在床或躺椅上，腳彼此交疊。

然後哈里發示意約翰坐下。接著雙方沉默很長一段時間。然後哈里發開口說話：「我知道你一直對我抱著敵視的態度，因此在此之前我一直拒絕見你。你應該很清楚，我只能這麼做。我很欣賞你的堅定與學識。我希望你能了解，那封信上所有讓你不悅的內容都不是針對你，現在，我不僅願意接見你，我還要向你保證，我會答應你所有的要求。」約翰事後告訴我們，他原本準備要對哈里發說一些難聽的話，因為他的憎恨已蓄積許久，但現在他卻冷靜下來，內心充滿平和。

約翰向哈里發解釋，他已放下那些敵視的情緒，哈里發很高興約翰已經釋懷，於是便對約翰提起別的事。然後哈里發要求約翰呈上皇帝交給他的禮物。〔遺憾的是，我們並未被告知禮物的內容。〕禮物呈上之後，約翰隨即要求准許他告退。哈里發驚訝地問道：「為什麼急著離開？我們等了這麼久才見面，而且也才剛見到面，不彼此稍做認識就這樣離開好嗎？現在既然已經見到面，何不趁這個機會了解彼此的想法，我們第二次見面時可以再多談一點，到了第三次見面就可以建立真正穩固的理解與友誼。然後，當我讓你回去向你的主人覆命時，你將可以獲得應有的表揚。」約翰同意。他們命令其他使節進宮，他們帶來的禮物也交給了哈里發。

基督徒返回他們的住處，隔一段時間之後，約翰再度被召見，他與哈里發談論幾個彼此都有興趣的話題：「我們皇帝」的權力與智慧、他的軍隊的力量與數量、他的榮耀與財富、戰爭等許多諸如此類的主題。哈里發誇口說他的軍隊勝過世界上任何統治者的軍隊。約翰並未答話，因為怕惹惱了哈里發，但最後他還是補上一句：「我說的是真的，在這個世界上，我找不到有任何君主的土地、軍隊或馬匹能與我們皇帝擁有的相比。」

這段引人入勝的描述突然在此中止，我們不知道最後達成什麼結果。關於這段僧侶與哈里發之間面對面的友善交談，其中的真實性或許可以存疑，但除此之外其他的描述聽起來相當合理，例如皇宮的地毯與磁磚，以及哈里發在床（阿拉伯文稱為 sarīr）上盤腿而坐的姿勢。這段描述也顯示西歐兩個最有權力的統治者之間存在著某種程度的相互尊重，一個是亞琛的皇帝，另一個是哥多華的哈里發。

於此同時，哈里發也展開與拜占庭帝國的外交關係。當時，君士坦丁堡與哥多華是歐洲規模最大與最高度發展的城市；兩國都擁有高度分工與高識字率的行政體系、正規的賦稅制度與廣泛流通的貨幣。他們身處的世界，與北歐和西歐各國的戰士群、原始城堡及維京人入侵大不相同。理所當然兩國應該會察覺到彼此並且進行接觸。兩國相隔甚遠，這表示陸地上或海上的軍事衝突都是不可能的，因此在相互尊重下結盟幾乎不成問題。我們曾經提到，阿拔斯朝曾想利用拜占庭使節凸顯自己是穆斯林社群的領導者，現在，哥多華的哈里發也想仿效。九四九年夏天，君士坦丁堡使節在哥多華獲得接見，同年十月，雷切蒙多率領的使節團也抵達君士坦丁堡。雖然雙方有著共同的敵人法蒂瑪朝，但這次的外交行動似乎更像是對外展示與建立威望，而非締結軍事同盟。

使節互訪也帶有重要的文化面向。阿卜杜拉赫曼三世的兒子哈卡姆統治時期，拜占庭鑲嵌藝術家來到哥多華，他們傑出的作品至今仍留存在大清真寺的壁龕（mihrab）周圍以及前方圓頂中。當然，哥多華的鑲嵌藝術無論在外型與象徵意涵上，都與君士坦丁堡裝飾城市教堂的鑲嵌藝術不同。基督與使徒的形象被植物與金色書法取代，但兩者都顯示出完美而昂貴的工藝技術。鑲嵌藝術是一項奢華產品，唯有拜占庭工匠才能做出最上乘的作品。正如具異國風情的上等織品，如拜占庭的絲綢，可以象徵伊斯蘭世界的皇家身分，這些鑲嵌藝術也能在公共場合凸顯哈里發在世界各國君主中的地位。絲綢與鑲嵌藝術的不同在於，除了極少數碎布，織物通常只留存在文學著作的描述中，但我們今日依然可以見到鑲嵌藝術，而且外觀與十世紀哈里發臣民看到的相距不遠，而我們也能對哈里發在世界上的地位得出相同的結論。

文化交流並不限於公開展示流通的物品。九五一年，也許是應哈里發宮廷的要求，一個名叫尼古拉斯的希臘僧侶被派到哥多華協助翻譯迪奧斯科里德斯的古代藥草手稿，因為安達魯斯沒有人能翻譯希臘文。伍麥亞哈里發在此效法的依然是八、九世紀阿拔斯朝廷的做法，當時收藏與翻譯古希臘學術著作乃是增加哈里發政權權威的一個重要面向。

阿卜杜拉赫曼·納希爾由他的兒子哈卡姆繼承，哈卡姆被選為繼承人已有很長一段時間，而且取了穆斯坦綏爾的稱號。哈卡姆是個能幹而聰明的統治者（在位時間九六一至七六年），他絕大多數都是延續其父親的政策。在他穩定統治的十五年間，哥多華文明臻於極盛。哈卡姆收藏了大量書籍，之前提到的哥多華清真寺的壁龕與圓頂也是他修建的。他也在札赫拉宮建立宮殿，並且多次召開盛大的集會。

我們知道很多這方面的歷史，是因為這些歷史都被一個名叫伊薩·拉吉的作家詳細記錄下來。伊薩出身波斯家族（從他的名字可以看出他們的故鄉是伊朗北部的雷伊）。與許多東伊斯蘭世界的居民一樣，伊薩家族受到富庶而具文化氣息的安達魯斯宮廷吸引，在這裡，具有阿拉伯文學與歷史知識者可以獲得重視並且得到優渥的報酬。伊薩的記載比較像是朝廷實錄，而非世界歷史：他描述重要的大臣有哪些人，誰來到宮裡，在正式集會時他們站在什麼位置。哈卡姆延續父親的政策，統治著氣勢輝煌且文化氣息濃厚的朝廷；安達魯斯邊疆地區的領主與摩洛哥的柏柏人部族領袖前來效忠，他們不僅獲得豐厚的獎賞，身分地位也在眾人面前獲得認可。

哈卡姆統治期間，北非政治出現了重大變化。九六九年，法蒂瑪朝征服埃及之後，我們看到法蒂瑪哈里發與他的宮廷遷往新都開羅——可說是尼羅河畔的札赫拉宮。從此，法蒂瑪朝便與埃及密不可分。法蒂瑪統治者再也沒回到他們位於北非東半部的權力發源地。法蒂瑪朝將此地委任給柏柏人治理，這個家族在歷史上稱為濟里朝。雖然濟里朝承認法蒂瑪朝為宗主國，但身為統治將領，他們無論如何都不至於對伍麥亞哈里發構成威脅。然而，西北非從來不是一個能輕易控制的地區，哈卡姆與他的政府花費大量金錢與資源想控制此地，卻幾乎沒有任何成果。

伍麥亞哈里發的主要對手是伊德里斯朝的各個支派。伊德里斯朝源於阿里，是阿里與法蒂瑪的直系子孫，因此也是先知的後裔。伊德里斯家族的祖先可以上溯到伊德里斯．賓．阿卜杜拉。七八五年，阿拔斯朝平定什葉派叛亂，身為叛軍領袖的伊德里斯．賓．阿卜杜拉逃離阿拉伯半島。伊德里斯前往馬格里布避難與尋求支持。伊德里斯家族無法在這個游牧與部族環境裡建立穩定的政權，有些人於是嘗試利用自己的身分來吸引追隨者。他們沒有使用哈里發這個稱號，貧困以及身處伊斯蘭世界的邊陲無法支持他們這麼做，但身為阿里家族成員，伊德里斯家族卻有著其他人無法企及的地位。不同於其他柏柏人領袖，伊德里斯家族可以利用他們的身分吸引部族網絡以外的群眾。總之，伊德里斯家族提出的挑戰無法削弱伍麥亞朝對安達魯斯的統治，但他們產生的意識形態與政治威脅，卻能破壞哈里發對馬格里布的實質控制。

地方侯國與哥多華哈里發政權的終結

雖然哥多華伍麥亞朝在許多方面都是巴格達阿拔斯朝的對手，但我們曾經提過，伍麥亞朝的確仿效了阿拔斯朝的政治運作與政治組織，而這對於伍麥亞哈里發政權長期的政治穩定不一定是好事。哈卡姆相當疼愛兒子希夏姆，後者在七歲時就被立為繼承人。九七六年，哈卡姆去世，希夏姆才十四歲。他登基成為哈里發並非一帆風順。哥多華有許多人不同意由這名毫無經驗的年輕人擔任統治者，斯拉夫裔（Siqlabi）官員是哥多華軍隊的骨幹，[3]他們當中有一群人想推舉已故哈里發的弟弟，也就是首任哈里發納希爾的兒子穆吉拉繼任。然而，這些人被有野心、足智多謀的大臣穆罕默德．賓．阿比．阿米爾擊敗。不幸的穆吉拉雖然無政治野心，卻在自己家中在家人面前被活活絞死。這起事件不禁讓人想起七十年前，也就是九〇八年，穆克塔迪爾登基為巴格達阿拔斯哈里發的景象。在這兩個例子裡，野心勃勃的政治人物：以穆克塔迪爾的例子來說是伊本．弗拉特；以希夏姆的例子來說是賓．阿比．阿米爾，希望扶持少不更事的哈里發，以便於控制。兩個例子中，另一批人馬支持的是成年且廣受尊敬之人：巴格達的伊本．穆阿塔茲與哥多華的穆吉拉。但年輕候選人的支持者行動迅速且無情，伊本．穆阿塔茲與穆吉拉因此失去了性命。

某方面來說，這兩名哈里發的繼位，代表了世襲原則勝過推舉或諮詢會議的理念。在巴格達與哥多華，地位高的女性扮演重要角色。在阿拔斯宮廷，皇太后可以支配兒子直到他死去為止。在哥多華，年輕哈里發希夏姆的母親巴斯克裔王后蘇布赫與伊本．阿比．阿米爾密切合作（甚至有傳聞說兩人有超乎尋常的關係）確保兒子能順利登基；然而一旦成功，蘇布赫卻逐漸被邊緣化。最後，兩名幼主登基都對哈里發政權的權力與威望帶來災難性的打擊，哈里發體制從此一蹶不振。諷刺的是，我們曾經提過，哥多華的人民肯定清楚過去在巴格達發生的事，以及隨後出現的災難性結果，但他們卻無力阻擋這種事發生在他們身上。

無力阻擋的原因出在不斷改變的政治制度。哈里發握有絕對權力（至少理論上是如此），因此贏得哈里發的寵愛，或更好的做法，控制哈里發本人，就成為通往權力最有效的途徑。哈里發處於深宮高牆內，逐漸受到孤立，這是造成大權旁落的主因。能直接接觸哈里發的大臣可以左右哈里發的決策，並且阻止意見相左者與哈里發接觸。

在哥多華，新哈里發希夏姆想全心投入禮拜與虔誠的宗教活動。希夏姆決定獨自居住以便能專注於信仰，因此他不選擇壯闊華麗的札赫拉宮，而是住在市中心大清真寺旁的舊卡札爾高牆內。這座堡壘完全沒有人出入，甚至當他跨越窄巷前往清真寺時，他的周圍也完全封鎖，臣民看不見他，更不用說與他說話。

於此同時，伊本·阿比·阿米爾逐漸掌握哈里發的所有權力，只差沒冠上哈里發的稱號。他為軍隊招募新血，主要是從北非引進柏柏人部族，但這些人不是以個人名義加入，就像東歐斯拉夫人一樣，斯拉夫人在軍中另外形成自己的編制，柏柏人也以部族為單位，聽從自己部族領袖指揮。伊本·阿比·阿米爾這麼做是為了讓軍隊分成不同的派系，這樣任何派系都不會有足夠的力量挑戰他。伊本·阿比·阿米爾也解除了安達魯斯本地穆斯林的武裝力量。如此一來，伍麥亞哈里發政權的軍隊幾乎完全由外國人擔任，分別是來自東歐的斯拉夫人與來自摩洛哥的柏柏人，就像東方的阿拔斯朝，軍隊絕大多數是由中亞的突厥人組成。這種做法固然能在短期內讓統治者擁有龐大的軍事力量，但長期而言卻會帶來非常糟糕的後果。在安達魯斯尤其如此，到了十三世紀無法招募斯拉夫人與柏柏人的時候，當地人缺乏資源與戰術防衛他們的城鎮與村落，抵禦進犯的基督徒。

不過，這支新軍在一開始倒是驍勇善戰。伊本·阿比·阿米爾宣稱自己是第一代穆斯林征服者的子孫，但他無法主張自己是古萊什部族的後裔。他很清楚這表示他無法成為哈里發，但他卻驕傲地為自己冠上哈里發的榮譽稱號：曼蘇爾，也就是常勝者的意思。這不只是僭越的行為，曼蘇爾這個名稱也是阿拔斯朝最高等級的稱號：伊本·阿比·阿米爾的內心想法不言可喻。他也強調自己忠於傳統。哈卡姆·穆斯坦綏爾是重要的藏書家，他的藏書中肯定有一些書籍無法見容於宗教組織內的嚴謹之輩以及他們在哥多華平民中的追隨者。我們不知道這些書籍的內容，但我們可以想像至少有一部分是希臘哲學與科學的譯本，這些都是極容易引起懷疑的資料。伊本·阿比·阿米爾清空圖書館，把所有可能威脅順尼宗教觀的書籍全部毀棄。此後，再也沒有使臣或工匠會從西歐或君士坦丁堡前來。戰爭之境（伊斯蘭世界以外之地）是聖戰與殘酷交戰的世界，而非文化交流的地方。伊本・阿比・阿米爾宣稱自己要以伊拉克布伊朝為典範，布伊朝「保護」巴格達的阿拔斯朝，而他則要「保護」後伍麥亞朝的希夏姆。

為了證明自己的地位與稱號具有法理性，也為了主張新軍的正當性，伊本・阿比・阿米爾向北方基督徒發動一連串戰爭。他幾乎每年都發動攻擊，沒有人會懷疑他對聖戰投入的心力。戰爭本身是成功的，因為戰爭取得了大量俘虜與戰利品。曼蘇爾也確保他的臣民都能知道他的成就，因此描述他的戰功的書信會在主麻日講道時在哥多華清真寺宣讀。他最了不起的政治宣傳是他在劫掠剛成為朝聖中心的孔波斯特拉的聖地亞哥聖地之後，便下令基督教俘虜將主教座堂的鐘揹回哥多華。然而，就整體戰略來看，這些戰爭的意義並不大。領土沒有增加，基督教王國雷昂與納瓦拉以及新興的卡斯提爾依然強大，這些問題將在伊本・阿比・阿米爾死後一一浮現。

曼蘇爾去世之後，由他的兒子與指定繼承人繼位。他的兒子也有類似稱號穆札法爾，意為「常勝者」。穆札法爾統治的六年期間（一〇〇二至八年）延續父親的政策，對基督徒頻繁用兵，而且不讓圖具虛名的哈里發對外接觸。穆札法爾去世後，權力交給他的弟弟阿卜杜拉赫曼。阿卜杜拉赫曼又名山丘耶洛或小山丘求，此名是以他信仰基督教的巴斯克人外祖父（也是納瓦拉國王）之名命名。山丘耶洛揚棄以往細膩的權力均衡政策，然而他的父親與兄長正是靠著這項政策才得以長期掌握權力。山丘耶洛首先要求形同囚徒的哈里發希夏姆任命他為繼承人，這表示未來很快就會出現一個不屬於伍麥亞家族也不屬於古萊什部族的哈里發。

這個舉動並不明智，它引發了各界強烈不滿，除了宗教階級與支持伍麥亞哈里發的哥多華群眾外，當然也包括許多伍麥亞家族成員，他們擔心自己的財富與地位將會遭到剝奪。新統治者迅速做出反應，他決定以傳統的方式確立自己的地位，他要親自率兵攻打基督徒。山丘耶洛無視謀臣的建言，在冬天發動遠征。他才剛進入敵境，陰謀者就在哥多華起事。叛軍領袖名叫穆罕默德·賓·希夏姆，他是伍麥亞家族成員，也是首任哈里發納希爾的曾孫。他擬定明確的計畫，想重新恢復伍麥亞哈里發政權。無能的希夏姆讓位給了叛軍領袖希夏姆，後者仿效阿拔斯朝第三任哈里發，取得馬赫迪的稱號，藉以強調自己是受真主指引的哈里發，而非靠軍事勝利得位者。希夏姆徵召伍麥亞家族成員，並且獲得哥多華民眾的效忠，他們共同組成民兵保護新政權。起初看起來很順利，他們取得首都並且建立了新哈里發政權，但這個政權很快就面臨既有軍事團體的敵視，特別是柏柏人。接下來發生的事件非常複雜且具毀滅性。柏柏人自己推舉了另一名伍麥亞家族成員擔任「他們的」哈里發。在柏柏人圍攻下，哥多華堅守了三年，等到被迫投降之後，哥多華遭到可怕的劫掠。

伍麥亞哈里發政權苟延殘喘，因為伍麥亞家族幾名成員以及其他人士仍想建立自己的權威，但這些勢力彼此對立，各個軍事領袖只專注於鞏固自己的勢力範圍，而不想聯合起來重建中央政府。更糟的是，基督徒開始大規模干預安達魯斯事務，他們要求以金錢與土地換取支持。接下來的發展已不難預料。

一〇三一年，一群哥多華顯貴聯合起來廢除哈里發政權，他們排除統治家族，由他們其中一人出任地方總督。對於一個重視傳統與頭銜的社會來說，廢除如此有歷史與共鳴的頭銜，是個非比尋常的舉動。更令人驚訝的是，沒有人認真考慮恢復哈里發政權。伍麥亞家族就此從政治舞台上消失。事情演變至此有個重要原因是哥多華及其周圍農業地區遭到嚴重破壞。哥多華的命運與伍麥亞哈里發的命運緊密連結。一〇一〇年到一〇一三年的圍城結束後，許多哥多華居民死亡，倖存者移居外地，曾經是社會與文化生活表徵的奢華別墅與地產，從此淪為廢墟。倖存的居民認為哈里發政權只會招來麻煩，毫無任何價值。也許他們是對的。

第九章　穆瓦希德哈里發

十一世紀初哥多華伍麥亞哈里發政權的瓦解，開啟了安達魯斯的侯國時期（Taifa kings）。這些國王的權力通常局限於一座城市或一個地區。他們無法自稱哈里發，除了因為他們的實力不足以提出這樣的主張，也因為他們都不是古萊什部族的後裔。諸統治者之中最強大的是塞維爾的阿拔斯，他們取得類似哈里發的稱號，例如穆塔迪德（一〇四二至六九年）與穆塔米德（一〇六九至九一年）。而且塞維爾統治者曾有一段時間捏造自己是已經失蹤的伍麥亞哈里發希夏姆的名義來進行統治，直到一段時間之後，這樣的主張開始變得荒謬，他們才放棄。

十一世紀晚期基督徒的進攻，特別是一〇八五年雷昂－卡斯提爾國王阿方索六世征服托雷多，使安達魯斯諸王無法繼續維持自身的地位，因此絕大多數統治者雖然心裡不願意，卻還是決定承認摩洛哥柏柏人穆拉比朝的宗主地位。穆拉比朝是西撒哈拉珊哈加柏柏人組成的聯盟，他們因為宗教改革者阿卜杜拉．賓．雅辛而團結在一起。阿卜杜拉．賓．雅辛曾經遊歷伊斯蘭世界東部，之後返回故鄉向民眾傳遞正統伊斯蘭教義。他表示，他們的伊斯蘭信仰是腐敗的，最糟的是，還可能是異端。阿卜杜拉．賓．雅辛的宗教改革運動很快傳到西北非大部分地區，並且在一〇八六年到一〇九〇年間在安達魯斯大部分地區建立統治，只有北方的薩拉戈薩王國在範圍之外。在尤蘇夫．賓．塔什芬的統治下，穆拉比人成功阻擋基督徒的攻勢，並於一〇八六年在薩拉卡之戰擊敗阿方索六世。然而，在尤蘇夫虔誠但無能的兒子阿里（在位時間一一〇六至四三年）統治期間，安達魯斯的軍事處境漸居下風，此時另一群宗教改革者穆瓦希德人提出新的意識形態與政治觀點，挑戰了穆拉比政權。

穆拉比朝雖然幅員遼闊，在極盛時期包括安達魯斯大部分地區與摩洛哥，往南直到撒哈拉沙漠，但穆拉比朝從未主張哈里發的稱號。相反地，他們承認巴格達阿拔斯哈里發的宗主地位，並且讓馬格里布重新回到穆斯林社群。穆拉比朝採納的是「穆斯林的統領」（Emir al-Muslimīn）這個稱號。奇怪的是，這個看起來相當淺顯易懂的頭銜，意思是「穆斯林的親王」，卻很少被其他穆斯林君主採用，至於哈里發的頭銜則一直是「信仰者統領」。穆拉比朝的用意是，雖然他們訴諸所有的穆斯林，但依然是聽命於巴格達哈里發權威的統領。

伊本．圖馬特與穆瓦希德朝的崛起

從一一二〇年起，穆拉比朝在北非西部的統治開始受到穆瓦希德人的挑戰。與穆拉比朝一樣，這場運動是由一名宗教改革者穆罕默德．賓．圖馬特發起的。伊本．圖馬特曾到東方遊歷，身負宗教改革重任返鄉。伊本．圖馬特是柏柏人，但與穆拉比人不同的是，他出身亞特拉斯山脈馬斯穆達部族，他的追隨者是來自山村的居民而非沙漠游牧部族。伊本．圖馬特宣稱自己在東方時曾接受偉大的嘎札利（死於一一一一年）的影響（教誨），嘎札利的著作《伊斯蘭學之復興》強調光是服從嚴格的伊斯蘭法是不夠的，想要成為好穆斯林，就必須實踐伊斯蘭精神。伊本．圖馬特的學說結合蘇非主義與傳統穆斯林法學，他的著作流通廣泛，卻受到主張應嚴格恪守律法的穆拉比朝的安達魯斯當局打壓，他們下令將伊本．圖馬特的書籍全部焚毀。

伊本．圖馬特宣稱偉大的嘎札利已賜福給他，要他針對焚書一事進行反抗。他的說法無法證實，但可以確定的是，他以當時最偉大的宗教思想家的弟子自居。伊本．圖馬特成為一段文字中的主角，這段描述像極了先知穆罕默德本人的傳記，由於其中參雜了因虔信而添入的各種誇大之詞，因此我們難以確認所有細節的真實性。顯而易見的是，他在一一一七年到一一一九年間返回故鄉，一路上走走停停，傳布簡單而禁欲的伊斯蘭蘇非教義，他批評各種現象，例如穿著明亮的衣物、節慶時男女混雜、彈奏樂器以及賣酒。

到了一一二〇年，伊本．圖馬特已經回到故鄉北非西部。據說他曾在穆拉比朝首都馬拉喀什向統治者阿里．賓．尤蘇夫傳道。他想改革伊斯蘭教的呼籲遭到拒絕，於是他前往自己成長的山區，在那裡的安全環境下繼續傳道工作。

伊本．圖馬特無法獲得穆拉比朝領導階層的支持，於是轉而敵視他們。穆拉比政權與伊本．圖馬特發起的運動都是為了改革伊斯蘭，雙方都想去除潛藏在伊斯蘭當中的放縱與弊病。要看出兩者的區別並不容易。伊本．圖馬特要求伊斯蘭法要根據《古蘭經》與聖訓，而非用理性與論證來支持律法。他的說法引起法學家的反對，而法學家的著作正是穆拉比教義意識形態之基礎。伊本．圖馬特堅持真主的絕對獨一，並且指控穆拉比朝把真主擬人化是犯了極大的錯誤。伊本．圖馬特對真主獨一性的堅持使穆瓦希德朝留名青史，穆瓦希德朝的西班牙文是Almohade，阿拉伯文是Muwwahidūn，意思是主張真主獨一性者。伊本．圖馬特也抨擊珊哈加柏柏人，珊哈加柏柏人是穆拉比朝軍事力量的骨幹，就像現在的圖阿雷格人，珊哈加柏柏人為了抵禦沙漠中吹襲的風沙與酷熱的陽光而戴上面罩。伊本．圖馬特因此指責他們太女性化。

這些是伊本．圖馬特指出的差異，他以此來指責穆拉比朝是異端與道德敗壞，但穆拉比朝與穆瓦希德朝之間的真正區別其實是領導風格。遭穆拉比朝拒絕後，伊本．圖馬特決心與他們決裂。他開始宣稱自己是不會犯錯的引導者馬赫迪，並且將領導穆斯林走向伊斯蘭正道。他也為自己創造家族譜系，說自己是移居北非的伊德里斯朝的後裔，因此是先知穆罕默德的後裔。若想成為穆瓦希德運動的一員，則必須相信伊本．圖馬特是真主任命的領袖，他的話就是律法，毫無妥協餘地。

一一二二年，伊本．圖馬特在馬拉喀什南方小鎮廷瑪勒建立據點，這裡只能藉由一條狹窄的山區隘口對外聯繫。廷瑪勒成為伊本．圖馬特的麥地那，不僅是他遷徙（hijra）的地方，也是他建立政權的基地。廷瑪勒的清真寺至今依然矗立著，最近才整修完成，這座清真寺見證了運動初期的發展。伊本．圖馬特也為追隨者建立嚴謹的階層組織，以補充或甚至取代山民間強烈的部族忠誠關係。引導者（馬赫迪）本人當然是組織領袖。引導者（馬赫迪）之下是十人會議，他們全是伊本．圖馬特早期的追隨者，不是跟著他西行的人如阿卜杜．穆敏，就是地方的部族領袖。十人會議之下是五十人會議，絕大多數是亞特拉斯山區的柏柏人部族領袖。五十人會議有一群人從旁協助，這群人稱為塔勒巴（talba，單數是 tālib）。這個詞通常翻譯成「學生」，這個詞的波斯文複數即我們熟知的塔利班（Taliban）。塔勒巴是穆瓦希德政權最顯著的特徵。就某種意義來說，塔勒巴是政治委員會與理念擁護者，負責闡述穆瓦希德政權的理念；塔勒巴也擔任一些民政事務的角色。為了讓人民堅持穆瓦希德理念，必須使用流血的嚴厲手段。一一二九年到一一三〇年，柏柏人當中首次發起了整肅（tamyīz），造成多人死亡，這些人被認定為反對者，而有些甚至只是被認為對理念的熱情不足。

穆瓦希德政權的另一項特徵是柏柏人認同。柏柏語是一種在北非廣泛使用的方言，過去如此，現在也依然通行。但柏柏語從未成為書面語言，就我們所知，它也未成為宗教語言與傳道語言。伊本．圖馬特不僅用柏柏語傳道，也寫下柏柏語版的《古蘭經》。阿拉伯文依然是官方語言與高層文化語言，但會說柏柏語才能在穆瓦希德政權的體系中晉升，安達魯斯就有穆斯林法官與官員因為不懂柏柏語而丟了官職。這是伊斯蘭世界第一次有政權傳布非阿拉伯語的伊斯蘭教義。在十二世紀，波斯文已經是廣泛流通的口語與書寫語言，偉大的嘎札利除了阿拉伯文，也使用波斯文撰寫宗教論文，但沒有人嘗試將《古蘭經》翻譯成波斯文，更不用說強制人民學習波斯文。柏柏人認同感使投入這場運動的所有柏柏部族團結起來，但也讓許多穆斯林感到被排擠，特別是完全不會說柏柏語的安達魯斯穆斯林。十三世紀初，當穆瓦希德的軍事力量開始衰微時，底下臣民的不滿也日增，造成政權的衰亡。

伊本・圖馬特從根據地廷瑪勒出發，對穆拉比首都馬拉喀什發動一連串攻擊，但在一一三〇年，穆瓦希德運動差點遭遇致命的挫敗。伊本・圖馬特在一場失敗的城市攻擊中傷重死去。馬赫迪去世後，領導人由最早的追隨者阿卜杜・穆敏接任。阿卜杜・穆敏確立了對這場運動的主導權，關鍵是他也得到了哈里發與信仰者統領的稱號。阿卜杜・穆敏似乎有意無意地將伊本・圖馬特塑造成穆罕默德，自己則扮演起阿布・巴克爾的角色。伊本・圖馬特沒有子嗣，他的兄弟則被有計畫地排除在實權職務之外。直到穆瓦希德政權結束為止，哈里發一直是由阿卜杜・穆敏的家族成員擔任。

與阿布・巴克爾一樣，阿卜杜・穆敏決心繼續擴大穆瓦希德運動。一一四〇年代，透過一連串戰役，阿卜杜・穆敏有系統地壓制北非西部各個城市，一一四七年三月二十四日，馬拉喀什終於攻陷。這座城市隨即成為新哈里發政權最重要的首都與穆瓦希德真正的權力中心。

征服北非西部之後，穆瓦希德朝不可避免地捲入安達魯斯的爭端。馬拉喀什穆拉比政權的崩潰使伊比利半島穆斯林暴露在基督徒的攻擊之下。少了北非的軍事援助，安達魯斯幾乎支撐不下去。

發動聖戰是哈里發的核心職責，阿卜杜．穆敏肯定了解，也一定知道發動聖戰可以讓他有機會能在追隨者與廣大伊斯蘭世界當中建立聲望。

安達魯斯急需阿卜杜．穆敏的軍事援助。一一四七年，也就是阿卜杜．穆敏征服馬拉喀什那一年，新成立的葡萄牙王國國王阿方索．翁里奎斯在參加第二次十字軍東征的北歐戰士協助下攻陷里斯本。在此同時，卡斯提爾人奪取了港口阿勒梅里亞，阿勒梅里亞位於伊比利半島南岸，是半島與北非聯繫的樞紐，往後十年，這座港口將一直在卡斯提爾人的掌控中。基督徒的攻擊在整個安達魯斯地區引發暴亂，民眾開始反對殘存的穆拉比總督與駐軍。這一年，在當地領袖的邀請下，阿卜杜．穆敏派了第一支穆瓦希德軍隊前往阿勒加維。

安達魯斯的戰事進展緩慢，部分原因是穆瓦希德政權面臨的戰略因素與穆拉比朝不同。穆瓦希德朝一直處於兩面作戰。穆瓦希德帝國在極盛時期領土涵蓋今日的突尼西亞、阿爾及利亞與摩洛哥，還有西班牙與葡萄牙大部分地區。要控制如此遼闊的領土不是容易的事：距離遙遠而且大部分是蠻荒之地，人口稀疏。一一五〇年代，阿卜杜．穆敏將大部分的軍事能量與資源集中起來，想把征服突尼西亞重要海港的諾曼人趕出西西里島。直到一一六〇年，諾曼人才被逐出他們最後的據點馬赫迪亞，哈里發於是得以將注意力完全放在安達魯斯的聖戰上。他故意寫信給塞維爾的民眾，也許還包括安達魯斯其他地區的人民，信中以誇大的語氣描述他如何戰勝那些異教徒。穆瓦希德統治者總是投入大量精力在我們所謂的公眾關係上，同時，從書信也不難看出阿卜杜．穆敏並未給予安達魯斯人民任何實質幫助，讓他們能對抗即將兵臨城下基督徒的攻擊。即使諾曼人離開了，東方依然難以控制。阿卜杜．穆敏必須對付無數移居此地的強大阿拉伯部族。他一方面用武力征討，一方面則將這些阿拉伯部族吸收到穆瓦希德的軍隊裡。在這裡，阿拉伯部族是製造混亂的分子，許多穆瓦希德人與軍中的安達魯斯人都憎恨他們。但阿拉伯部族的出現也造成馬格里布的阿拉伯化：諷刺的是，這個最具柏柏人色彩的王朝反而加快了阿拉伯語言的傳布。

阿卜杜．穆敏也忙著重新組織哈里發體制。他決定在大西洋岸建立一個新的軍事基地與營運中心，在這裡集結軍隊與後勤部隊，進而在安達魯斯發動聖戰。這種基地稱為ribāṭ，阿拉伯文是堡壘的意思，大家可以在這裡舉行宗教儀式，特別是齋戒月時進行齋戒與禮拜，以及對付異教徒。他在布賴格賴格河旁邊的嶙峋海角上興建大堡壘，隔著河與古城薩雷相望，然後他也興建大清真寺。這座城市成為今日摩洛哥首都拉巴特的核心。

阿卜杜．穆敏也努力打造一個可以牢牢控制政權的家族。他至少有十四個兒子，這大大有助於控制絕大多數重要的行省中心。穆瓦希德朝其他元老家族成員也獲得高位與封賞，這種做法鞏固了政權的世襲體制。

穆瓦希德哈里發政權內所有穆斯林臣民的地位平等，這點並不誇張。這是一個有著嚴格世襲結構的哈里發政權。穆瓦希德朝也從未想過要成為普世的帝國。阿卜杜．穆敏從未企圖征服伊斯蘭世界其他地區，或挑戰巴格達的阿拔斯哈里發。由此觀之，一一七一年開羅法蒂瑪哈里發政權的滅亡或許對阿卜杜・穆敏是有利的。此時伊斯蘭世界只剩下兩個哈里發政權，而且兩國有各自的勢力範圍。兩國的往來也相當有限。一一八〇年代，宣稱效忠阿拔斯朝的薩拉丁，想與穆瓦希德朝締結海軍聯盟對抗十字軍。雖然並未達成協議，但可以看出東伊斯蘭世界的人不僅知道而且至少在一定程度上尊重穆瓦希德朝。

安達魯斯的穩定經常遭到破壞，威脅不僅來自於基督徒，也來自於安達魯斯內部反對穆瓦希德朝的穆斯林。尤其是一個名叫伊本・馬爾達尼什的男子，他實際統治了瓦倫西亞、莫夕亞與整個伊比利半島東部地區，而且隨時準備與基督徒結盟對抗穆瓦希德朝。哈里發政權的說詞無法讓這些人回心轉意，因為他們知道這不過是穆瓦希德朝用來控制他們的幌子。

阿卜杜・穆敏為了反制，於是將安達魯斯各地方領主納入到他的軍隊裡，支付他們薪水。然而，儘管這些領主立下不少戰功，他們還是被排除在階層體系之外，無法得到最優渥薪資的職務。阿卜杜・穆敏也試圖重整安達魯斯的行政體系。穆瓦希德朝可以清楚感受到哥多華伍麥亞哈里發留下的影響力，因此他們試圖利用人民對伍麥亞朝的記憶來提高聲望。一一六二年擊敗格拉納達的穆斯林叛軍之後，哈里發下令安達魯斯首府與政府官署必須從塞維爾遷往哥多華。在此之前，穆瓦希德朝選擇塞維爾作為伊比利半島的首府，因為這座城市與北方西部的聯繫較為方便。瓜達勒幾維爾河可上溯到塞維爾，但無法抵達哥多華。此時的哥多華是個人口稀少的貧困城市，僅存的少數居民以耕種舊城牆內遺棄的空地為生。將首府遷到哥多華的決定，顯示聲望的渴求勝過了邏輯與實際考量。

另一個利用伍麥亞朝影響力的做法，是取得歐斯曼的《古蘭經》。我們曾經提過，歐斯曼《古蘭經》曾被阿拔斯朝用來合法化其地位，而穆瓦希德朝取得的是哥多華伍麥亞朝保存的另一部歐斯曼《古蘭經》。這部《古蘭經》對穆瓦希德朝來說有特殊意義，因為歐斯曼是伍麥亞家族的成員，擁有這部《古蘭經》便能證明穆瓦希德朝與歐斯曼這位早期伊斯蘭的偉大人物有所連結。現在，這部《古蘭經》從哥多華運往馬拉喀什，成為穆瓦希德哈里發政權的精神燈塔，象徵伍麥亞哈里發政權已經傳承給穆瓦希德哈里發。十三世紀晚期，穆瓦希德朝滅亡之後，這部《古蘭經》也不知去向。

儘管哈里發進行了行政改革而且任命自己的兒子擔任好幾座城市的總督，安達魯斯的處境依然危殆。一一六三年，他準備進行大規模遠征，大軍在新據點拉巴特集結。據說有十萬名騎兵與十萬名步兵，營地綿延約十九公里。哈里發想同時進攻所有主要的基督教國家，包括葡萄牙、雷昂、卡斯提爾與巴塞隆納。這顯然是一場大規模入侵行動，而且很可能能夠確保穆瓦希德朝統治下安達魯斯的未來，但問題是補給與指揮這麼龐大的軍隊將是一份十分艱難的工作。

後期的穆瓦希德哈里發

到最後所有的準備無疾而終，因為哈里發於一一六三年去世。阿卜杜·穆敏是穆瓦希德哈里發政權真正的創建者。他繼承伊本·圖馬特（馬赫迪）的遺緒，把他的宗教願景落實於建立強大的國家，一個到目前為止西伊斯蘭世界最大的強權，而且將國家牢牢控制在他的家族手中。

阿卜杜．穆敏於一一五四年選擇兒子穆罕默德為繼承人，並且讓他獲得眾人的承認。根據穆瓦希德的歷史傳統，穆罕默德飲酒而且有過失，不適合擔任哈里發。阿卜杜．穆敏晚年的時候，另一個兄弟歐瑪爾成為哈里發的重要謀臣，當阿卜杜．穆敏在拉巴特去世時，他就在病榻前。歐瑪爾密不發喪，並且安排另一個兄弟，當時的塞維爾總督阿布．雅古布．尤蘇夫繼位為哈里發。尤蘇夫與歐瑪爾是同母兄弟，兩人實質掌握了權力，將其他兄弟排除在外。此後，只有歐瑪爾與尤蘇夫的子孫才能掌握權力與擔任哈里發。

這位新哈里發對當時的軍事與政治領袖而言，是位相當不尋常的人物。他大約二十五歲，擔任過塞維爾總督，也曾在父親的軍隊中從軍。然而，他與他的父親截然不同。他喜歡讀書、善於思索，並不是天生的軍事領袖，在關鍵時刻往往因為過於慌張而錯失良機。我們能得知他統治國家的運作狀況，是因為我們有一部記載完整的歷史。這部著作是一名在塞維爾工作的穆瓦希德安達魯斯官員編撰的，作者名叫伊本．薩希布．薩拉特。他的歷史著作充滿生動的第一手觀察，並且近距離地觀察人與人之間的互動，使我們可以了解穆瓦希德的社會。

與之前的伍麥亞哈里發哈卡姆二世一樣，尤蘇夫也興建了一座令人印象深刻的圖書館。身為哈里發，他有足夠的權威這麼做，而通情達理的人不會拒絕他對書籍的渴求。塞維爾一個私人藏書家回憶整件事發生的過程：

信仰者統領得知我的收藏，於是派了閹人卡富爾與一群挑選過的奴隸來到我家，當時我正在官署辦公，對此毫不知情。他命令卡富爾不許驚嚇到屋裡的任何人，除了書籍，什麼東西都不許帶走。他威脅卡富爾以及陪同前來的奴隸，如果屋裡的人少了一根針，他就會重重處罰他們。我在官署得知這項消息，心想哈里發大概是要沒收我所有的家產，當下我幾乎快瘋了，於是我快馬加鞭趕回家中。回到家，看到閹人卡富爾站在門口，書籍已經搬出來擺在他旁邊。當他看見驚嚇過度的我時，他說：「不要慌張！」然後又說，哈里發向我致意，並且對我讚許有加，卡富爾臉上一直掛著微笑，我這才放鬆下來。然後卡富爾繼續說道：「問問你的家人，是否有任何人驚嚇到他們，或者有任何物品遺失，」他們回答說：「沒有人驚嚇到我們，也沒有任何物品遺失。」卡富爾於是說道，那我們走吧。然後他走進圖書館庫房，下令將所有書籍搬走。當我聽他這麼說時，我所有的焦慮都不翼而飛。[1]

尤蘇夫對書籍的興趣顯然是真實的，而穆瓦希德朝的菁英也被他的熱情打動，但尤蘇夫無法專心自己的興趣，因為他必須得對伊本．馬爾達尼什統治的西班牙東部主張自己的控制權，並且要聯合所有穆斯林對抗基督徒持續的威脅。尤蘇夫在取得臣民的藏書上十分果斷，但率領穆斯林軍隊時卻猶豫不決。直到一一七一年，也就是他登基的八年後，尤蘇夫才跨越直布羅陀海峽來到塞維爾。

他決定發動大規模的攻擊，收復剛被基督徒奪取位於托雷多東南方的邊疆小鎮威特。這是個很小的進攻目標，但穆瓦希德大軍與阿拉伯人已經集結，一一七二年夏天塔勒巴開始圍攻這座小鎮。

接下來發生的事出自參戰的一名西班牙穆斯林指揮官伊本．阿尊的描述：

當我在塔樓內（這個地點正是威特基督徒的主力所在）與基督徒奮戰時，眼看勝利已經在握，我卻看不到有任何勇敢的穆瓦希德士兵或將領支援我。我親自去見哈里發，他正與他的兄弟以及宮庭裡的討論宗教教義的問題。我對他說：「哈里發，我的主上！請加派援軍，我們就要勝利了！」我只希望哈里發能騎馬到前線露個面，這樣所有的士兵都能看見他，大家就會立即奮勇攻城。但哈里發沒有回答我，並且繼續討論他的話題。我這才發現這場聖戰的意圖如何敗壞，這次遠征已經失敗。我返回戰場，對於勝利已不抱希望，我的腦袋一片空白，只是呆望前方。[2]

如伊本．阿尊預料的，這次戰役以失敗收場。大軍崩潰，一無所獲地撤退。哈里發回到馬拉喀什，留下無能的代理人重整安達魯斯的防務。尤蘇夫忙於處理摩洛哥以及哈里發領地東半部突尼西亞的政局。直到一一八三年，他才返回安達魯斯。次年，他試圖發動攻勢，收復在一一四七年被葡萄牙人征服的里斯本。他第二次發起的聖戰，成果甚至不如第一次。尤蘇夫攻打他古斯河畔的聖塔倫，但未能成功，守軍派出的突擊隊反倒對哈里發及其隨從發動攻擊。尤蘇夫當時待在顯眼的紅色帳篷裡，敵軍一下子看出他的位置，他受了傷，不久因傷重去世。

尤蘇夫的繼任者採用曼蘇爾這個古老而威嚴的稱號，他不像知識分子，反而比較像是戰士。曼蘇爾政權對思想活動興趣缺缺，他把心力投入於防禦安達魯斯與對抗基督徒。一一九五年，曼蘇爾在阿拉爾寇斯擊敗卡斯提爾國王阿方索七世，這是最後一次穆斯林大勝基督徒。

十三世紀初發生的事件充分顯示出安達魯斯的脆弱與穆瓦希德哈里發政權的無能。一一九九年一月，曼蘇爾去世，由年僅十七歲的兒子繼任哈里發。新哈里發採用納希爾（勝利者）這個頭銜，對照之後發生的事，這個頭銜顯得十分諷刺。納希爾統治的第一個十年都待在北非，他把國家委託給穆瓦希德朝顯赫的哈夫斯家族治理，突尼西亞的局勢因此漸趨穩定。哈夫斯家族後來成為獨立的統治者，還採用哈里發稱號。一二一一年，年輕的哈里發在拉巴特集結大軍，渡過海峽前往塞維爾。一二一二年，他面臨的基督徒遠征軍包括了卡斯提爾國王阿方索八世、亞拉岡國王佩德羅二世與其他許多基督徒貴族，其中也有幾名法國男爵。這是在積極鼓吹十字軍的教宗依諾增爵三世支持下組成的基督徒聯軍。

基督徒越過崎嶇的莫雷納山脈，於一二一二年七月十六日在拉斯納瓦斯．德．托洛薩遭遇由哈里發本人率領的穆瓦希德軍隊。我們不清楚穆斯林軍隊為什麼表現得如此糟糕；當時有傳聞說軍隊內部不和，另外也提到納希爾怪異且時而殘酷的領導風格招致眾人怨恨。到了晚上，戰爭結束，穆瓦希德大軍崩潰，士兵四散奔逃，哈里發安全逃到哈恩堡壘城市。納希爾從哈恩返回馬拉喀什後不久就去世了。有人說他是遭到心懷不滿的軍官殺害。這段期間，哈里發華麗旗幟被獲勝的卡斯提爾人帶到北方而且保存在布爾戈斯城外的拉斯威爾加斯修道院，今日仍然可以看到這件穆瓦希德哈里發政權留下的實物。

拉斯納瓦斯．德．托洛薩之戰意味著穆瓦希德哈里發政權從此不再是安達魯斯穆斯林的稱職保護者。軍隊戰敗與哈里發死亡導致馬拉喀什的穆瓦希德菁英出現對立與內爭，使基督徒能鞏固地盤與繼續推進。古城哥多華曾是伍麥亞哈里發政權的都城，於一二三六年落入卡斯提爾國王費爾南多三世之手，十二年後，一二四八年，塞維爾也跟著淪陷。此時的安達魯斯絕大多數領土與人口都在基督徒統治下，哈里發政權已從歐洲領土上消失。穆瓦希德朝現在撤退到了北非西部，但許多想爭取成為哈里發的勢力卻彼此交戰，漸漸地柏柏人部族開始不願接受這些權威。一二六九年，穆瓦希德朝末代哈里發瓦希德在馬拉喀什不光彩地遭一名奴隸殺害。格拉納達的納希爾王國國王以南方山區為據點，統治剩餘的安達魯斯直到一四九二年為止，馬林朝則控制了北非西部大部分地區，然而無論是納希爾朝還是馬林朝都不想採用哈里發的稱號。將西方穆斯林統一在一個獨立的哈里發政權之下的嘗試失敗了，在往後的幾個世紀，也不再有另一個哈里發政權的出現。

穆瓦希德哈里發政權的文化

在結束穆瓦希德哈里發政權這個篇章之前，我們必須牢記哈里發消失之後仍流傳至今的重要文化遺產。穆瓦希德朝大力獎掖建築。我們可以看到，他們從一開始就在山區據點廷瑪勒興建新清真寺。統治馬拉喀什之後，他們在舊城興建新清真寺。拉巴特清真寺的遺跡顯示穆瓦希德朝企圖建造巨大的建築，然而穆瓦希德朝留存下來最好的建築作品或許要在塞維爾才能看到，也就是他們在安達魯斯的首府。除了庭院裡的一些建築物，清真寺本身已經被之後的哥德式主教座堂取代，叫拜樓現在已成為鐘塔，稱為吉拉勒達，它雄偉的外觀依然留存下來，成為塞維爾的城市象徵。

我們之前提過哈里發阿布・雅古布・尤蘇夫是狂熱的藏書家。他也是作家與思想家的堅定贊助者，在哈里發中，他或許可以與阿拔斯朝的馬蒙以及哥多華伍麥亞朝的哈卡姆二世齊名，三人都是不折不扣的知識分子。安達魯斯的文化生活原本就有哲學思想與辯論的傳統，但也存在著一些強烈的潮流，特別是那些保守的法學家，他們嚴厲反對質疑或甚至討論觸及信仰爭議的話題。正是由於哈里發的獎掖，才使得探索的火苗在十二世紀最後二十五年燃燒熾烈。

尤蘇夫的重要思想顧問是作家兼哲學家阿布・巴克爾・賓・圖費勒。伊本・圖費勒生於格拉納達東北的瓜迪斯，最初是以醫師的身分受到注意。一一五四年，他被任命為丹吉爾總督書記，丹吉爾總督是統治王朝的成員。伊本・圖費勒從書記逐漸成為尤蘇夫的醫師與顧問，直到在馬拉喀什去世為止。伊本·圖費勒爾最著名的是他的哲學故事《哈儀·賓·雅丁贊》，內容講述一個小孩獨自在荒島長大與尋求智慧，這本書獲得廣泛翻譯與評論，是最早被翻譯成英文的古典阿拉伯文作品，英文譯本於一六七一年由牛津的愛德華·波科克完成。

伊本·魯戍德生於一一二六年，西方傳統稱他為阿比羅斯。伊本·魯戍德出身哥多華一個古老的宗教學者與法學家家族，年輕時被伊本·圖費勒引薦給哈里發。當他第一次覲見阿布·雅古布時，他彷彿接受了一場面試，哈里發問他幾個問題，天是否永遠存在，是否有起點。在伊本·圖費勒鼓勵下，伊本·魯戍德持續大量發表哲學與宗教著作。哈里發對他印象深刻，他鼓勵這名年輕學者論述評介亞里斯多德的著作，因為他自己無法理解其內容。哈里發也任命伊本·魯戍德擔任塞維爾的穆斯林法官，之後又任命他擔任哥多華的穆斯林法官。伊本·魯戍德曾經抱怨這些工作使他無法鑽研學問。一一八四年，阿布·雅古布去世，曼蘇爾繼位，宮廷氣氛為之一變。新哈里發主要關心的是發起聖戰對抗基督徒，之後為了回應保守主義分子的要求，於是禁止伊本·魯戍德進行這類思索。伊本·魯戍德被傳喚到哥多華大法官面前接受審問，他的作品遭到譴責，他的書籍則被下令焚毀，但伊本·魯戍德自己倒是未受到傷害，他最後被流放到小鎮盧塞納。伊本·魯戍德在馬拉喀什退休，並且重新開始自由寫作，他於一一九八年在馬拉喀什去世。

伊本·魯戍德憑藉自己的能力成為重要人物，因為他在論述亞里斯多德理論上做了重大進展；但他的影響力主要是在西歐，身為思想家，他在安達魯斯並未獲得重視，這是因為十三世紀時，哈里發獎掖的思想生活已在當地混亂的環境下破壞殆盡。早在伊本．魯戉德去世之前，他的作品就已經被翻譯成拉丁文，特別是在托雷多，當時的托雷多已在基督徒統治之下，北歐學者紛紛到這座城市學習新阿拉伯學問。伊本．魯戉德的作品對於巴黎、牛津與薩拉曼恰剛開始發展的大學哲學與邏輯教學有著深遠的影響。世界的永恆存在以及哲理性思考在人世獲得真實幸福的可能性，這類「阿比羅斯式」的觀念，使阿比羅斯學派與無神論相連結，而這也導致伊本．魯戉德的觀念遭到教會的譴責，理由與抱持嚴格主義的穆斯林對他的責難大體相同。另一方面，在但丁的《神曲》中，伊本．魯戉德與其他非基督教的賢者一樣，雖然逃過了地獄（Inferno），卻必須永遠待在靈薄獄（Limbo，地獄邊緣）。

在這裡，我們不詳細討論哲學論點。在九世紀的阿拔斯巴格達，許多思想哲理從古典希臘文翻譯成阿拉伯文，到了十二世紀，這些觀念開始在穆瓦希德安達魯斯發展茁壯，因此早在十五世紀直接翻譯自希臘文的譯本出現之前，西方學者已經注意到這些觀念。就哲學、醫學與科學而言，阿比羅斯學派對於基督教世界思想史確實有著深遠的影響。這種思想探索，就算不一定由哈里發本人發起，至少也從阿拔斯朝的曼蘇爾與馬蒙以及穆瓦希德朝的阿布．雅古布．尤蘇夫身上獲得關鍵助力。

我們應當記住穆瓦希德朝這些偉大的哈里發，他們鼓勵哲學家與學者鑽研啟蒙學問，保障學術自由，這些都是不可忽略的原因。

第十章　馬木路克與鄂圖曼人統治下的哈里發體制

十三世紀穆瓦希德哈里發政權的滅亡，意味著企圖建立一個涵蓋整個西部伊斯蘭世界的哈里發政權已無可能。雖然西伊斯蘭世界確實出現以哈里發名號統治的政權，如突尼西亞的哈夫斯朝（一二二九至一五三四年），但這些朝代的權力局限於各區域，無法跨出自己建立的小國，因此不能算是真正的哈里發政權。而在東方，哈里發體制的觀念太根深柢固，其歷史受人尊崇，故哈里發的觀念無法完全消失。巴格達曾經陷落，阿拔斯哈里發曾經慘死，但依然有人試圖恢復或至少以某種形式延續哈里發這個職位。

阿拔斯哈里發，馬木路克大臣

一二五八年，巴格達阿拔斯朝末代哈里發悲劇性地死於蒙古人之手，加上首都遭到摧毀，象徵這個建於六百多年前的哈里發伊斯蘭帝國，從六三二年阿布·巴克爾開始，經過無數的盛衰起伏，至此告終。再也沒有哈里發帶領穆斯林做禮拜、保護他們不受異教徒的攻擊或護送他們進行朝聖。再也沒有哈里發的宮庭會成為權力、財富與文化中心。

但哈里發的概念一直沒有消失。災難發生後過了四年，巴格達末代哈里發的一名遠親，在敘利亞貝都因部族的協助下，前往開羅與馬木路克素壇拜巴爾斯接觸。拜巴爾斯無論在軍事或政治上都是令人畏懼的人物，他的馬木路克（傭兵）大軍也是一股強大的軍事力量，他們更是唯一能在開闊戰場抵抗蒙古人的軍隊。一二六〇年，在巴勒斯坦發生的艾因加魯特戰役，馬木路克軍隊遏止了蒙古人入侵埃及的野心。馬木路克在埃及與敘利亞建立類似政權，這個政權一直持續到一五一七年被鄂圖曼人征服為止，在這段期間，馬木路克朝一直是伊斯蘭世界最強盛且穩定的地方政權。然而，儘管拜巴爾斯擁有崇高的地位，卻缺乏足以說服人的主張來建立素壇國。畢竟馬木路克不過是剛從位於今日俄羅斯南部的大草原引進的突厥傭兵。他們在伊斯蘭世界沒有歷史悠久的身分傳承，也沒有具正當性的論述來說服穆斯林相信他們有領導的權利。而且，拜巴爾斯是透過謀殺自己的前任馬木路克君主古突滋才成為統治者。

因此，這名亡命的阿拔斯成員的到來，成了不能錯過的機會。一二六二年，他被任命為哈里發，拜巴爾斯與其他大臣向他宣誓效忠，他採用了哈基姆這個哈里發稱號。反過來，哈基姆則在傳道時讚揚素壇，並且敦促穆斯林在對抗十字軍與蒙古人的聖戰中服從與支持他。尼羅河畔的哈基姆享有的尊榮完全比不上之前底格里斯河畔的哈里發。他沒有自己的宮庭，沒有宰相，沒有衛兵，只有堡壘的一座塔樓供他居住，以及有宗教學者強化他的伊斯蘭知識。他實際上成了馬木路克素壇的追隨者，能獲得尊敬，但沒有實權。

哈基姆在位（但沒有統治）四十年，直到一三〇一年去世為止，此時拜巴爾斯與繼任的幾名素壇早已不在人世。哈基姆之後的世系綿綿不絕，前後一共有十七任阿拔斯哈里發，直到一五一七年被鄂圖曼征服之時，最後一任哈里發才被驅逐到伊斯坦堡。

顯然接續的幾任馬木路克素壇都覺得宮庭裡有一名阿拔斯哈里發是有用的，但這個官職究竟有何用處？哈里發的主要功能是讓新素壇的登基具有正當性。馬木路克素壇國不是世襲制（顯然與阿拔斯哈里發國不同），統治者的權位經常是經由暴力與暗殺來取得。哈里發的功能基本上是認可篡位者。在絕大多數狀況下，新統治者要向哈里發宣誓效忠，但有時候，特別是在十五世紀，反而是哈里發要向素壇宣誓效忠，傳統儀式因此出現耐人尋味的扭轉。哈里發的另一個功能是讓其他穆斯林統治者留下深刻的印象，例如一二五七年時，金帳汗國可汗（俄羅斯的蒙古統治者）別兒哥剛改信伊斯蘭，他派遣使節到開羅宮廷。哈里發以別兒哥之名進行主麻日講道，並且將授職文書交給別兒哥的使節。

只有那麼一次，哈里發有實質政治功能。一四一二年，一群奪權的馬木路克統領擁護阿拔斯哈里發穆斯塔因擔任素壇。不用說，當哈里發試圖發號施令時，他的支持者馬上將他的行李打包，將他送回堡壘的奢華居所裡。

哈里發的角色很重要，但某方面來說也沒那麼重要。哈里發是真主在人世的代表，是神任命的統治者，哈里發本身就有賦予素壇權位的合法性。然而，十五世紀哈里爾・札希里評論到，除了上述內容，哈里發的職責其實平凡無奇：

> 基於職責，他必須關心學術與管理圖書館。如果素壇四處巡視，他必須在一旁陪同，讓穆斯林受益〔很可能是為了讓民眾看看，素壇具備統治者的法統性〕。他有豐厚的收入供他花用，也有華美的住所。

一二五八年巴格達遭到征服，阿拔斯末代哈里發死亡，哈里發一職懸缺，許多競爭者躍躍欲試，或者更正確地說，其他穆斯林統治者有了使用這個頭銜的機會。偉大的歷史學家及思想家伊本・哈勒敦（死於一四〇六年）寫道，哈里發不只是國王，國王只需要關心凡人的福祉，但哈里發是神任命的，必須依照伊斯蘭法行事。伊本・哈勒敦也認為，哈里發必須來自古萊什部族，因為古萊什部族是先知時代阿拉伯半島上最受尊崇與最具影響力的部族。伊本・哈勒敦追溯他認為的哈里發政權（體制）性質的變遷。在正統哈里發時期，哈里發體制也兼宗教功能，負責引導信徒與執行宗教律法。在伍麥亞朝時期，哈里發國成為專制君主國，仰賴軍事力量進行統治。哈倫・拉希德去世後不久，哈里發的權力衰微，最後僅剩下一個空的頭銜，哈里發這個職位實際上已不復存在。[1]

伊本・哈勒敦的觀點或許反映了中世紀晚期許多穆斯林的想法，對他們而言，哈里發國的黃金時代是遙遠的過去，開羅的傀儡政權與其他僭稱哈里發的統治者根本沒有權力宣稱哈里發。

當時，有些君主或多或少找到足以說服人的理由來使用哈里發頭銜。夏赫魯赫（在位時間一四〇九至四七年）是帖木兒的孫子*，也是伊朗大部分地區的統治者，他使用了這個頭銜。其他統治者為了向他示好，也稱他為哈里發與「真主在人世的影子」。然而，當他寫信給馬木路克以及鄂圖曼的統治者，要求他們必須向身為哈里發的他取得授職文書並且以他的名義鑄幣時，他僭稱的哈里發頭銜被直接拒絕。穆瓦希德哈里發政權滅亡後，突尼西亞的哈夫斯朝統治者使用了這個頭銜，同樣地，十五世紀安納托利亞東部的土庫曼統治者以及十六世紀布哈拉的謝班尼烏茲別克統治者也使用了這個頭銜。

鄂圖曼哈里發政權

這些統治者自稱是哈里發，但他們的主張並未獲得廣泛承認，無論如何，對他們而言，哈里發的頭銜其實不會比素壇或汗的頭銜來得重要。只有鄂圖曼朝試圖讓哈里發體制落實，不過他們從未

＊應該是帖木兒的兒子而非孫子，此處可能是筆誤。

使用另一個古代頭銜：信仰者統領。鄂圖曼人是突厥人的一支，十四世紀時，他們在安納托利亞西北部崛起，率領穆斯林對抗已經衰弱的拜占庭帝國。一三五四年之後，他們也開始征服東南歐，一四五三年，他們攻占君士坦丁堡，這項從七百年前伍麥亞哈里發首次執行的計畫，至今才得以完成。到了十五世紀末，鄂圖曼人成為伊斯蘭東部地區最強的穆斯林統治者，一五一七年，當他們征服馬木路克埃及時，他們已建立了無可撼動的地位。我們不清楚鄂圖曼素壇是在什麼狀況下開始使用哈里發頭銜，雖然對他們而言，最重要的還是素壇這個稱號。穆拉德一世（在位時間一三六〇至八九年）似乎是鄂圖曼朝第一個使用哈里發頭銜的人，他在一三六二年左右從拜占庭人手中奪取了埃迪爾內與普羅夫迪夫，之後他寫信給安納托利亞東部幾個小統領時，認為真主已經選擇他擔任哈里發。他呼求真主見證，「從即位那天起，他沒有一刻休息，不分晝夜，全心全意投入於戰爭與聖戰，他的盔甲總不離身，不停為穆斯林福祉奔忙」。[2]穆拉德一世的一些繼承者使用了哈里發這個頭銜，但偉大的穆罕默德二世卻沒有，他於一四五三年征服君士坦丁堡，這項功績毫無疑問使他配得上這個崇高的稱號。

一五一七年，殘酷塞利姆（在位時間一五一二至二〇年）攻占開羅，結束了馬木路克朝，而且俘擄了傀儡哈里發穆塔瓦基爾三世以及各種象徵哈里發國的物件：先知的斗篷、權杖與印璽。一則出現於十八世紀末經過加油添醋的傳說提到，阿拔斯朝末代哈里發把哈里發國移轉給鄂圖曼素壇，然而這不過是虛構的說法，用來合法化鄂圖曼人重新對哈里發這個頭銜燃起興趣。當時的人提到，

「哈里發，信仰者統領穆塔瓦基爾，從海路被送往伊斯坦堡」，三年後，據說他仍然住在首都。一五二〇年，蘇萊曼大帝登基之後，穆塔瓦基爾獲准返回埃及，一五四三年在埃及去世，他是最後與最終的哈里發，這條不絕如縷的家系可以上溯到七五〇年的薩法赫。

塞利姆冠上的不是哈里發這個稱號，而是兩聖寺之守護者（*Khādim al-Haramayn al-Sharīfayn*）。自從一二五八年阿拔斯哈里發國滅亡之後，一些穆斯林君主開始爭奪保護麥加與麥地那的權力，一般認為這個權力也包括讓自己的名字在麥加主麻日講道時被提及的權力，如此便能在朝聖時讓自己的地位在來自伊斯蘭世界各地的朝聖者面前獲得確認。強大的統治者，如帖木兒的孫子夏赫魯赫，都很想得到這份榮譽，但單純的事實是，誰能統治埃及，誰就能保有冠上兩聖寺之守護者這個稱號的權力，因為兩聖城都仰賴埃及的糧食，沒有埃及的糧食，聖城的居民就會餓死。十五世紀晚期，兩聖寺之守護者這個稱號多了點迫切感，葡萄牙戰艦首次出現在紅海與波斯灣。穆斯林有充分的理由擔心這些新的異教徒入侵者會攻擊麥加。因此塞利姆取得的兩聖寺之守護者稱號絕非空虛的榮銜。

從塞利姆時代到第一次世界大戰，鄂圖曼人一直保護著從大馬士革與開羅去朝聖的隊伍，鄂圖曼人每年都會提供用來覆蓋卡巴的巨大布幔。這些行動或許比任何事都更能激勵穆斯林——無論他們來自何處——視鄂圖曼人為伊斯蘭世界的領袖。儘管如此，塞利姆從未自稱哈里發，不僅錢幣上不採用哈里發稱號，文件上提到他時也不冠上哈里發；塞利姆的頭銜一直都是素壇。到了蘇萊曼大帝（在位時間一五二〇至五六年）統治時期，一般都認為鄂圖曼人既是哈里發，也是素壇。哈里發這個頭銜實際上只用在與其他穆斯林國家的關係上，例如北非西部的統治者，因為這些國家並非鄂圖曼人的屬國。北非西部的薩阿德朝統治者（一五一〇至一六六八年）承認鄂圖曼人是伊斯蘭的保護者，但他們也認為鄂圖曼人只是哈里發的代表，哈里發必須是古萊什部族的成員，而薩阿德統治者則宣稱自己是阿里與法蒂瑪的後裔。還有一些穆斯林君主也自行使用哈里發這個頭銜，例如位於遙遠德里的蒙兀兒素壇阿克巴（在位時間一五五六至一六〇五年），但他們通常只把哈里發當成一種模糊的榮銜。

一五五三年左右，鄂圖曼宰相魯特菲帕夏寫了一本小冊子以解決素壇是否有權擔任哈里發的爭議。魯特菲帕夏解釋，他這麼做是為了回應一些宗教學者的看法，這些學者主張只有古萊什部族成員才能擔任哈里發。魯特菲帕夏認為，哈里發是絕對必要的，根據古代與眾所皆知的傳統，如果沒有公認的哈里發，「穆斯林社會或國家將處於不確定的狀況，他們死亡的時候如果不知道他們那個時代的伊瑪目（哈里發），他們的死亡將成為蒙昧時代下的死亡（也就是說，穆斯林的死亡就像那些不知道先知的人的死亡一樣，他們將因此墮入地獄）。」魯特菲帕夏接著引用無數權威的說法，包括偉大的歷史學家塔巴里，大意是說，素壇這個頭銜屬於掌握權力的統治者所有，至於伊瑪目則是「維護信仰並以公義統治伊斯蘭領土之人」。哈里發是「賞善罰惡（亦即奉行伊斯蘭法）之人」。如果上述的條件，也就是征服、強制的權力、以正義維護信仰、賞善罰惡，全都匯聚在一個人身上，那麼這個人就是一個可以合理且無須質疑地取得伊瑪目、哈里發、瓦利（walī）與統領這些頭銜的素壇。魯特菲帕夏指出：「我們的宗教學者說過，一個人要憑藉兩件事才能成為素壇：第一要有人向他效忠，第二是他能有效執行他的決定。」然後他又說，他徵詢過的法律權威，沒有人斷定或主張哈里發「必須來自古萊什部族或哈希姆氏族，或必須由阿拔斯朝或任何人來任命」。對魯特菲帕夏來說，伊瑪目必須來自古萊什部族的說法，只適用在哈里發政權建立之初，當時古萊什部族主張他們的權利凌駕於麥地那的輔士之上，這種說法已不適用於今日。

魯特菲帕夏基本的論點是，哈里發這個頭銜屬於能有效領導與保護穆斯林民眾的人所有。擔任哈里發的資格是權力與能力。繼承或血統不在考慮之列。就某個意義來說，這個論點等於回到什葉派的觀念，認為哈里發應該由以先知家族之名採取行動與掌握權力的人擔任，唯一不同的是什葉派仍堅持哈里發必須有古萊什部族的血統。此外，這個論點也反映了十一世紀糾為尼與嘎札利的論述，對這兩個人來說，權力是擔任哈里發的主要條件。在鄂圖曼時代，一般認為鄂圖曼素壇的權力與權威使鄂圖曼素壇能合理取得哈里發的頭銜，但這麼做卻使哈里發這個頭銜失去力量，完全被吸收到鄂圖曼權力的廣泛論述之中。成為哈里發不會讓素壇獲得任何權力，他的權力早在他擔任素壇時就已具備，因此，哈里發這個職位對於素壇的地位沒有助益。

十八世紀，整個伊斯蘭世界，特別是鄂圖曼帝國，逐漸受到歐洲列強的威脅，眾人開始對哈里發政權的觀念重新產生興趣。第一個例子出現在一七七四年的庫楚克開爾查條約，條約規定鄂圖曼素壇阿卜杜．哈米德一世（在位時間一七七四至八九年）實際上必須割讓穆斯林所在的克里米亞主權給俄國凱薩琳大帝。在條約中，素壇被描述為「信仰者的伊瑪目與所有宣揚真主獨一性之人（即穆斯林）的哈里發」。這似乎是一種保全顏面的說法，使素壇得以宣稱自己是克里米亞穆斯林的精神領袖，避免了讓穆斯林被異教徒統治的羞辱。此後，哈里發政權的觀念逐漸被鄂圖曼人繼承，他們能主張自己是鄂圖曼政治疆界之外所有穆斯林的精神領袖。這種觀念也引導出政治軍事領袖（素壇）與精神領袖（哈里發）之間的區別。這種區別本質上對穆斯林政治思想來說是全新的事物，但對當時的外交卻大有助益。

阿卜杜．哈米德二世，素壇與哈里發

在阿卜杜．哈米德二世（在位時間一八七六至一九〇九年）統治時期，素壇身兼哈里發的角色獲得更一貫與更徹底的發展。阿卜杜．哈米德二世在兄長被罷黜後繼位。他立即獲得效忠成為素壇與哈里發。除了效忠儀式，他基於三項確立的要件成為哈里發。首先是真主的意旨；其次是世襲繼承祖先的偉大哈里發身分；第三是擁有實質的政治權力來保護穆斯林。唯一一項他無法主張的哈里發傳統當然是古萊什部族的身分，但我們可以看到，這不妨礙更早之前的鄂圖曼人取得哈里發頭銜。[3]

在登基典禮上，阿卜杜．哈米德二世必須簽署一部以西歐為範例的憲法，這是伊斯蘭世界第一部西方式憲法。或許是為了補償他失去的世俗權力，他身為哈里發的角色開始獲得發展。憲法第三條規定，「威嚴的鄂圖曼素壇，至高無上的伊斯蘭哈里發，必須由鄂圖曼家族成員最年長者繼承」，明確揭示了世襲繼承原則。第四條規定「素壇，以其身為哈里發所具備的能力，是穆斯林宗教的保護者」。這部憲法很快就遭到擱置，直到一九〇九年才生效，但阿卜杜．哈米德二世卻堅持發展這個理念，認為鄂圖曼哈里發是所有穆斯林的領袖，而不只是鄂圖曼統治下的穆斯林的領袖。

這位取得哈里發頭銜的素壇其人格顯然有許多矛盾。對於許多鄂圖曼帝國外的人士來說，例如在西歐與俄羅斯，阿卜杜．哈米德二世是「該死的阿卜杜」，是一名邪惡嗜血的暴君，他虐待屠殺基督徒臣民，可以說一無是處。他顯然是一名專制帝王，行事遮遮掩掩，天性多疑。他深信真主交給他統治的重責大任，他必須保護鄂圖曼帝國境內與境外所有穆斯林。他認為西化改革者米德哈特帕夏推動的立憲運動是在攻擊神認可的政治秩序，將會破壞伊斯蘭世界，因此他將政敵流放或殺害。阿卜杜．哈米德二世寫道，「素壇哈里發（padishah）」

> 只對真主與歷史負責……如果我們想要復興，獲得過去的力量與恢復昔日的偉大，我們必須牢記我們力量的源頭。對我們有益的，不是模仿所謂的歐洲文明，而是回到伊斯蘭教法，這是我們力量的源頭……全能的真主，我只能是你的奴僕，我只能祈求你的幫助。引領我們走上正確的道路。[4]

阿卜杜・哈米德二世無疑是一名虔誠的穆斯林，當時許多伊斯蘭主義者顯然也同意這樣想法。同時，他也對現代化科技很感興趣，他認為這是鄂圖曼帝國存續的關鍵。他鼓勵研究西方軍事科技，聘請著名的科爾瑪・馮・德・戈勒茨與其他德國軍官訓練軍隊，並且鋪設鐵路。在文化上，他也抱持開放態度：他喜愛西方音樂，特別是義大利歌劇，他位於伊爾迪茲宮的私人圖書館收藏了大約十萬冊書籍，不僅包括稀有的阿拉伯文與波斯文抄本，還有西方哲學與科學著作，就這點來看，他有如偉大的哈里發藏書家巴格達阿拔斯馬蒙與哥多華伍麥亞哈卡姆二世。他命令他的政府參與一八九三年芝加哥萬國博覽會，他在會場上設立鄂圖曼村，裡面有清真寺與棚頂市集，販售各種鄂圖曼帝國的產品。他鼓勵他的基督徒臣民參與帝國的經濟與文化生活，他指出穆斯林與基督徒崇拜同一個上帝，但他也提到少數基督徒被狂熱的教士誤導，想尋求外來勢力反對他的合法政府。

阿卜杜・哈米德二世藉由現代科技履行哈里發的古老職責，其中最著名的例子是鋪設從大馬士革到麥地那的漢志鐵路，鐵路於一九〇〇年完成。這項工程讓鄂圖曼朝聖者可以搭乘舒適的火車前去朝聖，而不需要再仰賴步行或騎乘駱駝。但鋪設鐵路也惹惱許多以向朝聖者收取保護費為生的貝都因人，第一次世界大戰期間，這些貝都因人便轉而與英國勞倫斯合作炸毀鐵路。阿卜杜・哈米德二世藉由鐵路促進了朝聖活動，效果就像一千一百年前哈倫・拉希德與阿拔斯朝修建「祖拜達之路一樣」。

這位新任素壇哈里發剛開始統治，就在一八七七年到一八七八年與俄國發生一場災難性的戰爭，喪失了保加利亞與巴爾幹其他地區。伊斯蘭世界有許多人擔心鄂圖曼帝國將徹底解體，但弔詭的是，這場失敗反而激勵哈里發概念的復興，大家認為哈里發政權將可保護穆斯林不受外來攻擊。

在這個時期，鄂圖曼帝國以外的伊斯蘭世界，許多地區開始面臨外國占領與殖民的壓力。在這些地區中，最重要的是中亞，俄羅斯步步進逼，吞併了基府、布哈拉與浩罕汗國，而中國也從東邊往喀什推進。所有這些地區都居住著穆斯林而且說突厥語，這些地區遭受威脅的統治者希望鄂圖曼哈里發能協助他們抵抗入侵者。此外，對許多穆斯林來說，同樣危險的還有一八八二年英國軍事占領埃及。雖然從一七九八年拿破崙入侵埃及之後，埃及已非鄂圖曼帝國的一部分，但埃及當地與其他地區的穆斯林仍希望哈里發能採取行動。甚至遠在莫三比克與馬達加斯加之間的科摩羅群島，穆斯林居民也受到法國占領的威脅，因此也向鄂圖曼帝國尋求援助。但阿卜杜·哈米德二世不是政治冒險家。他願意提供道德援助，讓穆斯林到伊斯坦堡避難，但他的軍隊依然堅守在鄂圖曼帝國邊界之內。

十九世紀晚期與二十世紀初期，鄂圖曼帝國逐漸開始瓦解，鄂圖曼帝國在這個時期與外國簽訂的條約，上面都承認阿卜杜·哈米德二世是所有穆斯林的領袖。一九〇八年，奧匈帝國吞併波士尼亞，阿卜杜·哈米德二世身為素壇哈里發，他的名字在穆斯林禮拜時仍繼續被提到。一九一二年，義大利征服利比亞，的黎波里的穆斯林法官仍繼續接受伊斯坦堡當局的任命。阿卜杜·哈米德二世試圖以他身為哈里發的威望，來獲取帝國內阿拉伯居民的效忠，然而在這個時期，阿拉伯居民也逐漸受到阿拉伯民族主義吸引。

鄂圖曼帝國晚期也透過另一個領域來利用與發展哈里發國觀念，這就是聖物的尊崇與展示。素壇在伊斯坦堡托普卡匹宮庭設立了永久的收藏室，專門陳列先知與許多伊斯蘭早期英雄的遺物。這些聖物存放在相鄰的四個小房間裡，房間以伊茲尼克磁磚裝飾得極為華麗。原本這些房間是素壇的寢宮，但從十七世紀之後，素壇把寢宮移到鄰近的後宮，這些房間就完全只用來存放聖物，就這樣一直持續到今日。顯然我們沒有辦法測定這些物品的年代，或找出任何科學證據證明這些物品確實是所謂的聖髑。然而我們可以確定的是，有些聖物從十六世紀開始就已經收藏在托普卡匹皇宮，其中尤以先知的斗篷（burda）最為珍貴也最受尊崇。這些聖物是見得見且可觸及的象徵，顯示鄂圖曼人既是早期哈里發的繼承者，也是兩聖城的守護者。

先知的斗篷是一件粗織品，外面黑色，裡面白色，整件斗篷用珍貴的織物包裹，放在金色箱子裡，只有一小部分供人觀看。阿拔斯時代的史料提到，其中最著名的是關於八一五年哈里發阿敏去世時的記載，先知的斗篷，連同權杖（qadīb）與先知的戒指（hātim），這些物品被視為如同「哈里發政權」。

我們不知道阿拔斯時代史料提到的斗篷與伊斯坦堡保存的斗篷之間有什麼關係。根據傳統故事，詩人卡爾布・賓・祖海爾原本堅決反對先知，但當他悔改並且懇求他的寬恕時，穆罕默德便把身上穿的伊斯坦堡斗篷送給了詩人。詩人為了表示感謝，寫了一首詩讚美先知與斗篷。後來，穆阿維亞向卡爾布的後人買了這件斗篷，據說這件斗篷被之後各代哈里發保存下來。有一篇故事提到，一二五八年巴格達遭到劫掠，阿拔斯末代哈里發死亡，之後旭烈兀焚毀了斗篷，但也有故事說，大屠殺的倖存者把斗篷帶到開羅，到了一五一七年鄂圖曼征服時，斗篷被帶到了伊斯坦堡。到了素壇穆拉德二世（在位時間一五七四至九五年）時代，穆拉德二世用金色箱子保存斗篷，所以顯然斗篷當時已經在鄂圖曼的聖物收藏室裡。一般認為斗篷有神奇的力量，於是素壇帶著斗篷上戰場。當穆罕默德三世（在位時間一五九五至一六〇三年）率領軍隊到匈牙利埃格爾作戰時，他也帶了斗篷。戰事進行到一半，看起來他的軍隊即將失敗，一名大臣告訴他說：「我的素壇！身為鄂圖曼素壇與走在我們先知道路上的哈里發，你應該穿上神聖斗篷向真主禱告。」素壇採納他的建議，披上斗篷，率領士兵贏得勝利。一幅優雅的小畫像描述一名大臣頭頂著神聖斗篷，素壇觀望著，大砲的轟隆聲震撼了敵軍。有趣的是，從這段描述可以看出擁有斗篷與哈里發權位是一體兩面，與阿拔斯時代的史料記載相同。

先知的印璽也在阿拔斯哈里發保存的聖髑之列。根據一篇著名故事的描述，原本的印璽被第三任哈里發歐斯曼遺失在井裡，一般認為伊斯坦堡展示的印璽是後來製作的替代品。

托普卡匹宮殿另一件重要的展示品是歐斯曼的《古蘭經》。就像塔什干展示的歐斯曼《古蘭經》一樣，據說托普卡匹皇宮這部才是真正歐斯曼被殺時他正在閱讀的《古蘭經》，上面還留有他的血跡。我們顯然無法確定是不是真的有歐斯曼《古蘭經》這種東西，但至少從照片可以看出，托普卡匹皇宮收藏的是一本華麗而且非常古老的書。

其他的先知聖物還包括他的旗幟，大軍出征時，旗幟必須擺在行軍隊伍的最前面；一八二六年，先知旗幟被拿了出來，懸掛在伊斯坦堡素壇阿哈邁德清真寺的講道台上，讓想要平定新軍（janissaries）叛變的人在此會合。然後還有先知的木杖，阿拔斯時代的史料也有記載，不過一般認為托普卡匹宮殿收藏的木杖是用先知墳墓旁邊的樹製作的。

其他還有許多先知聖物，但有些從未用來作為哈里發的表徵——先知的鬍子、弓與腳印，還有先知的女兒法蒂瑪的上衣與面紗，以及先知殉難的孫子胡笙的襯衫。托普卡匹宮殿還有亞伯拉罕的烹調碗、約瑟的頭巾與施洗約翰的手臂。許多物品原本是放在麥加的卡巴聖壇或麥地那的先知清真寺，但第一次世界大戰時，兩聖城受到阿拉伯革命與英國占領的威脅。於是在一九一八年，鄂圖曼麥地那總督法赫拉丁帕夏下令將這些物品搬上火車運往伊斯坦堡，至今這些物品仍存放在當地。

先知斗篷與其他聖物的驅邪性質充分顯現在阿卜杜・哈米德二世的葬禮上。阿卜杜・哈米德二世於一九一八年去世，他擔任素壇哈里發三十四年，被罷黜後又活了九年多。阿哈梅特・拉菲・別克參加了這場葬禮，他後來以憂鬱的筆調描述整個過程。我們知道素壇的遺體被移到神聖斗篷室*，遺體在此洗淨，然後放入已經鋪好裹屍布的棺木裡。

素壇阿卜杜・哈米德在彌留之際，他要求把清真言禱文放在他的胸前，他要用摩擦過神聖斗篷的手帕，還有一小塊黑色卡巴布幔蓋在他的臉上。他的要求都一一予以照辦。那是個令人心碎的景象：素壇阿卜杜．哈米德躺在棺木裡，遺體覆蓋了裹屍布，清真言禱文放在他赤裸的胸前，黑色卡巴布幔蓋在他的臉與白色鬍鬚上，他的眼睛永遠閉上……素壇阿卜杜．哈米德卑微地走向真主，留下他的罪。

送走棺木時，懷抱敬意的民眾聚集起來：

突然間，神聖斗篷室的門開啟。所有人的目光朝向門口。兩側全擠滿了人。心臟撲通撲通地跳著，每個人都想看棺木一眼。棺木被抬了起來，上面裝飾著鑽石腰帶、繡上銀線的卡巴布幔、紅色綢緞與紅色菲斯帽，終於大家都看見了，這莊嚴的景象……哈米迪耶清真寺的主講道師，穿著繡上銀線的綠色長袍，胸前一塊帝國花押字圖案，他走向前，站在石頭上。環顧四周，然後問道：

「你們如何知道死者的為人？」

柏樹林間迴盪著哀戚的哭聲：

＊神聖斗篷室（apartments of Holy Mantle）：托普卡匹宮殿用來收藏聖物的四個房間。

「我們知道他是良善之人。」

或許適當的做法是，將末代哈里發的遺體洗淨後，讓他在伊斯蘭有史以來歷代傑出哈里發保存（根據一般相信的傳統說法）的聖物環繞下安息。5

大千世界中的鄂圖曼哈里發政權

素壇有想復興泛伊斯蘭哈里發政權的意念，但若不能引起伊斯蘭世界普遍的共鳴，就不可能產生巨大影響力。這在英國統治下的印度尤其如此。傳統上，印度與鄂圖曼帝國少有接觸，印度穆斯林眼中的鄂圖曼帝國是一個能維持獨立的穆斯林大國，許多人認為哈里發政權這個概念可以挑戰帝國主義統治與西方優越論。

然而，贊同鄂圖曼人有權擔任哈里發的這股聲音，卻來自某個令人意外的地方。一八七〇年代晚期，鄂圖曼人認為他們有資格擔任哈里發，這樣的主張是否有效，在英國引發激烈辯論。而這場辯論主要也是呼應哈里發觀念在印度激發的熱情。一八七七年，兩名退休印度官員，前孟加拉總督喬治・坎貝爾爵士與喬治・柏德伍德，認為鄂圖曼的主張不符事實，柏德伍德還說，符合英國利益的做法是支持麥加大公（聖城當地的統治者，他也是阿里與法蒂瑪的後裔）擔任哈里發，因為「他會像蘇伊士運河一樣，完全在我們的掌握之中」。這個主張引起親鄂圖曼作家詹姆斯·雷德豪斯（一八一一至九二年）的激烈回應，雷德豪斯有段不尋常的生涯。他是來自倫敦的孤兒，曾在一艘英國船上擔任服務員。一八二六年，船在伊斯坦堡靠岸，雷德豪斯潛逃並且利用他所受的數學與科學教育為鄂圖曼人工作，鄂圖曼人當時正與叛亂的希臘人以及埃及的穆罕默德·阿里作戰。雷德豪斯成為一名熱情的親鄂圖曼分子，他撰寫了許多著作，並且編纂了有史以來最具學術性與最完整的鄂圖曼土耳其文辭典。現在，他加入了這場論戰而且寫了一本小冊子，題為《為鄂圖曼素壇的「哈里發」頭銜辯護》，他在書中針對認為鄂圖曼的哈里發頭銜是「錯誤、徒勞與不明智的」說法提出反駁。首先，他認為素壇取得哈里發權力有著悠久的歷史，而且為「順尼」所接受；其次，認為哈里發必須是古萊什部族的成員，因此鄂圖曼人無法取得哈里發的頭銜，這種說法並未獲得先知支持。雷德豪斯的說法得到喬治·巴傑的響應，巴傑是傳教士、東正教歷史學家與阿拉伯文辭典編纂者，他為鄂圖曼的主張提出詳細的辯護，明白指出「鄂圖曼素壇是具正當性的穆罕默德繼承者，至於麥加大公只是一個沒有身分地位的人，一名鄂圖曼政府隨時可以解職的官員」。這些參與論戰的人，沒有人能代表英國政府的政策，但一般而言，英國傾向於接受鄂圖曼的主張。

同樣在這個時期，鄂圖曼帝國的阿拉伯省分，特別是敘利亞，也興起一場將哈里發政權與鄂圖曼素壇國區隔的運動。觸發這場運動的是一八七七年到一八七八年俄羅斯擊敗鄂圖曼的戰爭，這場戰爭也為鄂圖曼帝國開啟全面瓦解的序幕。敘利亞與漢志的阿拉伯貴族提出阿拉伯哈里發政權這個想法，主要是為了防止未來可能遭到歐洲人接管。敘利亞阿拉伯人甚至找來可能的人選阿卜杜．嘎迪爾．嘉札伊里，一名具有領袖魅力的阿爾及利亞穆斯林，他在阿爾及利亞奮勇抵抗法國占領後流亡到大馬士革。這場運動最後無疾而終，鄂圖曼恢復控制權，但這場運動顯示哈里發的觀念依然是政治靈感的泉源，激勵了那些想尋求改變與重振伊斯蘭社群古老權力與光榮的穆斯林。

哈里發的概念成為阿拉伯獨立於鄂圖曼帝國的理由，而這個理由仰賴一名非凡的人物威爾弗里德．斯卡文．布朗特（一八四〇至一九二二年）而在英國政治論壇持續延燒。布朗特是個特立獨行的上流社會作家，他是地主與維多利亞時代晚期許多重要政治人物來往密切，又是個反叛者，挺身反抗不列顛帝國主義。他的無數風流韻事以及在阿拉伯沙漠的冒險歷程，在在顯示他是個浪漫而品味獨特的人物。布朗特最初從事的是外交工作，但在一八六八年辭職，一八七七年至一八七八年之間，他到敘利亞沙漠訪問阿拉伯游牧民族。這次與隨後的阿拉伯旅行讓布朗特留下深刻的印象，他逐漸相信必須結束鄂圖曼人的統治，讓阿拉伯人——基本上他指的是敘利亞與阿拉伯沙漠的貝都因人——在英國保護下獲得自治。布朗特轉而訴諸哈里發政權的觀念，認為鄂圖曼人的哈里發政權本質上不具正當性，因為鄂圖曼人的哈里發政權完全立基於政治與軍事力量，而非法律權利。布朗特與幾名阿拉伯穆斯林領導人接觸，包括廣受尊崇的穆罕默德．阿布都赫（一八四九至一九〇五年），阿布都赫曾支持開羅的阿茲哈爾大學與廣大的伊斯蘭社會進行改革。布朗特發現阿布都赫提出了哈里發體制必須復興並且成為一個政教合一政體的主張，他解釋說：

關於哈里發政權的問題，他〔阿布都赫〕當時希望在較靈性的基礎上重建哈里發政權。他向我解釋，哈里發政權當局如何可以做出較具正當性的決定，來為思想進步注入新的活力，而數世紀以來握有哈里發頭銜的人〔亦即鄂圖曼人〕卻完全沒有資格擔任信徒的精神領袖。6

這兩個人有著共同的理想，相信復興的阿拉伯哈里發政權能為穆斯林開啟偉大的新時代。然而阿布都赫也承認，現實是鄂圖曼人「仍是最強大的穆斯林君主，而且最有能力為公眾創造利益，但除非他們願意更嚴肅地看待自己的位子，否則尋找新的信仰者統領仍具有正當性」。布朗特覺得自己與阿布都赫志同道合，但擁有許多人脈的他卻無法說服英國政府任何一名重要人物接受他的想法，一八八〇與一八九〇年代阿卜杜．哈米德二世開始加強帝國對阿拉伯省分的控制時，這些想法也成為泡影。

阿卜杜．哈米德二世試圖讓自己的哈里發身分成為鞏固鄂圖曼地位的基礎，特別是用來對抗伊斯坦堡那些不滿的臣民。隨著一九〇九年素壇遭到罷黜，憲法重新施行，哈里發這個頭銜逐漸變得無關緊要。掌握政權的激進民族主義者突厥青年團傾向於建立共和國而非穆斯林帝國，當一個強大的素壇國是實現這個想法的可能方式時，哈里發在這個願景中沒有實質的角色。第一次世界大戰使眾人重新燃起對哈里發概念的興趣，有些人希望素壇是哈里發的觀念可以獲得阿拉伯輿論的支持，甚至有可能促使印度穆斯林以哈里發的名義起而反抗英國統治者。這些希望證明是不切實際，鄂圖曼的哈里發政權主張並未在次大陸引發任何熱情。

鄂圖曼哈里發政權的終結

戰爭結束，鄂圖曼素壇國哈里發面臨最後的危機。一九一八年七月，穆罕默德五世去世，與英法協商停戰的重任落到了繼位的穆罕默德六世肩上。十月三十日，穆罕默德六世在穆德羅斯簽署了屈辱的投降條約，距離十一月十一日西線戰場停戰不到兩個星期。素壇以為討好西方列強就能保住自己的權位以及鄂圖曼帝國剩餘的領土。為此他已準備好在一九二〇年八月簽署《塞夫爾條約》，鄂圖曼帝國僅能保住安納托利亞的殘餘領土。穆罕默德六世明確反對在安卡拉集結的民族主義分子，而他只能徒勞地將民族主義領袖穆斯塔法・凱末爾處以死刑（他當然無法執行這個刑罰）。素壇象徵著帝國過去的偉大歷史，因此，對素壇剩餘的一點尊崇使穆罕默德六世繼續再當了兩年統治者。到了一九二二年，民族主義者獲勝；希臘人被逐出帝國，穆斯塔法・凱末爾決心廢除素壇政體，建立總統制的土耳其共和國。一九二二年十一月一日，土耳其大國民議會投票通過分離哈里發國與素壇國，並且廢除素壇國。哈里發依然由鄂圖曼家族擔任，但由國家決定家族中哪個成員可以擔任哈里發。素壇穆罕默德六世被罷黜，他的堂弟阿卜杜・梅吉德二世被任命為哈里發。

哈里發這個職位仍在新土耳其的保守主義分子中獲得一定支持，這些保守主義分子希望恢復哈里發政權過去的輝煌，至於一些民族主義者則不希望土耳其失去伊斯蘭世界的領袖地位。新任（與最後一任）哈里發試圖整合這些力量，但穆斯塔法．凱末爾卻堅決反對。一九二四年三月二十四日，哈里發一職被廢，共和國成立，由穆斯塔法．凱末爾擔任首任總統。古老的傳統畫下句點，此後再也沒有任何主張自己有資格擔任哈里發的人能在伊斯蘭世界獲得廣泛而普遍的認同。

第十一章　二十世紀以降

鄂圖曼哈里發政權在一九二四年瓦解，整個過程宛如喃喃低語，而非轟隆巨響。然而，即使是屈辱的結束，哈里發體制的廢除依然讓鄂圖曼以外的伊斯蘭世界感到沮喪。一九二〇年代，歐洲帝國主義在中東達到顛峰，鄂圖曼阿拉伯領土被劃分為伊拉克、敘利亞、黎巴嫩與巴勒斯坦，並且建立英法的託管地。埃及被英國控制，利比亞被義大利統治，至於突尼西亞、阿爾及利亞與摩洛哥則由法國管理。許多穆斯林對於這樣的切割感到屈辱，有些人認為重建哈里發政權或許可以為這個令人沮喪的政治地貌帶來一線希望。

然而談到該建立哪一種哈里發政權以及該由誰擔任新哈里發，則顯然缺乏共識。開羅阿茲哈爾大學的宗教學者們（sheikhs）長久以來一直是順尼伊斯蘭世界的思想領袖，他們很快做出回應。一九二四年三月二十五日會議之後，他們發表一份聲明，重新肯定傳統的概念，哈里發是先知的代表，負責捍衛信仰與執行律法。他們反對一九二二年廢除素壇體制（政權）所表露的哈里發政教分離規則，他們主張阿卜杜．梅吉德二世不是真正的哈里發，因為他接受了這項原則。現在，穆斯林社群必須開始尋找新的哈里發人選。

然而，還有一些人認為哈里發是對伊斯蘭的一種扭曲，是一種禍害，在《古蘭經》完全找不到根據，不僅不是核心信仰，事實上還是阻礙，它將政治與宗教混為一談，完全起不了任何作用。一名留學牛津大學的埃及知識分子阿里．阿卜杜．拉奇葛在他的著作《伊斯蘭與統治基礎》中，主張西方模式的政教分離。他的觀點雖然獲得其他世俗主義知識分子如埃及的塔哈．胡笙的支持，卻受到更多正統人士的嚴厲抨擊與強烈指責。

哈里發政權的重建因為各種事件與人物而遲遲無法形成一致的看法。有些人認為哈里發是所有穆斯林的精神領袖，有些人認為哈里發可以振興穆斯林社群的政治權力，聯合所有的穆斯林對抗壓迫者，這兩派人馬意見相左，難以達成共識。只要有推薦的人選出現，例如麥加的大公胡笙，埃及國王福阿德一世，後來的沙烏地阿拉伯國王伊本．沙烏德，馬上就會引發強烈的反對或遭到奚落，所有人選都遭到排除。哈里發體制的廢除並未在廣大民眾中產生沮喪的情緒，穆斯林也未發起群眾運動要求恢復哈里發政權。到了一九三〇年代，中東的穆斯林比較關心的是巴勒斯坦的事件，他們追求的是阿拉伯民族主義，而非哈里發政權，唯有阿拉伯民族主義這種意識形態才能回應他們的希望與化解他們的焦慮。

即使在我們稱之為伊斯蘭主義者的圈子裡，恢復哈里發體制也非首要之務。最著名與具影響力的伊斯蘭復興運動是哈山．班納（一九〇六至四九年）在埃及創立的穆斯林兄弟會。對班納以及追隨者來說，真正的議題是恢復宗教虔誠以及遵行伊斯蘭律法。為了實現這點，外國人的毀滅性影響力，如在埃及的英國人，必須挑戰與去除之。為了驅逐英國人，班納與民族主義者以及埃及國王福阿德合作，一九三六年後，則是與法魯克合作，藉此堅定他們對抗外國殖民的決心。當然，最終目的是穆斯林的哈里發政權，但哈里發體制的重建是獨立與道德改革的終極成果，因此哈里發政權的建立與其是第一步，毋寧是遙遠的目標。

一九四五年後，法國結束託管敘利亞與黎巴嫩，一九四八年，英國結束託管巴勒斯坦，以及以色列建國，這些事件在中東留下深刻的痕跡，導致穆斯林中東產生更多的不確定性與分裂，以及對未來的討論和整個地區的復甦與發展。儘管如此，相關領導人卻很少考慮以哈里發體制作為日後的出路。此時，民族主義意識逐漸結合了社會主義意識形態。一九五六年，埃及總統阿卜杜．納瑟爾宣布蘇伊士運河收歸國有，隨後英國與法國試圖奪回蘇伊士運河所造成的羞辱，導致埃及與蘇聯建立密切關係。對於阿拉伯中東絕大多數關心政治的人民來說，能指出未來道路的是共產主義，而非古代哈里發體制的復興。一九六四年，我首次到中東旅行，當地人普遍認為共產主義能帶給他們未來。絕大多數人同意自己既是穆斯林，也是社會主義者與民族主義者，至於清真寺則是老人才去的地方，聖物是已經消失的世界，哈里發政權如同神聖羅馬帝國之於戰後的西歐，對他們來說既遙遠又無關緊要。

有一個伊斯蘭主義團體反對這種觀點。這個團體叫解放黨，一九五二年之後，由巴勒斯坦著名宗教學者塔基丁・納布哈尼（一九〇九至七七年）創立。有如穆斯林兄弟會及其他相關運動，解放黨主張宗教復興與穆斯林溫瑪社群或國家的統一。解放黨與其他團體的不同處是解放黨主張復興哈里發政權或體制是途徑而非結果。哈里發政權觀念的當代歷史權威雷札・潘爾富斯特解釋說：

> 解放黨的創立者是伊斯蘭法學家與活動分子，他們認為哈里發既是法學家也是活動分子。解放黨成立的時代，殖民統治的有形限制已經去除，解放黨的理性辯證（ijtihad）使他們認定必須復興的是宗教的本質，穆斯林社群觀與世界觀需要做出根本性改變，哈里發體制不是最終的目標，而是促使世界改變的工具。[1]

解放黨針對哈里發政府提出更特定的提案，除了比較典型的女性服裝與伊斯蘭法的執行外，他們認為哈里發可以從所有穆斯林男性中選舉產生，這表示哈里發（必須是男性）不需要是古萊什部族的成員。哈里發必須在伊斯蘭法的規定範圍內行事。解放黨反對民主主義，認為人民主權的概念會導致偽信（kufr），因為主權只屬於真主。解放黨也反對民族主義與想在一國之內建立根據伊斯蘭法行事的伊斯蘭政府的團體。然而，解放黨確實主張穆斯林無論男女都能投票選舉哈里發，最後選舉的結果必須以古老的效忠儀式加以確認。在哈里發體制下的非穆斯林必須受到保護，但沒有投票與服公職的權利。另一項特定政策是回歸金本位制，以七〇〇年左右阿卜杜・馬利克哈里發政權首次鑄造的錢幣為範例發行交易貨幣。他們認為這麼做可以防止通貨膨脹與其他經濟弊病。以建立普世哈里發政權為訴求的解放黨，吸引了許多國家人民的支持，包括巴勒斯坦、中亞五國與印尼。但儘管參與一連串失敗的政變，解放黨還是無法將他們的哈里發體制概念在任何地方實踐。

我們必須了解，號召建立伊斯蘭國家或發動聖戰，與號召建立一個涵蓋所有普世主張的哈里發政權，並非等同。有些好戰的伊斯蘭主義團體不像解放黨那樣重視哈里發概念。對伍薩瑪・賓・拉登與蓋達組織來說，恢復或創立普世哈里發政權是個遙遠的烏托邦，在此之前，他們的首要目標是把西方人與西方勢力趕出伊斯蘭世界。蓋達組織的阿富汗盟友塔利班一直專注建立伊斯蘭政權，一個在阿富汗境內根據伊斯蘭法進行統治的國家，而不是吸引所有穆斯林效忠的哈里發政權。諷刺的是，最清楚表達蓋達組織正在建立普世哈里發國的人居然是美國的政治人物喬治・布希與唐納・倫斯斐，他們試圖把哈里發政權形塑成對全世界構成威脅的穆斯林集權主義團體。

所謂的伊斯蘭國（ISIS）自從宣布建立哈里發國以來，已經成為支持哈里發體制復興最知名與最具影響力的團體，與解放黨不同的是，他們已經將他們的理念付諸實行。而不同於今日其他的聖戰與原教旨主義團體，伊斯蘭國特別強調哈里發的頭銜與角色。在二十一世紀的運動中，伊斯蘭國是第一個明確指定某個個人擔任哈里發的團體。其他團體只是要求恢復或復興哈里發政權（或體制），只有伊斯蘭國確實建立了哈里發政權。我們必須了解，這種自行建立哈里發政權的做法的激進與造成的嚴重風險與問題。

哈里發國建立的消息被刊登在伊斯蘭國的線上雜誌《達比克》上，時間是伊斯蘭曆一四三五年齋戒月一日（西元二〇一四年六月二十九日；《達比克》使用的是伊斯蘭曆法，完全不用西元紀年）。新任信仰者統領的哈里發阿布．巴克爾．巴格達迪向穆斯林表示：

喔，各地的穆斯林，有好消息給你們，好事即將降臨。因為今日，在真主的恩典下，你們可以抬起頭，你們擁有國家與哈里發，你們將重獲尊嚴、力量、權力與領導地位。這是一個阿拉伯人與非阿拉伯人、白人與黑人、東方人與西方人都是兄弟的國家……不久，在真主允許下，穆斯林以主人之尊行走各地，享有榮譽，受到尊崇，他的頭高高抬起，他尊嚴得以保全的一天即將到來……今日，穆斯林發出驚人的聲明與重擊。他們要讓全世界聽見及了解恐怖主義與重擊的意義，他們將踐踏民族主義的偶像、摧毀民主的象徵與揭露民主本質的偏差。

除了這些一般性的告誡宣示，《達比克》的作者也認為必須證明伊瑪目領導的政權或哈里發體制的概念不只是宗教理想，而且能進一步建立一個積極、可行與強大的國家，也就是說，他們完全反對中世紀與現代穆斯林主張的，哈里發政權只能提供穆斯林精神與宗教的領導地位：

這些呼求真主的人無法理解伊斯蘭能有國家與伊瑪目，他們也無法理解兩者兼具要付出什麼代價。這些人彷彿完全沒讀過伊斯蘭歷史，也不知道這些努力必須付出鮮血的代價。

這個聲明延續到《古蘭經》，經文描述真主賜予亞伯拉罕領導者的地位[2]，也說明伊瑪目的職責。亞伯拉罕的領導者地位與宗教社群成為哈里發國家的藍圖：

除此之外，上述經文提到的伊瑪目，並非如許多人理解的只是宗教面向的伊瑪目。更確切地說，經文提到的伊瑪目應該還包括政治事務，但許多宗教人士避談這點，因為政治事務的伊瑪目必須面對許多困難，也因為建立伊瑪目國家需要承擔許多的艱難。不僅如此，今日人們不了解，除非追求真理者先建立政治性伊瑪目管轄土地與人民，否則宗教事務的伊瑪目便無從適當地建立。

阿布・巴克爾・巴格達迪基於兩點，認為自己有資格擔任哈里發。首先是古萊什部族的後裔。雖然我們無法確定，但我們沒有理由懷疑他的族系，畢竟有成千上萬的人宣稱自己是古萊什部族後裔；然而我們曾經提過，從十一世紀以來，許多穆斯林反對哈里發應由先知部族擔任的觀念。第二點是比較簡單的主張，許多穆斯林已經向他效忠，而他也捍衛了這些穆斯林，當然，他所謂的穆斯林是指與他有同樣想法以及他的追隨者。在本書中，我們提到關於哈里發頭銜的取得存在著各種不同的說法，而對於什麼樣的法律地位能使哈里發國具備正當性，也缺乏普遍共識。因此以這些不同的傳統來看，巴格達迪的主張聽起來也不是那麼不具正當性，裡頭其實存在著各式各樣的前例。

伊斯蘭國強調新任哈里發是古萊什部族的成員。在此同時，伊斯蘭國也主張所有穆斯林平等，種族與國籍的區別必須去除，穆斯林的國家疆界也應該抹去。我們很難看出這兩個觀念要如何調和。

伊斯蘭國意識形態的支持者以堅定不失明智的方式運用哈里發政權的歷史。他們的宣傳與形象散發著一股古代榮耀的懷舊氣息，採用黑色與黑色旗幟顯然是為了將其運動與阿拔斯革命做連結，他們想藉由使用黑色象徵來重建伊斯蘭世界。

但是他們回溯的主要是先知與最初哈里發時代。他們想像中的統治者典範是早期正統哈里發。首位哈里發阿布·巴克爾因此成為最重要的哈里發，伊斯蘭國哈里發也取名為阿布·巴克爾並不讓人意外。伊斯蘭國回顧先知死後阿布·巴克爾在對抗叛教者戰爭的勝利，於是伊斯蘭國也把他們在敘利亞與伊拉克的穆斯林對手視為叛教者。伊斯蘭國從這些戰役描述找到敵人必須死亡的理由：如果阿布·巴克爾無情地處死叛教者，那麼新哈里發政權的繼承者也能而且也應該效法之。關於早期哈里發戰爭的描述非常豐富，但在史實方面相當不可靠，伊斯蘭國幾乎可以從這些描述找到他們要的任何東西。舉個特別恐怖的例子，不幸的約旦飛行員在鐵籠裡活活燒死，在整個早期伊斯蘭歷史中（這是相對於近代歐洲歷史而言），實際上沒有活活燒死囚犯的傳統。然而，伊斯蘭國「研究者」卻設法找到阿布·巴克爾下令進行這種可怕刑罰的例子，以此證明這種野蠻行為是合理的，甚至於加以讚揚宣傳。

伊斯蘭國不斷地回顧哈里發的例子，以及早期伊斯蘭戰爭的美化描述。伊斯蘭國雜誌《達比克》刊登了許多樣板人物照片，這些戰士身穿黑袍騎著馬，揮舞著長彎刀。雜誌用騎士（fursān）一詞來稱呼這些戰士，這個詞讓人記憶中浮現了勇氣與奉獻的形象，但其實是直接抄襲中世紀歷史。這種將自己與古代較為單純的戰爭形式結合在一起的做法，就像哈里發政權的復興一樣，充分顯示這種願景的誘人魅力。

伊斯蘭國的敵人被認知為先知、門徒與伊斯蘭傳統中最初哈里發的敵人。穆爾吉亞學派是一個興於伍麥亞朝時代的團體。穆爾吉亞成員主張非暴力，他們認為穆斯林無權判斷其他不同信仰的穆斯林是偽信者（kuffār），只有真主才有資格做出判定。因此幾個世紀以來，穆爾吉亞學派在伊斯蘭穆斯林社群一直不成氣候，大部分穆斯林肯定不知道有穆爾吉亞學派這個團體。對伊斯蘭國來說，穆斯吉亞學派可以套用在敘利亞與其他地區所有順尼穆斯林身上，因為這些人不像他們一樣走強硬路線。當然，要從眾人聲稱的先知門徒傳統以及早期哈里發政權留下的前例找出這些人應該處死的證明，完全是辦得到的。

其他還有一些例子可以說明伊斯蘭國如何利用早期哈里發體制的政治與宗教爭議，來建立自己的合法性與摧毀他們的穆斯林敵人。哈里發國的歷史基本上是個用來正當化的工具，它是活著的，而且運用起來極具危險性。

哈里發體制的觀念與意識形態的興起與運用，證明這個古典觀念依然在伊斯蘭世界具有力量與權威，讓許多人驚奇。我希望本書能夠說明哈里發政權是一個具有豐富意義與詮釋的概念。它的優點部分來自它的彈性。它在思想上的說服力直接關聯著伊斯蘭教初期，以及伍麥亞朝和阿拔斯朝哈里發政權的榮耀。同時，哈里發體制觀念也可以被用來或甚至被扭曲成為邪惡而殘忍的意識形態宣傳。但哈里發體制的概念本身並不具危險性或威脅性。即使我們擔心有人可能會選擇性地詮釋這個觀念，我們不需要對這個觀念感到害怕。

越洋專訪作者休・甘迺迪

採訪撰稿 王紫讓／台大歷史所碩士生

王紫讓（以下簡稱「王」）：在本書的序言中，您說您已經花了五十年研究伊斯蘭史，為何您選擇這個主題作為您畢生的研究目標呢？

休・甘迺迪（以下簡稱「休」）：我對歷史一直很有興趣，在我還是個小男孩的時候，父親會帶我去參觀英格蘭的城堡與碑石。十六歲那年，恰巧有個機會，可以去大馬士革。那是一九六四年，當時的大馬士革是個與現在非常不同的城市，我跟一位學校的朋友同行，並且愛上了大馬士革。後來，我試著閱讀更多敘利亞的歷史，然而我發現在英文世界之中，關於敘利亞史、伊斯蘭史的書實在太少了。是有一些老舊的教科書，但基本上，幾乎是沒有書可讀。因此我想，這就是我要研究的領域！我很幸運，在十六歲就知道我未來一生想要做什麼，因為不是任何人在那麼年輕的時候都能發現自己的志業。我高中去貝魯特學了一年的阿拉伯語。等我到了劍橋大學之後，終於能結合歷史和語言，沉浸在阿拉伯語、波斯語，以及中世紀的歷史之中。然後我就開始研究伊斯蘭史，直到現在！

王：一九六四年的中東一定跟現代非常不同，在那之前七年才剛發生蘇伊士運河危機，我想當時的敘利亞還是阿拉伯聯合共和國的一部分？

休：是的，阿拉伯聯合共和國是敘利亞與埃及的聯盟，但對敘利亞沒有什麼好處，因為這個聯盟的政治中心是開羅。聯盟從開羅統治，並沒有特別照顧到敘利亞，開羅是中心，敘利亞只是一個行省。最後因為這樣的緣故，聯盟破裂了。

王：讓我們進入正題。請問是什麼動機讓您想要寫這本介紹哈里發政權的書？

休：我是在二〇一四、一五年開始寫這本書，當時，所謂的「伊斯蘭國」哈里發政權（ISIS caliphate），或「Daesh」哈里發政權突然出現，隨即征服了一塊很大的領土，包含北敘利亞與北伊拉克，他們的進展非常快速，打敗伊拉克軍隊，征服摩蘇爾，迫使敘利亞軍隊撤退，奪取拉卡。這個時候大家開始思索，到底什麼是哈里發政權（caliphate）？因為對「伊斯蘭國」來說，哈里發的概念是其意識形態中非常基本的關鍵。以「伊斯蘭復興運動」而言，像是基地組織或穆斯林兄弟會，哈里發並非他們意識形態中的核心概念，以穆斯林兄弟會為例，社會與土地的改革是其根本，但對於「伊斯蘭國」的意識形態來說，哈里發的概念就是核心。因此，大家在收音機或電視上都開始討論哈里發，討論這個字到底代表什麼意義。通常他們會誤解，以為哈里發政權就代表苛烈的暴政或狂信的產物，這些媒體上的討論幾乎都相當無知。甚至一些專業人士，像是中東政治專家，也不知道歷史背景與脈絡。所以我想要填補這個知識的空缺，我想要解釋哈里發的概念如何起源，它的意義是什麼，它又如何在時代中轉變。

王：原來如此。所以這本書可說是對「伊斯蘭國」的一個回應。

休：是的。「伊斯蘭國」永遠圍繞在哈里發的概念之中，像是巴格達迪（Abu Bakr al-Baghdadi）在摩蘇爾清真寺的演講，或者他穿著黑色的服飾，黑色是阿拔斯哈里發政權的象徵色。如果不知道這樣的歷史背景，便很難了解這些行動背後的意義。

在此同時，我對「伊斯蘭國」的意識形態本身也很感興趣，我閱讀了他們的線上雜誌*Dabiq*，想要弄清楚他們的意識形態從何而來，我發現他們的意識形態來自於對歷史的特定觀點詮釋。早期伊斯蘭的歷史對「伊斯蘭國」來說無疑非常重要，他們認為：「我們了解早期伊斯蘭歷史，其他人都不了解，所以我們的觀點一定是正確的。」他們想要掌控敘事的話語權。他們的說法當然有問題，因此我寫這本書的目標有一部分就是希望能夠對抗「伊斯蘭國」想控制敘事話語權的企圖。除此之外，我還希望這是本容易入手的書，不是一本賣你五十英鎊之類的那種大部頭讀物，是輕巧的平裝書。

王：剛才您提到阿拔斯哈里發，我記得在您早期的研究階段是專注於阿拔斯哈里發時期。為何您當時對阿拔斯哈里發特別有興趣呢？我知道您翻譯了塔巴里（al-Tabari）《先知與諸王紀事》（*History of Prophets and Kings*）的其中一卷，正好就是阿拔斯哈里發的全盛時期。

休：部分是因為在我念書的時候，幾乎沒有任何關於阿拔斯哈里發的資料。然而有無數的文獻、書籍記載阿拔斯的歷史！例如塔巴里《先知與諸王紀事》的英語翻譯版，光是阿拔斯哈里發的部分就有十四卷，而且每一卷都超過兩百頁，這是篇幅極為龐大的第一手史料！然而在那個時代，卻幾乎沒有人讀過。從歷史學家的角度來看，研究阿拔斯時代的歷史相當令人興奮，因為有很大量的史料，足以搜尋、閱讀、研究其中的語言以及歷史。

王：我昨天還在看您的另一本書《哈里發的宮廷》（*the Court of Caliphs*），試圖多知道一些關於阿拔斯哈里發政權的事物。我自己研究古代美索不達米亞，而我發現阿拔斯哈里發政權其實很接近過往的美索不達米亞帝國。

休：可以這樣說。阿拔斯哈里發其實是最後的美索不達米亞君主，接續蘇美、阿卡德、烏爾第三王朝（the Third Dynasty of Ur）、亞述、巴比倫、波斯帝國（Achaemenid Empire）、薩珊波斯帝國。阿拔斯是最後一個權力根植於伊拉克地區的大帝國，根植於伊拉克的農業之利。十世紀的時候，阿拔斯哈里發政權崩潰了，其中一個原因也是美索不達米亞生態、農業系統的崩潰，在阿拔斯之後，伊拉克就再也不是中東的政治中心，中東地緣政治的中心移往埃及的開羅，還有伊朗的伊斯法罕等城市。

王：在低平的美索不達米亞氾濫平原之上，我想阿拔斯哈里發政權一定需要高超的統治策略來平衡各個地方的利益，像是游牧民族、阿拉伯人、外來民族，以及不同宗教意見者。那麼阿拔斯政權，或所有的哈里發政權，如何平衡不同群體的利益呢？除了自己的區域實力之外，他們有充分使用其神聖性嗎？

休：以阿拔斯家族為例，他們的神聖性是不完美的。古萊什氏族或先知的家庭與直系後裔可以宣稱擁有神聖性。阿拔斯家族是古萊什氏族，但並不是先知的直系後裔，他們是先知的叔父阿拔斯的後裔，很多穆斯林並沒有做好準備要接受他們的統治。因此他們的神聖性是有疑慮的，是被質疑的。阿拔斯哈里發政權非常仰賴伊拉克有錢人的支持，還有徵收的稅賦，從某種角度來看，阿拔斯哈里發政權或許可以稱為一種軍事獨裁體制，但這種說法也不準確。軍隊對於政權從來都是重要的，軍隊消耗了國家大部分的資源，但另一方面來說，僅靠軍事實力從來沒有辦法完成統治，因為政治乃是權力平衡的技藝。必須給予某些群體獎賞，使他們能支持政權，像是在埃及與敘利亞等地區就需要支持。

有些阿拔斯哈里發是政治天才，像是第二任哈里發曼蘇爾。藉由閱讀塔巴里，我們可以了解曼蘇爾如何招攬不同政治立場的人，如何給予他們薪餉和職位，使他們效忠哈里發政權，當然還有壯麗顯赫的巴格達城，完全是曼蘇爾的建造。巴格達確實成為歐亞大陸西方的最大城市，其人口可能有五十萬，這座城市創造了無與倫比的財富，但也促進了思潮與知識的交流，以及書籍的製造。尤其是隨著紙張的傳入。紙張很有可能從九世紀自中國引進，學界對此有過漫長的爭論。紙張的引入非常重要，因為書籍的製作成本隨之降低。我論證巴格達是世界上第一座某人可以成為作家而過活的城市。因為在其他文明之中，作家不是有錢人，就是受到有錢人的大筆贊助。在九世紀、十世紀的巴格達，你可以撰寫書籍，帶著你寫好的東西交給賣書的人，抄出複本，然後出售這些書本。當然靠寫書過活並不簡單，就像現代靠寫作為生一樣不容易，必須要非常幸運才能寫出暢銷書，然而至少有靠寫書營生的可能。因為你有足夠的書寫原料，還有新的書寫技巧，也就是現代阿拉伯字母的前身，這種新的書寫技巧是一種很有效率的速記，用於溝通極有效率，可以在一天之內很容易地抄出五十頁，這就是巴格達使人興奮的地方。更何況當時還有古希臘典籍與印度典籍的阿拉伯語翻譯。巴格達是一個文化融合的大城市，這一切都使研究阿拔斯時代非常的有趣，也就是我會花將近三分之一的篇幅，介紹阿拔斯哈里發政權的原因。

王：當哈里發這個術語被其他政體採用的時候，這個字的意義必然產生改變，但為何這些政權特別採用哈里發這個頭銜，而不是其他稱號，像是阿米爾（amir）、素檀（sultan）、可汗（khan）？哈里發跟其他頭銜的根本差異是什麼？

休：根本差異是這樣的——在十世紀的時候，哈里發是任何想要獨立的統治者採用的名號。阿米爾或埃米爾（emir）是受更高權力者控制的親王；素檀或索檀（soltan）則出現於十一世紀，代表世俗的統治者，一位「強人」，其能統治是因為有軍事勢力的支持，與宗教或意識形態毫無關係；哈里發則是真主的代表（deputy），因此這個名號有神聖性，代表哈里發既有宗教權威，也有世俗權力，法蒂瑪與穆瓦希德的哈里發都使用此種宗教權威頒布法律，規範宗教行為。

王：所以「哈里發」這個稱號可以使一位統治者成為立法者、創制者？

休：是，雖然不是每一位哈里發都能成為立法者，但他們至少有此潛力。

王：這就是為什麼「伊斯蘭國」會用哈里發這個稱號嗎？或許其他基本教義派團體宣稱他們只要復興既有的傳統和古老的風習，但一位哈里發就有資格去創造……

休：是，確實是這樣。順尼派公認真正的哈里發要從先知的部落中出現，也就是古萊什部落，巴格達迪幾乎宣稱他是，反正因為歲月推移，過了那麼久，古萊什部落的後代數目一定相當龐大，這給了他某種合法性（legitimacy）。然而基地組織、沙烏地阿拉伯或阿富汗的領導人就無法宣稱他們是古萊什部落的後裔。我想這或許是「伊斯蘭國」有能力做這些，或他們覺得自己有能力做這些的原因。

王：您對於現代伊斯蘭世界的親身觀察是什麼？例如，您在年輕的時候，蘇聯仍然是一個非常巨大的超級強國，但我出生之時蘇聯早已瓦解，其中的差異一定相當龐大。因此我想請問您在伊斯蘭世界的經驗。

休：當我剛剛到中東的時候，中東有兩種主要的意識形態，尤其流行於年輕人之間。一個是阿拉伯民族主義，民族主義從第一次世界大戰開始興起，在二十世紀的前半葉，民族主義是歷史的驅動力：「帝國和殖民力量，出去！我們要建立獨立的阿拉伯國家。」而在二次大戰之後，社會主義則開始流行，社會主義的中心是莫斯科，因為蘇聯沒有在中東殖民的紀錄。在六〇年代的時候，大家都在討論阿拉伯的社會主義未來。

漸漸地，在二十世紀的後半葉，不管是民族主義或是社會主義都沒有達成目標，他們沒有造成阿拉伯社會的繁榮或自由社會，或使人民得到他們需要的事物，因此對這些意識形態的熱情逐漸消失了。雖然民族主義仍然充滿著力量。

以「伊斯蘭國」為例，「伊斯蘭國」顯然跟社會主義沒有半點關係，而「伊斯蘭國」尤其是反民族主義的，他們想要建立的是一個普世的哈里發政權，在其之中每個人都一模一樣。當我二十世紀六〇年代在中東的時候，伊斯蘭是老人的事情，只有老人才去清真寺，年輕人不理那一套，當時的人對於建立社會主義更有興趣。到了二十世紀的尾聲，一切都翻轉過來，大家對宗教愈來愈有興趣，他們重返伊斯蘭，年輕人上清真寺，嚴謹認真地對待宗教儀式，而六七〇年代成長的那一代看到這種現象極為震驚，他們對於宗教的復興感到恐懼。到了二十一世紀，眾人認為一個宗教社會是更好的社會。

王：您在書中有提到，哈里發政權其實非常有彈性，基本上可以代表任何事情。

休：是，這其實就是我反對「伊斯蘭國」論述的由來，他們認為哈里發政權只有一種形態，這是與歷史相違背的！歷史上有很多的哈里發政權，有些很強盛，有些充滿文化，有些很好戰，哈里發政權是一個概念，就像是西歐的「君主」（monarchy）或「王權」（kingship）的概念，這些概念的實踐都有很多種形式。因此就像有許多行使「王權」的方法，也有許多行使「哈里發政權」的方式。

王：近年來台灣的出版社出版了許多與伊斯蘭有關的書，有一種伊斯蘭熱的情形，另外，與游牧、邊疆或中亞主題的書有不少，這或許是源自於學術界的「內亞轉移」，不過，從阿拔斯晚期開始，邊緣地帶的游牧民族，例如突厥人或蒙古人，對伊斯蘭社會來說確實變得極為重要。您如何分析這些進入伊斯蘭世界的游牧民族，例如他們與哈里發政權的互動？哈里發政權如何處置這些游牧族群，還有他們與伊斯蘭核心區的異同？

休：在阿拔斯或伍麥亞時期，穆斯林常常跟突厥人在中亞或巴基斯坦北部作戰。後來哈里發逐漸喪失對這些地區的控制力，而素檀，這種新興起的統治者，幾乎總是突厥人，這些中亞族群進入伊斯蘭世界，成為統治菁英與軍事階級。於是突厥人被納入了伊斯蘭社會，甚至蒙古人的菁英也被納入伊斯蘭社會。

王：是，簡單來說，即使旭烈兀摧毀了巴格達，他們仍要處理伊斯蘭相關的事務。就我所知，伊兒汗國後來成了什葉派政權？

休：嗯……起碼他們中間有一位確實轉入什葉派，也就是完者都（Öljeitü），基本上他嘗試了所有東西，包括基督教、順尼派、什葉派，而他死的時候是什葉派，我們是從他陵墓上的銘文得知，也就是素檀尼葉（Soltaniyeh）那個巨大的陵墓。

王：然後在阿拔斯哈里發覆滅之後，哈里發轉往埃及，繼續在馬木路克朝存活下來。

休：是的，但從此之後，哈里發不再擁有顯著的政治權力。阿拔斯哈里發成了馬木路克政權合法性的工具，負責提升馬木路克朝在伊斯蘭世界的地位。但執政的人還是馬木路克的素檀。接下來則是鄂圖曼帝國，他們同時擁有哈里發和素檀的稱號，但他們幾乎只使用素檀這個稱號。

很有趣的是，直到十九世紀末期，當素檀阿卜杜・哈米德二世試著將鄂圖曼提升為一個泛伊斯蘭（pan-Islamic）的力量，率領伊斯蘭面對西方與基督教的入侵之時，他們才開始提倡素檀也是哈里發的概念，但當然不是每個人都樂於接受這個觀念，像是伊朗肯定不會接受。只有在印度有一些迴響，當地人希望鄂圖曼領導可以領導他們擺脫英國的殖民統治，但實際上並沒有多少效用，鄂圖曼離印度太遠了，而鄂圖曼在第一次世界大戰之後也終告崩潰。

王：當我在看這本書的時候，我發現相當有趣的事情，就像法蒂瑪哈里發政權，或馬木路克政權的中心是在開羅，阿拔斯政權的中心在巴格達或薩瑪拉，而伍麥亞政權的中心在大馬士革。我們是否可以說伊斯蘭世界是一個多中心互動的體系？至少，例如，比古代的中國要多中心？

休：我想這是部分正確，當然，伍麥亞時代唯一的中心是大馬士革，而早期阿拔斯時代則是巴格達，但在十世紀之後伊斯蘭世界就變成了一個多中心的體系，例如伊拉克、西班牙的哥多華、開羅、伊斯法罕、薩馬爾罕等等，這些城市變成了不同政權的首都。

王：當我閱讀這本書的時候，我也發現伊斯蘭比我想的要有彈性很多。例如若有一位台灣的學生在學習伊斯蘭史的時候，他／她可能會被告知伊斯蘭不鼓勵創作人物肖像畫，但實際上，我們甚至連在阿拔斯時期的硬幣上都找得到肖像畫！

休：實際上的狀況是，伊斯蘭確實不鼓勵在「宗教建築」之內陳列人像，尤其是在清真寺裡面，但其他地方仍然有人像繪畫，例如宮殿或大宅之中。不過，事實上，人像繪畫非常普遍。原因是這樣的：清真寺比較容易留存下來，因此以我們能看到的藝術作品來判斷，我們會先入為主地認為伊斯蘭藝術沒有人像繪畫。然而伊斯蘭藝術中當然有人物繪畫，人物的呈現極為普遍。我們從歷史書當中得知，有人物、統治者和宮廷儀典的繪畫，有壁畫和書籍中的插畫。尤其是波斯書籍與突厥書籍的插畫，從十四世紀開始，這些書本裡面滿是人像！每一頁之上都是人，包含奔馳的人、戰鬥的人、皇帝與國王等等。

王：接下來，想請問您現在的研究計畫是什麼呢？

休：我現在有兩個正在進行的研究計畫，第一個是關於公元七〇〇年到一〇〇〇年間中東的經濟史。最基本的問題是：「為什麼巴格達是當時世界上最大的城市？」或許巴格達和中國某些城市的人口比較還有爭議，但至少巴格達絕對是歐亞大陸西邊最大的城市。為什麼當巴格達有五十萬人口的時候，倫敦只有大概五千人？這已經不是「為什麼巴格達比其他城市大」的問題了，這兩者根本不在一個等級上！巴格達的城市架構與經濟系統與西歐、拜占庭帝國、印度相比，一定極盡複雜。為了回答這個基本的問題，我們需要考古學的證據。

我的第二個計畫則是早期阿拉伯編年史的翻譯，這本編年史名為《諸地之征服》（*The Conquests of the Lands*），是巴拉德里（al-Baladhuri, d. 892）的作品，內容是阿拉伯早期的征服史，因為此書至今還沒有英文譯本，所以我計畫將英文版本譯出，我也會加上歷史學與文獻學的評注。這就是我目前在進行的兩個主要計畫。

除了這兩個主要計畫之外，我還有一個小計畫：探討「素檀」這個術語的意義演變。一開始，素檀是一個抽象概念，代表「權威」。到了阿拔斯哈里發時代，素檀演變成為「政府」、「權力當局」的意思，直到公元一〇五〇年左右，素檀才成為個人的稱號。因此，我試圖追溯素檀這個稱號在伊斯蘭世界中的演變。這個小計畫的產出或許是一篇論文。

王：太有趣了，我從來不知道素檀曾經代表「政府」！

休：在早期阿拔斯時代，素檀不是指統治者個人，你可以把素檀相比於「公部門」的概念，它代表政府的延續性，不因統治者的轉換而改變……這就是素檀。

王：原來如此。另外，想請問《先知的繼承者》這本書在您的著作中占了什麼樣的位置？

休：這是本介紹性書籍，也是對於一項特定議題的申辯，我希望這本書成為一本容易閱讀的大眾讀本，使不大了解這段歷史的人可以獲取知識。

王：您對台灣的讀者有任何想說的話嗎？

休：首先，我希望讀者能夠知道哈里發這個概念非常複雜，而且恆常在變化之中。其次呢，我希望讀者能享受這本書！我努力把內容寫得妙趣橫生，這本書包含了眾人喜愛的故事，以及圍繞在哈里發政權周圍的文化氛圍。伊斯蘭史充滿了有趣的人物和故事，例如一千多年前的阿拔斯哈里發政權，尤其是早期的阿拔斯哈里發，每一位都非常有個人特色，我們甚至對他們的性格和容貌都相當清楚。不意外地，《一千零一夜》中的很多故事就來自於早期阿拔斯時代，包括統治者的傳說軼事以及《一千零一夜》的世界觀，這些故事後來則在埃及得到發展。

致謝

我研究與撰寫穆斯林各時代與地區的哈里發歷史已有五十年的時間。最初我研究的是阿拔斯朝，這是我在劍橋大學的博士研究的原初主題，獲得傑出的馬丁·信德斯（Martin Hinds）的熱心指導，他是個優秀學者，卻不幸英年早逝。之後，我轉而撰寫論文探討敘利亞與伊比利半島的伍麥亞朝以及穆瓦希德朝。歷經半個世紀的研究，我看到哈里發政權（或體制）從原本的歷史遺物變成現代政治論戰的熱門話題。這種轉變激勵我跳出舒適圈進行探索，檢視哈里發國體制在各個時代如何被運作。

這段歷史如此漫長，我不可避免要「站在巨人肩膀」上運用比我更博學、傑出的學者研究著作。我至少已經在注釋與參考書目中向其中一部分的學者致謝，若有不慎遺漏的地方，我在此致上歉意。

本書大部分內容是在美麗的希臘島嶼阿莫爾戈斯（Amorgos）完成的，從馬可家的露台可以眺望橄欖樹林，遠處小港口艾基阿里（Aigiali）的白色房屋，以及接近天際的暗沉酒紅色海面與島嶼。但是，無論祥和與平靜對寫作有多麼重要，這本書卻是在我任教的倫敦大學亞非學院繁忙的觀念交流與論戰中構思成形的。在這個世界上，沒有任何學術環境像亞非學院一樣可以每日接觸到這麼多的觀念與文化，而且能以如此旺盛的活力探索歷史與社群的理念。我在與同事及學生的互動中獲益甚多，而啟發尤多的或許是與許多穆斯林學生討論在伊斯蘭脈絡底下政治權力的本質與倫理。

本書也因出版業同仁的熱情相助而獲益良多，我的優秀經紀人喬吉娜・卡佩勒（Georgina Capel）熱心推動我的想法，企鵝圖書的蘿拉・斯迪克尼（Laura Stickney）從一開始就支持這項計畫，我的文稿編輯克蕾兒・佩利格里（Claire Péligry）幫我改正許多錯誤與混淆之處。

最後是我的妻子希拉莉（Hilary）與不斷增加的家庭成員的支持，凱瑟琳（Katharine）、愛麗絲（Alice）與詹姆斯（James），以及我的孫子女費爾迪（Ferdie）、榮亞（Ronja）與奧羅拉（Aurora），他們在寫作期間支持我（而且以最可愛的方式讓我分心）。

專有名詞

amīr：見emir。

amīr al-mu'minīn：信仰者之統領，通常由哈里發擁有這個頭銜。

ansār（輔士）：字面上的意思是「協助者」：支持穆罕默德的麥地那居民。

ashrāf：見 sharīf。

bay'a：向哈里發或其他統治者宣誓效忠。

dā'ī：傳教士，通常屬於氏族的宗教－政治運動。

da'wa：傳教運動（參見 dā'ī）。

dawla：朝代或國家，例如阿拔斯朝（dawla）或法蒂瑪朝（dawla）。

dīnār（**第納爾**）：標準金幣。

dirham（**迪拉姆**）：標準銀幣。

dīwān：原指有資格領取國家薪水的名冊。也指官署或政府部門。

emir：將領或部族首領、各省總督或小獨立國的統治者。

fitna：穆斯林社群內部的戰爭或爭端。

ghāzī：自願參與聖戰的穆斯林。

hadīth（聖訓）：先知穆罕默德行誼紀錄。

hajj（朝聖）：一年一度到麥加朝聖。

hijra（遷徙）：六二二年，穆罕默德從麥加出走到麥地那，定為伊斯蘭曆的開始。

imam（伊瑪目）：穆斯林社群的精神領袖，通常與哈里發同義。

jāhiliyya（蒙昧時代）：伊斯蘭建立前的阿拉伯半島時期。

jāriya：女奴。通常是歌手或詩人。

jihād：聖戰。

jizya：針對非穆斯林徵收的人頭稅。

jund：軍隊，敘利亞巴勒斯坦的一個行政分區。

kāfir，**複數形 kuffār**：偽信者。

kharāj：土地稅。

khutba：在清真寺舉行主麻日講道，內容包含提及統治者的名字，是一種主權象徵。

kufr：偽信。

mamlūk（馬木路克）：傭兵。早期伊斯蘭歷史偶爾會用到這個詞。這個詞在伊斯蘭曆五世紀與西元十一世紀之後取代了 ghulām。

mawlā，複數 mawālī：原本是指「附屬者」，通常是指阿拉伯部族中的非阿拉伯附屬者，因此在伊斯蘭教創立後的第一個世紀，mawālī 被用來描述非阿拉伯的穆斯林。之後，阿拔斯時代「自由民」愈來愈普遍，伊斯蘭曆四世紀與西元十世紀之後，mawālī 逐漸少用。

minbar：清真寺的講道壇。

muhājir，複數形 muhājirūn（遷士）：跟隨穆罕默德遷移定居麥地那的麥加人。

murtad：叛教者，指穆罕默德死後拒絕接受麥地那哈里發政權的部族。

nass：指定繼承制。

qādī：伊斯蘭法官。

qalansuwa：圓錐形的高帽，是阿拔斯朝宮廷服飾的一種。

ridda（叛教）：叛離伊斯蘭；穆罕默德死後在阿拉伯半島發生的戰爭，因此稱為 ridda 戰爭。

sābiqa：資深，特別是較早改信伊斯蘭者。

sahāba（聖伴）：先知的追隨者或門徒。

sadaqa（濟貧稅）：根據伊斯蘭律法對窮人的捐助。

sharī'a：伊斯蘭法。

sharīf，複數 ashrāf：伍麥亞朝時代，指部族領袖、首領。到了伊斯蘭曆四世紀與西元十世紀，這個頭銜通常局限先知後裔的頭銜。

shawkat：政治與軍事領袖。

shirk：多神崇拜。

shūra（諮詢會議）：為了推舉哈里發而召開的會議。

sikka：鑄幣權，通常是統治者才有的特權。

sunna（傳統）：穆罕默德的行誼，作為法律依據。

sūq：市集。

ulama：宗教學者，特別是《古蘭經》與聖訓及伊斯蘭法學者。

Umma（溫瑪）：穆斯林社群。

哈里發列表

本表根據最可靠的參考書籍 C. E. Bosworth, *The New Islamic Dynasties*, Edinburgh: Edinburgh University Press (1996)。

正統或獲得正確指引的哈里發（六三二至六六一年）

六三二　阿布・巴克爾

六三四　歐瑪爾・賓・哈塔卜

六四四　歐斯曼・賓・阿凡

六五六至六六一　阿里・賓・阿比・塔利卜

伍麥亞朝哈里發（六六一至七五〇年）

六六一　穆阿維亞・賓・阿布・蘇富揚

六八〇	雅季德一世
六八三	穆阿維亞二世
六八四	馬爾萬・伊本・哈卡姆
六八五	阿卜杜－馬利克
七〇五	瓦利德一世
七一五	蘇萊曼
七一七	歐瑪爾二世・阿卜杜・阿濟茲
七二〇	雅季德二世
七二四	希夏姆
七四三	瓦利德二世
七四四	雅季德三世
七四四	易卜拉欣
七四四至五〇	馬爾萬二世

阿拔斯朝哈里發（七四九至一五一七年）

巴格達與伊拉克（七四九至一二五八年）

七四九 薩法赫
七五四 曼蘇爾
七七五 馬赫迪
七八五 哈迪
七八六 哈倫·拉希德
八〇九 阿敏
八一三 馬蒙
八三三 穆塔希姆
八四二 瓦提克
八四七 穆塔瓦基爾
八六一 蒙塔希爾
八六二 穆斯塔因
八六六 穆塔茲
八六九 穆赫塔迪
八七〇 穆塔米德

八九二	穆塔迪德
九〇二	穆克塔菲
九〇八	穆克塔迪爾
九三二	卡希爾
九三四	拉迪
九四〇	穆塔基
九四四	穆斯塔克菲
九四六	穆提
九七四	塔伊
九九一	卡迪爾
一〇三一	卡伊姆
一〇七五	穆克塔迪
一〇九四	穆斯塔齊爾
一一一八	穆斯塔爾希德
一一三五	拉希德
一一三六	穆科塔菲

一一六〇　穆斯坦吉德
一一七〇　穆斯塔迪
一一八〇　納希爾
一二二五　札希爾
一二二六　穆斯坦綏爾
一二四二至五八　穆斯塔西姆
一二五八　蒙古劫掠巴格達

開羅（一二六一至一五一七年）

一二六一　哈基姆一世
一三〇二　穆斯塔克菲一世
一三四〇　瓦提克一世
一三四一　哈基姆二世
一三五二　穆塔迪德一世
一三六二　穆塔瓦基爾一世，第一次
一三七七　穆塔希姆，第一次

一三七七	穆塔瓦基爾一世，第二次
一三八三	瓦提克二世
一三八六	穆塔希姆，第二次
一三八九	穆塔瓦基爾一世，第三次
一四〇六	穆斯塔因
一四一四	穆塔迪德二世
一四四一	穆斯塔克菲二世
一四五一	卡伊姆
一四五五	穆斯坦吉德
一四七九	穆塔瓦基爾二世
一四九七	穆斯塔姆西克，第一次
一五〇八	穆塔瓦基爾三世，第一次
一五一六	穆斯塔姆西克，第二次
一五一七	穆塔瓦基爾三世，第二次
一五一七	鄂圖曼征服埃及

西班牙伍麥亞朝哈里發（九二九至一〇三一年）

九二九	阿卜杜拉赫曼三世・納希爾（九一二年開始擔任統領）
九六一	哈卡姆二世・穆斯坦綏爾
九七六	希夏姆二世・穆阿雅德，第一次統治
一〇〇九	穆罕默德二世・馬赫迪，第一次統治
一〇〇九	蘇萊曼・穆斯塔因，第一次統治
一〇一〇	穆罕默德二世，第二次統治
一〇一〇	希夏姆二世，第二次統治
一〇一三	蘇萊曼，第二次統治
一〇一八	阿卜杜拉赫曼四世・穆爾塔達
一〇二三	阿卜杜拉赫曼五世・穆斯塔齊爾
一〇二四	穆罕默德三世・穆斯塔克菲
一〇二七至三一	希夏姆三世・穆塔迪德
一〇三一	安達魯斯伍麥亞哈里發政權遭到廢除

北非與安達魯斯穆瓦希德朝哈里發（一一三〇至一二六九年）

一一三〇	穆罕默德·賓·圖馬特
一一三〇	阿卜杜·穆敏
一一六三	阿布·雅古布·尤蘇夫一世
一一八四	阿布·尤蘇夫·雅古布·曼蘇爾
一一九九	穆罕默德·納希爾
一二一四	阿布·雅古布·尤蘇夫二世·穆斯坦綏爾
一二二四	阿布·瓦希德一世·馬赫魯
一二二四	阿布·穆罕默德·阿卜杜拉·阿迪爾
一二二七	葉海亞·穆塔希姆
一二二九	阿布·阿拉·伊德里斯·馬蒙
一二三二	阿布·穆罕默德·阿卜杜·瓦希德二世·拉希德
一二四二	阿布·哈珊·阿里·薩伊德·穆塔迪德
一二四八	阿布·哈夫斯·歐瑪爾·穆爾塔達
一二六六至九	阿布·烏拉·瓦提克
一二六九	除了格拉納達，全西班牙都被基督徒征服；北非分裂成阿卜杜·瓦德朝、哈夫斯朝與馬林朝。

法蒂瑪朝哈里發（九〇九至一一七一年）

北非（九〇九至六九年）

九〇九　烏拜德·阿拉·馬赫迪
九三四　卡伊姆
九四六　曼蘇爾
九五三　穆伊茲（九六九年開始在埃及）

埃及（九六九至一一七一年）

九七七　阿濟茲
九九六　哈基姆
一〇二一　札希爾
一〇三六　穆斯坦綏爾
一〇九四　穆斯塔利
一一〇一　阿米爾
一一三一　哈菲茲

一二四九　札菲爾
一二五四　法伊茲
一一六〇至七一　阿迪德
一一七一　埃宥比王朝征服埃及

注釋

縮寫

CIS = Kersten, C. (ed.), *The Caliphate and Islamic Statehood: Formation, Fragmentation and Modern Interpretations*, Berlin: Gerlach Press (3 vols.; 2015)

第一章　最初的哈里發

1. M. Cook, 'Muhammad's Deputies in Medina', *Usūr al-wusta* 23 (2015), 1-67.
2. P. Crone and G.M. Hinds, *God's Caliph: Religious Authority in the First Century of Islam*, Cambridge: Cambridge University Press (1986), 111-12.
3. 同前，12-23。
4. R. Hoyland, "The Inscription of Zuhayr, the Oldest Islamic Inscription (24 AH/AD 644-645)', *Arabian Archaeology and Epigraphy* 19 (2008), 210-37.
5. E. Gibbon, *The History of the Decline and Fall of the Roman Empire*, ed. W. Smith, London: John Murray (1855), VI, 288.
6. A. Marsham, *Rituals of Islamic Monarchy*, Edinburgh: Edinburgh University Press (2009), 100-101.
7. P. Crone, *Medieval Islamic Political Thought*, Edinburgh: Edinburgh University Press (2004), 60-61.

第二章 奠定統治基礎的哈里發政權

1. 翻譯與討論自 Marsham, *Rituals*, 86-9。
2. 引自 Crone and Hinds, *God's Caliph,* 6。
3. 同前，33-42。
4. Balādhuri, *Futūh al-buldān*, ed. M. J. de Goeje, Leiden: Brill (1866), 167-8.
5. R. Hillenbrand, '*La Doce Vita* in Early Islamic Syria", *Art History* 5 (1982), 1-35.
6. Crone and Hinds, *God's Caliph*, 118-26.
7. 翻譯與討論自 ibid., 129-32。

第三章 阿拔斯朝前期哈里發政權

1. Tabari, *Ta'rīkh al-rusul wa'l-mulūk*, ed. M. J. de Goeje et al., Leiden: Brill (1879-1901), III, 29-33.
2. Night 19, *The Arabian Nights*, trans. M. C. Lyons and U. Lyons, London: Penguin Books (2008), I, 123.
3. Night 462, ibid., II, 321.
4. Tabarī, *Ta'rīkh*, 111, 709.
5. Abu Ali, Miskawayh, *The Eclipse of the Abbasid Caliphate*, trans. D. S. Margoliouth, London: I. B. Tauris (2015), I, 57-60.
6. Ibn Fadlān, *Mission to the Volga*, ed. and trans. J. Montgomery, New York and London: New York University Press, Library of Arabic Literature (2014).

第四章 阿拔斯朝的文化

1. Mas'ūdi, *Murūj al-dhahab,* ed. and French trans. C. Barbier de Meynard, Paris: Imprimerie Nationale

(1874), VIII, 289-304.

2. 這是典型的穆阿塔基拉學派（Mu'tazila）教義，穆阿塔基拉主張每個穆斯林都有自由意志，如果他犯下嚴重的罪行，而且在沒有悔罪之下死去，那麼他將永遠遭受地獄之火的懲罰。與此相反，其他教派，特別是穆爾吉亞學派，認為穆斯林也許會因此被懲罰一段時間，但最終還是能升上天堂（janna）。
3. S. M. Toorawa, *Ibn Abī Tāhir Tayfur and Arabic Writerly Culture*, London and New York: RoutledgeCurzon (2005), 33-4.
4. J. M. Bloom, *Paper before Print: The History and Impact of Paper in the Islamic World*, New Haven and London: Yale University Press (2001).
5. Ibn Khallikan, *Ibn Khalikan's Biographical Dictionary*, trans. M. de Slane, Paris (1842-71), I, 478-9.
6. 同前，V, 315-17。
7. 這個名字是「醜」的意思，通常會給美麗的奴隸取這個名字，或許是一種玩笑，或許是為了不受邪惡之眼傷害。
8. 哈里發的名字，只有他最親密的至交與愛人才會使用。

第五章　阿拔斯朝後期

1. T. W. Arnold, *The Caliphate*, Oxford: Clarendon Press (1924), 65-7.
2. 這份文件的翻譯與討論見 A. Mez, *The Renaissance of Islam*, New Delhi: Kitab Dhavan (1937), 268-70。
3. 拜哈基的描述見 *The History of Beyhaqi*, trans., C. E. Bosworth and M. Ashtiany, Cambridge MA: Harvard university Press (2011), I, 401-24。
4. Ibn al-Athir, *Chronicle*, trans. D. S. Richards, Aldershot: Ashgate (2008), I, 108.

5. Arnold, *The Caliphate*, 86-7.
6. *The Chronicle of the Third Crusade: A Translation of the Itinerarium Peregrinorum et Gesta Regis Ricardi*, trans. Helen J. Nicholson, Aldershot: Ashgate (1997), 53.
7. Ibn Wāsil，引自 K. Hirschler in *Medieval Muslim Historians and the Franks in the Levant*, ed. A. Mallett, Leiden: Brill (2015), 149.
8. Ibn al-Athir, *Chronicle*, I. 190-91.
9. *The Travels of Ibn Jubayr*, trans. R. Broadhurst, London: Jonathan Cape (1952), 236-9.

第六章　探討哈里發政權的三位作家

1. Al-Māwardī, *The Ordinances of Government*, trans. W. H. Wahba (Reading: Garnet Publishing, 1996) 1-32.
2. 同前，6-22。
3. W. B. Hallaq, "Caliphs, Jurists and the Saljūqs in the Political Thought of Juwaynī", *CIS*, II, 210-25 at p. 221.
4. C. Hillenbrand, 'Islamic Orthodoxy or Realpolitik? Al-Ghazālī's Views on Government', *CIS*, II, 226-52 at p. 230.

第七章　什葉哈里發政權

1. 關於這部作品的傑出討論，見 W. al-Qādī, 'An Early Fāṭimid Political Document', *CIS*, II, 88-112。
2. 見 Nasir-ī Khusraw, *Book of Travels*, trans W. M. Thackston, Cosa Mesa, CA: Mazda Publishers, 2001, 見 pp. 52-76。

第八章　哥多華的後伍麥亞朝

1. 見 R. M. Menocal, *Ornament of the World: How Muslims, Jews and Christians Created a Culture of Tolerance in Medieval Spain*, New York: Little, Brown (2002)。
2. 拉丁文文本與英文翻譯，C. Smith, *Christians and Moors in Spain*, Warminster: Aris & Phillips (1988), I, 62-75。
3. 十世紀時，東歐的斯拉夫人經由布拉格的龐大奴隸市場進口到安達魯斯，他們成為伍麥亞朝的軍事菁英。

第九章　穆瓦希德哈里發

1. Ibn Sāhib al-Salāt , *Al-man bi'l-imāma*, ed. A. al-Hadi al-Tazi, Beirut (1964), 534.
2. Abd al-Wāhid al-Marrākushi, *Al-Mujib*, ed. M. al-Uryan, Cairo (1949), 238-9.

第十章　馬木路克與鄂圖曼人統治下的哈里發體制

1. Arnold, *The Caliphate*, 74-6, 107-8.
2. 同前，130。
3. Ş. Tufan Buzpinar, "Opposition to the Ottoman Caliphate in the Earl Years of Abdülhamid II: 1877-1882", *CIS*, III, 6-27.
4. 引自 K. H. Karpat, *The Politicization of Islam: Reconstructing Identity, State, Faith, and Community in the Late Ottoman State*, Oxford: Oxford University Press (2001), 161, 162.「padishah」是源自波斯的古老頭銜，鄂圖曼素壇有時會使用這個頭銜。
5. 完整本文以及對聖物和阿卜杜·哈米德二世葬禮的優美描述，見 H. Aydin, *The Sacred Trusts:*

Pavilion of the Sacred Relics, Topkapi Palace Museum, Istanbul, Clifton, NJ: Tughra Books (2014)。

6. Buzpinar, 'Opposition to the Caliphate', 20.

第十一章　二十世紀以降

1. R. Pankhurst, *The Inevitable Caliphate?* London: Hurst and Company (2013), 99.
2. 《古蘭經》第二章（〈黃牛章〉）第一二四節。

延伸閱讀

概論

Arnold, T. W., *The Caliphate*, Oxford: Clarendon Press (1924)

Crone, P., *Medieval Islamic Political Thought*, Edinburgh: Edinburgh University Press (2004)

Kennedy, H., *The Prophet and the Age of the Caliphates*, London: Routledge (3rd ed., 2015)

Kersten, C. (ed.), *The Caliphate and Islamic Statehood: Formation, Fragmentation and Modern Interpretations*, Berlin: Gerlach Press (3 vols., 2015). A valuable collection of essays on all aspects of the caliphate, cited hereafter as *CIS*

Montgomery Watt, W., *Islamic Political Thought*, Edinburgh: Edinburgh University Press (1968)

Rosenthal, E., *Political Thought in Medieval Islam*, Cambridge: Cambridge University Press (1962)

Tyan, E., *Institutions du droit public musulman*, vol. I: Le Califat, Paris: Siney (1956)

初期哈里發

Afsaruddin, A., *Striving in the Path of God: Jihād and Martyrdom in Islamic Thought*, Oxford: Oxford University Press (2013)

Donner, F. M., *The Early Islamic Conquests*, Princeton: Princeton University Press (1981)

Hoyland, R. G., *In God's Path: The Arab Conquests and the Creation of an Islamic Empire*, Oxford:

Oxford University Press (2015)

Kennedy, H., *The Great Arab Conquests*, London: Weidenfeld and Nicolson (2007)

Madelung, W., *The Succession to Muhammad: A Study of the Early Caliphate*, Cambridge: Cambridge University Press (1997)

伍麥亞哈里發

Crone, P., and Hinds, M., *God's Caliph: Religious Authority in the First Centuries of Islam*, Cambridge: Cambridge University Press (1986)

Hawting, G. R., *The First Dynasty of Islam: The Umayyad Caliphate A.D. 661-750*, London: Routledge (2nd ed., 2000)

Marsham, A., *Rituals of Islamic Monarchy: Accession and Succession in the First Muslim Empire*, Edinburgh: Edinburgh University Press (2009)

McMillan, M. E., *The Meaning of Mecca: The Politics of Pilgrimage in Early Islam*, London: Saqi Books (2011)

阿拔斯朝前期與宮廷文化

Bennison, A. K., *The Great Caliphs: The Golden Age of the Abbasid Empire*, London: I. B. Tauris (2009)

Bowen, H., *The Life and Times of Ali b. Isa, the Good Vizier*, Cambridge: Cambridge University Press (1928)

Caswell, F. M., *The Slave Girls of Baghdad: The Qiyān in the Early Abbasid Era*, London: I. B. Tauris (2011)

Gutas, D., Greek Thought, *Arabic Culture: The Graeco-Arabic Translation Movement in Baghdad and Early Abbasid Soci*ety, London: Routledge (1998)

Kennedy, H., *The Court of the Caliphs: The Rise and Fall of Islam's Greatest Dynasty*, London: Weidenfeld and Nicolson (2004). Published in the USA as *When Baghdad Ruled the Muslim World*, Cambridge, MA: Da Capo (2005)

Kennedy, P. F., *Abu Nuwas: A Genius of Poetry*, Oxford: Oneworld Publications (2005)

Turner, J. P., *Inquisition in Early Islam: The Competition for Political and Religious Authority in the Abbasid Empire*, London: I. B. Tauris (2013)

Van Berkel, M., El-Cheikh, N., Kennedy, H., and Osti, L., *Crisis and Continuity at the Abbasid Court: Formal and Informal Politics in the Caliphate of al-Muqtadir* (295-320/908-32), Leiden: Brill (2013)

阿拔斯朝後期

Donohue, J., *The Buwayhid Dynasty in Iraq 334 H./945 to 403 H./1012*, Leiden: Brill (2013)

Hanne, E. J., *Putting the Caliph in His Place: Power, Authority and the Late Abbasid Caliphate*, Madison, NJ: Fairleigh Dickinson University Press (2007)

Mez, A., *The Renaissance of Islam*, New Delhi: Kitab Dhavan (1937)

探討哈里發政權的三位作家

Hallaq, W. B., 'caliphs, Jurists and the Salj ū qs in the Thought of Juwaynī', *CIS*, II, 210-25

Hillenbrand, C., 'Islamic Orthodoxy or Realpolitik? Al-Ghazāl's Views on Islamic Government', *CIS*, II, 226-51

Māwardī, Alī b. Muhammad, *The Ordinances of Government*, trans. W. Wahba, Reading: Garnett Books (1996)

伍麥亞朝與西方的穆瓦希德哈里發政權

Brett, M., and Fentress, E., *The Berbers*, Oxford: Blackwell (1996)

Constable, O. R. (ed.), *Medieval Iberia: Readings from Christian, Muslim, and Jewish Sources*, Philadelphia: University of Pennsylvania Press (1997)

Jayyusi, S. K. (ed.), *The Legacy of Muslim Spain*, Leiden: Brill (2 vols; 1992)

Kennedy, H., *Muslim Spain and Portugal: A Political History of al-Andalus*, London: Longman (1996)

Menocal, M. R., *The Ornament of the World: How Muslims, Jews, and Christians Created a Culture of Tolerance in Medieval Spai*n, New York: Little Brown (2002)

什葉哈里發政權

Al-Qādī, W., 'An Early Fatimid Political Document', *CIS*, II, 88-112

Daftary, F., *The Isma'ilis: Their History and Doctrines*, Cambridge: Cambridge University Press (1990)

Halm, H., *Shiism*, Edinburgh: Edinburgh University Press (2nd ed., 2004)

Halm, H., *The Empire of the Mahdi: The Rise of the Fatimids*, Leiden: Brill (1996)

Jafri, S. H. M., *The Origins and Early Development of Shia Islam*, London: Longman (1979)

Sanders, P., *Ritual, Politics, and the City in Fatimid Cairo*, Albany: State University of New York Press (1994)

Walker, P. E., *Exploring an Islamic Empire: Fatimid History and Its Sources*, London: I. B. Tauris (2002)

馬木路克與鄂圖曼人統治下的哈里發體制

Aydin, H., *The Sacred Trusts: Pavilion of the Sacred Relics, Topkapi Palace Museum*, Istanbul, Clifton, NJ:

Tughra Books (2014)
Finkel, C., *Osman's Dream: The Story of the Ottoman Empire*, New York: Basic Books (2005)
Gibb, H. A. R., 'Lutfi Pasha on the Ottoman Caliphate', *CIS*, II, 171-78
Hourani, A., *Arab Thought in the Liberal Age*, London: Oxford University Press (1962)
Karpat, K. H., *The Politicization of Islam: Reconstructing Identity, State, Faith, and Community in the Late Ottoman State*, Oxford: Oxford University Press (2001)
Longford, E., *A Pilgrimage of Passion: The Life of Wilfrid Scawen Blunt*, New York: Knopf (1980)
Rogan, E., *The Fall of the Ottomans: The Great War in the Middle East, 1914- 1920*, London: Allen Lane (2015)
Tufan Buzpinar, Ş., 'Opposition to the Ottoman Caliphate in the Early Years of Abdülhamid II: 1877-1882', *CIS*, III, 6-27

二十世紀以降

Pankhurst, R., *The Inevitable Caliphate? A History of the Struggle for Global Islamic Union, 1924 to the Present*, London: Hurst and Company (2013)
Sayyid, S., *Recalling the Caliphate: Decolonisation and World Order*, London: Hurst and Company (2014)
Taji-Farouki, S., *A Fundamental Quest: Hizb al-Tahrir and the Search for the Islamic Caliphate*, London: Grey Seal (1996)
Tufan Buzpinar, Ş., 'Opposition to the Ottoman Caliphate in the Early Years of Abdülhamid II: 1877-1882', *CIS*, III, 6-27

索引

人物

七畫

八畫

九畫

十畫

十一畫

十二畫

十三畫

十八畫以上

文獻資料

地點建築

二畫

三畫

四畫

五畫

六畫

七畫

八畫

九畫

十畫

十一畫

十二畫

十三畫

十四畫

十五畫

十六畫

十七畫以上

組織機構

族群國家

四畫

五畫

六畫

七畫

八畫

九畫

十畫

十一至十五畫

貓頭鷹書房 462

先知的繼承者：伊斯蘭最高領袖哈里發統治的國度

作　　者　休・甘迺迪（Hugh Kennedy）
譯　　者　黃煜文
審　　訂　林長寬
選書責編　張瑞芳
協力編輯　劉慧麗
校　　對　李鳳珠
版面構成　張靜怡
行銷統籌　張瑞芳
總 編 輯　謝宜英
出 版 者　貓頭鷹出版

發 行 人　凃玉雲
發　　行　英屬蓋曼群島商家庭傳媒股份有限公司城邦分公司
104 台北市中山區民生東路二段 141 號 11 樓
劃撥帳號：19863813；戶名：書虫股份有限公司
城邦讀書花園：www.cite.com.tw　購書服務信箱：service@readingclub.com.tw
購書服務專線：02-2500-7718~9（周一至周五上午 09:30-12:00；下午 13:30-17:00）
24 小時傳真專線：02-2500-1990；25001991
香港發行所　城邦（香港）出版集團／電話：852-2508-6231 ／傳真：852-2578-9337
馬新發行所　城邦（馬新）出版集團／電話：603-9057-8822 ／傳真：603-9057-6622
印 製 廠　中原造像股份有限公司
初　　版　2021 年 5 月
定　　價　新台幣 630 元／港幣 210 元（紙本平裝）
新台幣 441 元（電子書）
I S B N　978-986-262-468-5（紙本平裝）
978-986-262-467-8（電子書 EPUB）

讀者意見信箱　owl@cph.com.tw
投稿信箱　owl.book@gmail.com
貓頭鷹臉書　facebook.com/owlpublishing

【大量採購，請洽專線】(02) 2500-1919

城邦讀書花園
www.cite.com.tw

國家圖書館出版品預行編目資料

先知的繼承者：伊斯蘭最高領袖哈里發統治的國度／休・甘迺迪（Hugh Kennedy）著；黃煜文譯. -- 初版. -- 臺北市：貓頭鷹出版：英屬蓋曼群島商家庭傳媒股份有限公司城邦分公司發行, 2021.05
面；　公分.（貓頭鷹書房；462）
譯自：The Caliphate
ISBN 978-986-262-468-5（平裝）

1. 伊斯蘭教　2. 歷史　3. 中東

735　　110004763